幼儿园
片段教学案例精选

林秀娟　主编

海峡出版发行集团 | 福建人民出版社
THE STRAITS PUBLISHING & DISTRIBUTING GROUP | FUJIAN PEOPLE'S PUBLISHING HOUSE

主　编：林秀娟
副主编：张琼珊　黄淑真

前　　言

编辑此书的初衷，是应福建人民出版社之邀约，为一线幼儿园教师和准备应聘幼儿园教师职位的院校毕业生提供一种学习片段教学的参考资料。

近年来，片段教学作为考察、检测教师业务水平的一种形式，运用范围越来越广。但广大一线幼儿园教师特别是新教师、应聘幼儿园教师职位的院校毕业生，在实际运用中却感到有很大的难度。特别是应聘幼儿园教师职位中的非幼教专业的院校毕业生更是望而却步。

平心而论，要掌握好片段教学，是要下一番苦功的，因为“难”。难在哪里？难在十来分钟的时间里，要截取某节课的某个局部的教学内容进行教学，来表现执教者的教学思想、教学能力和教学基本功，并且片段教学处置不当常会与课堂教学、教学片段、说课等混为一谈，因为彼此之间存在共同点或相似点，所以说确实难。

片段教学“难”，但也是能迅速掌握的，关键是一方面理论上要掌握。理论要先行，要区分片段教学与课堂教学、教学片段、说课等的相同点与不同点，抓住各自的特点，以此入手，融会贯通，就能很快掌握片段教学的特点、规律。另一方面要多实践、多练习；要深入学习领会幼儿园教师教育用书，熟烂于心；要多做案头工作，精心策划，反复锤炼，做到心到笔到口到；要敢于开口，大胆说，反复说。

近年来，笔者曾应邀辅导过多位参加应聘幼儿园教师职位的非幼教专业的院校毕业生，经过短期突击训练，都在片段教学环节上取得非常好的成绩，以高分被录取为公办幼儿园教师。笔者采用的辅导方法，就是上述的理论和实践的方法。所以，对于片段教学来说，掌握了方法，也就不难了。

本书以福建人民出版社出版发行的“福建省幼儿园教师教育用书”《领域活动指导》中的教育活动为主要依据，分为健康领域、语言领域、社会领域、科学领域、艺术领域等五大部分进行编辑，每部分由若干个片段教学案例组成。

入选本书的片段教学案例，均选自近年来厦门市幼儿园教师参加省、市、区各级教师技能大赛获奖的片段教学案例和应聘幼儿园教师职位的院校毕业生参加考试的片段教学案例。为保留原作风格，编辑时原则上只进行文字梳理，不作较大的改动，汇编成册，以期为幼儿园一线教师和准备应聘幼儿园教师职位的院校毕业生提供学习的参考。

笔者也意识到本书毕竟只是一个地区片段教学案例的汇编，存在极大地区局限性，其本意在于抛砖引玉，亦作教师应急学习的资料。编辑时间仓促，存在谬误难免，敬请广大幼教同行指正。

在编辑过程中得到各有关幼儿园园长和广大幼儿园教师的大力支持，在此由衷地表示感谢！

林秀娟

2014 年 2 月 22 日

Contents 目录

社会领域

科学领域

艺术领域

转换案例：比较高矮（中班）

本书呈现的是预设的教育活动过程，没有直接呈现片段教学的实际案例，主要是希望每个读者能根据自己的实际来组织语言，而不能照本宣科。预设的活动过程，在某种程度上有一定的共性，而每个读者可以演绎出有自己特色的精彩案例。

活动目标

✼尝试用目测的方法比较高矮，知道要在同一平面上比较高矮。

✼感知高矮的相对性。

✼乐意参与比较高矮的操作并用语言交流表达。

活动准备

∵物质准备：（1）演示图片：小猴；小猴和长颈鹿站在同一平面上比高矮；小猴站在椅子上和长颈鹿比高矮；小兔、小猴、长颈鹿站在同一平面上比高矮。（2）分组操作材料：①玩具比高矮：各种玩具、记录表、笔。②最高和最矮：图片、彩笔。

活动过程

预设的活动过程	片段教学实际案例
一、创设情境，激趣引入。 引导语：听说今天森林里在举行比较高矮大赛，让我们一起去看一看。	一、创设情境，激趣引入。 孩子们，听说今天森林里在举行比较高矮大赛，让我们一起去看一看。
二、问题引导，学习方法。 1. 出示猴子图片。 问题 1：小猴子说自己最高，对吗？为什么？	二、问题引导，学习方法。 哟！这是谁呀？（出示猴子图片）原来是小猴子。小猴子直嚷嚷着说："我最高！我最高！"你们觉得小猴子这样说对吗？为

幼答1：小猴子说得不对，森林里有比猴子高的动物。 幼答2：小猴子说的也对，森林里也有比猴子矮的动物。 小结：小猴子这样说是不对的，因为高矮要通过比较才知道。	什么？请冬冬说。冬冬认为，小猴子这样说是不对的，因为森林里还有比小猴子更高的动物。畅畅有不同意见。哦，畅畅说，可是森林里也有比小猴子矮的动物呀！你们都很聪明！因为无论你们认为小猴子是高还是矮，你们都是把小猴与其他小动物比较才得到的结果。所以说，自己一个人能比较高矮吗？对了，自己一个人是没办法比较高矮的，高矮要通过与其他物体的比较才知道的。
2. 比较高矮。 问题1：小猴子站在椅子上和长颈鹿比高矮，这样做对吗？为什么？ 幼答1：好像不可以。 幼答2：小猴子不能站在椅子上和长颈鹿比高矮，因为椅子把小猴子加高了。 小结：比较高矮要在同一平面上，否则得出来的结果就不准确了。	小猴子听了小朋友们的建议，说："好！那我来和长颈鹿比比高矮吧！"（出示小猴子和长颈鹿站在同一个平面上的图片）瞧瞧！小猴子和长颈鹿站在什么地方比较高矮？对了，他们站在同一个平面上比较高矮（指图上的地平线）。小猴子和长颈鹿比，谁高谁矮？你们的小眼睛真亮，一下子就看出了，小猴子和长颈鹿比，长颈鹿高，小猴子矮。小猴子听了可不服气了，他说："哼，那我站在椅子上和长颈鹿比高矮，这样我就比长颈鹿高了！"（出示小猴子站在椅子上与长颈鹿比高矮的图片）你们觉得，小猴子站在椅子上和长颈鹿比高矮，这样的做法对吗？萱萱说。萱萱觉得好像不可以，但是她不太确定，有谁能来帮助她吗？亮亮说。亮亮说得真清楚，你们听明白了吗？亮亮说呀，小猴子不可以站在椅子上和长颈鹿比高矮的，因为这样比出来的是椅子加上猴子的高度，而不是小猴子自己的高度，结果是不准确的。你们同意亮亮的说法吗？掌声送给亮亮！所以，我们知道了，比较高矮，应该怎么做。

问题2：小猴子到底是高？还是矮？为什么？ 幼答1：小猴子和小兔子比，小猴子高，小兔子矮。 幼答2：小猴子和长颈鹿比，小猴子矮，长颈鹿高。 小结：和不同的对象比高矮，得出来的结果是不一样的，因为高矮是相对的。	（再次出示小猴子和长颈鹿站在同一个平面上的图片）对了，要站在同一个平面上比较高矮，否则比出来的结果就不准确了。 咦？谁蹦蹦跳跳地也来比较高矮了？（出示小兔子、小猴子和长颈鹿站在同一个平面上的图片）哦！是小兔子。那小猴子和他们比，到底是高还是矮呢？有的小朋友说高，有的小朋友说矮，请你们来说说理由。思思说。哦，思思说小猴子和小兔子比，小猴子高，小兔子矮。柔柔说。柔柔说，小猴子和长颈鹿比，小猴子矮，长颈鹿高。所以，小猴子到底是高还是矮，要看它是和谁比。和不同的对象比，得出来的结果是不一样的。小猴子和小兔子比，小猴子高，小兔子矮。小猴子和长颈鹿比，小猴子矮，长颈鹿高。那小兔子、小猴子和长颈鹿他们三个人比呢？说得真好！小兔子最矮，长颈鹿最高，小猴子不高也不矮，在中间。 今天我们参加森林比较高矮大赛，知道了比较高矮的三个秘密，让我们再一起来想一想。第一秘密是什么？对了，高矮是要通过比较才能知道结果的。第二个秘密是什么？比较高矮的时候要站在同一个平面上，这样得出来的结果才准确。第三个秘密是什么？和不同的对象比，得出来的结果是不一样的。
三、操作比较，巩固认知。 1. 幼儿相互比较高矮。 （1）提出活动要求：三个人一组，两个背靠背，另一个观察、	三、操作比较，巩固认知。 好的，学会了比较高矮的方法，相信小朋友也很想自己来比一比高矮。待会儿，老师请小朋友们三个人一组比高矮。其中两个小朋友背靠背，另外一个小朋友在一

比较。 （2）鼓励幼儿用较完整的语言表达比较结果。 （3）小结幼儿活动情况。	旁仔细观察，比比他们谁高谁矮。丽丽，可不能踮脚尖哦，不然比较的结果就不准确了。西西，你还用小手帮忙比一比，这个办法真不错。好的，孩子们，刚才你们都和同伴比了高矮，谁愿意来和大家分享一下？小圣。小圣说，他和玲玲比，他高，玲玲矮，说得真完整。孩子们，你们一定很想知道咱们班谁最高、谁最矮吧？医生阿姨那里有专门量身高的身高仪，量出来的结果比我们用眼睛看的更准确，改天我们再请医生阿姨帮帮忙，全班一起来比高矮。
2. 幼儿操作。 （1）介绍操作材料和要求。 第一组：每个幼儿有多个玩具，引导幼儿比较玩具的高矮并记录。 第二组：每个幼儿桌上都有一张图，图上有许多高矮不一样的积木，引导幼儿给最高的积木涂上绿色，给最矮的积木涂上红色。 （2）幼儿分组操作，教师巡回指导。	现在，还有许多物品，也等着小朋友们帮他们比高矮呢！第一组材料是许多小玩具，还有一张记录表（出示记录表）。请小朋友们每次拿两件玩具比比高矮，并记录结果。看，第一列画上你比较的是什么玩具，第二列记录比较的结果。第二组材料是一张图，图上有许多高矮不一样的积木，请你给最高的积木涂上绿色，给最矮的积木涂上红色。
四、小结。 教师：小朋友们平时区域活动的时间可以选择不同的材料继续比较高矮。我们生活中许多物品也可以比较高矮，大家可以用今天学到的本领再去试一试。	四、小结。 老师会将这些材料放在科学区，小朋友们平时区域活动的时间可以选择不同的材料继续比较高矮。我们生活中有许多物品也可以比较高矮，大家可以用今天学到的本领再去试一试。

设计者：祁力红（厦门市民立幼儿园）

健康领域

小驼背的苦恼（中班）

设计者：张可忻（厦门市康毅幼儿园）
评析者：柯曦萍（厦门市康毅幼儿园）

活动目标

✲懂得姿势正确的重要性，会正确地坐、立、行。

✲萌发爱护自己身体的情感，提高自我保护意识。

活动准备

∵经验准备：引导幼儿在日常生活中观察驼背人的姿态；理解“苦恼”一词的含义。

∵物质准备：故事《小驼背的苦恼》的课件；人体脊柱图示；欢快的音乐；幼儿坐、立、行、睡觉的生活照片若干。

活动过程

一、提出问题，引出故事《小驼背的苦恼》。

问题：小朋友，你们在生活中有没有遇到什么苦恼的事？

幼答1：没有。

幼答2：妈妈晚上不让我看电视的时候我觉得很苦恼。

幼答3：有时妈妈让我一个人睡觉时，我觉得很苦恼。

小结：是的，每个人在生活中都会遇上一些苦恼的事。有个小朋友叫聪聪，他也遇上了一些让他觉得苦恼的事，我们一起来看看。

二、观看课件。

1. 展示“小驼背——聪聪”的照片，让幼儿观察他的姿态。

问题1：聪聪什么地方长得跟我们不一样？

幼答1：他的背弯着。

幼答2：他的背驼了。

小结：小朋友们观察得很仔细。聪聪的背和我们不一样，他的背驼了。

问题2：你觉得聪聪这样美吗？

幼答：不好看。

问题3：他的背为什么会变成这样呢？

幼答1：可能他生下来就这样。

幼答2：可能他天天背太重的东西了。

2. 欣赏故事《小驼背的苦恼》第一部分（聪聪变成小驼背），引导幼儿了解不良坐、立、行姿势所造成的后果。

（1）引导幼儿了解聪聪是怎样变成小驼背的。

问题：聪聪的背是怎样变驼的？

幼答1：他总是趴在桌子上。

幼答2：他站的时候也没有好好站，经常歪歪扭扭的。

幼答3：走路还经常低着头。

小结：原来聪聪坐的时候经常趴在桌子上，站的时候总是歪歪扭扭，走路时总是低着头。时间一长，他的背越来越驼了，变成了小驼背。

（2）出示人体脊柱图示，讲解形成驼背的原因。

小结：在我们人体背部的中间位置有一根脊柱。脊柱起着支撑人体的作用，没有了脊柱人就站立不起来。如果我们经常保持不正确的坐、立、行和睡觉的姿势就会造成脊柱弯曲，以后就变成小驼背了。

3. 引导幼儿感受小驼背生活上的不方便。

（1）请幼儿在音乐中扮演小驼背，表演舞蹈，感受驼背带来的诸多不便。

问题：你刚才跳舞的时候遇到了哪些问题？

幼答1：我跳舞的时候手想往上伸变成往前伸了。

幼答2：我看不见前面有小朋友，所以就打到他了。

（2）欣赏故事《小驼背的苦恼》第二部分（小驼背生活上所遇到的苦恼）。

问题：聪聪变成小驼背后，遇到了哪些让他觉得苦恼的事情？

幼答1：他走路时，经常撞在树上。

幼答2：还撞到墙上。

幼答3：看电视时，他必须将后背使劲向后倾斜，把脚翘得高高的。

小结：是的，聪聪因为背驼得厉害，他只能低着头走路，结果经常撞到树上或墙上；看电视时，他必须将后背使劲向后倾斜，把脚翘得高高的。这些事都让他十分地苦恼。

4. 欣赏故事《小驼背的苦恼》最后部分，引导幼儿讨论：怎样才不会变成小驼背？

鼓励幼儿大胆表述自己的看法，根据幼儿的回答让幼儿尝试模仿正确的姿势。

问题：怎样才不会变成小驼背？

幼答1：要坐好，背要挺直。

幼答2：睡觉的时候不能弯着腰睡觉。

小结：是的，小朋友平时坐要端正，站要笔直，走路的时候要抬头挺胸，这样才不会变成小驼背。

三、观看照片，寻找错误。

请幼儿观看教师在日常活动中拍摄的幼儿生活照片。

问题：哪些小朋友的坐、立、行和睡觉的姿势是错误的？

幼答1：我发现伊伊坐得不好，她坐的时候歪歪的。

幼答2：这张图上的小朋友睡觉都缩成一团了。

幼答3：我发现明明走路时低着头。

幼答4：小薇看书的时候趴在桌子上。

小结：小朋友这么快就找出了这些错误的姿势，只要小朋友们能够克服这些错误的姿势，做到坐正、站直、走路抬头挺胸，就一定不会变成小驼背的。

四、走秀表演，比比谁的姿势好。

教师：请小朋友分组轮流上台随音乐节奏走秀，比一比谁走的姿势最美。

教师分组请幼儿上台表演，并用镜头将幼儿最美的瞬间拍摄保存下来。

引导语1：台上的小明星们个个走起路来昂首挺胸的。这一轮谁的姿势最漂亮呢？

引导语2：这一轮小明星们将为我们展示优美的坐姿，你们看哪个小明星坐得最端正。

五、谈话小结，拓展延伸。

小结：小朋友们都很棒，一个个走的姿势都很美。我们可以在班级的“小舞台”上继续进行各种走秀的表演，回家也可以让家人看看自己的走秀姿势美不美。

活动资料

小驼背的苦恼（故事）

聪聪原来和我们大家一样，背一点儿都不驼。可是，后来他变得越来越懒了，坐着的时候总是趴在桌子上，站着的时候总是歪歪扭扭的，走路的时候总是低着头。时间一长，他的背越来越驼了。后来，小朋友们都忘记他的名字了，都叫他“小驼背”。聪聪的背驼得太厉害了，老是低着头走路，结果不是撞在树上，就是撞在墙上。看电视时，他必须将后背使劲向后倾斜，把脚跷得高高的。为此他感到十分苦恼，他真后悔当初没养成好习惯。后来，妈妈和医生想了许多办法，终于帮他直起了背。从此，无论坐着、站着，他总是将背挺得直直的，小朋友们再也不叫他“小驼背”了。

活动评析

本次活动通过小驼背的故事及模拟小驼背的游戏，让幼儿切身体验到驼背的烦恼，感知驼背形成的原因，使幼儿更深刻地认识到保持正确的坐、立、行及睡觉姿势的重要性。活动中通过运用直观、形象的生活照片和走秀表演，让幼儿体验到保持正确姿势的重要性。整个片段教学设计内容完整，环节清晰，重点突出，教学目标得到较好的落实。

饮食健康我知道（中班）

设计者：简小燕（厦门市康毅幼儿园）
评析者：黄淑真（厦门市湖里区教师进修学校）

活动目标

✲知道简单的饮食搭配常识。

✲养成均衡饮食的好习惯。

活动准备

∵经验准备：事先让幼儿调查自己喜欢吃和不喜欢吃的食物并记录。

∵物质准备：幼儿园午餐食谱图、课件“食物王国”、各种食物胸卡。

活动过程

一、分享调查表，相互交流。

1. 幼儿相互交流调查表。

教师：昨天老师交代小朋友回家时和妈妈爸爸一起把自己最喜欢吃的东西和最不爱吃的东西记录下来，你们都带来了吗？请小朋友拿出调查表和身边的小伙伴说说你最喜欢吃的东西和不喜欢吃的东西。

2. 集体交流：谁来和大家分享你的调查表？

幼答1：我最爱吃红烧肉，奶奶天天给我烧。

幼答2：我不喜欢吃青菜，咬不动。

幼答3：我喜欢吃大米饭，不喜欢面粉做的东西。

3. 小结：小朋友通过刚才的调查发现了什么？哦，发现有的小朋友爱吃肉，不爱吃蔬菜；有的小朋友爱吃米饭，不爱吃馒头。

二、观察幼儿园食谱，了解食物搭配的多样性。

1. 交流讨论：你看到食谱里都有什么食物？

幼答1：有绿绿的青菜。

幼答2：有红色的牛肉、瘦肉。

幼答3：有橙色的海鲜。

教师：大家观察得很仔细，知道绿色代表的是青菜，红色代表的是肉类，橙色代表的是海鲜，黄色代表的是面食，还有白色代表的是米饭。请你们再仔细观察一下，食谱里每天安排的食物一样吗，每天有几种不同种类的食物呢。

幼答1：星期一有白色的米饭、绿色的青菜和红色的瘦肉。

幼答2：星期二有黄色的馒头、绿色的青菜和红色的排骨。

幼答3：怎么每天都有好几种颜色的食物？

教师：食谱里是不是只有你们爱吃的食物，有你们不爱吃的食物吗？

幼答1：幼儿园的西班牙炒饭我喜欢吃，但是咸稀饭我不爱吃。

幼答2：幼儿园的午餐比家里妈妈做的好吃，我很喜欢哦！

幼答3：厨房叔叔阿姨做的手工馒头我爱吃，可是我不喜欢配青菜吃。

2. 小结：幼儿园的食谱很丰富，每天都搭配有不同种类的食物。为什么要这样搭配呢？我们去食物王国找答案吧。

三、观看课件“食物王国”，知道均衡的营养对身体健康的重要性。

1. 猜一猜：不同种类食物的不同作用。

教师：瞧，这就是食物王国的国王。他要考考你们哦。

点击课件1：我们食物王国有五种不同种类的食物，它们有不同的名字，作用也不一样。玉米、面粉、大米饭类也叫五谷类，吃了它们有什么作用呢？

幼答1：肚子才不会饿。

幼答2：吃了它们才有力气。

点击课件2：五谷类的食物含有热量，可以使我们的身体有力气。

点击课件3：鸡肉、鸭肉、牛肉类共同的名字叫肉类，吃了它们有什么作用呢？

幼答1：肉吃多了会长胖的。

幼答2：妈妈说多吃肉长得才结实。

点击课件4：肉类食物中含有丰富的脂肪、蛋白质，可以补充身体的能量，让身体变得很结实。

点击课件5：鸡蛋、牛奶属于蛋奶类的食物，含有大量的钙，可以使我们的牙齿、骨骼强壮，长得高。

点击课件6：水果和蔬菜叫做蔬果类食物，它们中含有丰富的维生素，可以帮助我们消化。

2. 小结：食物王国里有不同种类的食物，每种都很重要，因为它们都有不同的作用。五谷类的食物含有热量，可以使我们的身体有力气；肉类食物中含有脂肪、蛋白质，可以补充身体的能量；蛋奶类食物中含有大量的钙，可以使我们的牙齿、骨骼强壮；蔬果类食物中含有维生素，有助于我们的消化。我们的身体需要多种营养和能量，这样我们才能健康茁壮地成长。缺了其中一类食物的营养成分，我们的身体就会变得虚弱。

3. 引导幼儿养成不挑食的好习惯。

教师：你们想不想让你们的身体变得很强大，任何病菌敌人都侵犯不了呀？

幼答：想。

教师：那我们应该怎么做？

幼答1：每天吃不同种类的食物。

幼答2：不能专挑自己喜欢的吃。

幼答3：不挑食。

教师：对，做一个不挑食的孩子，身体才会棒棒的。

四、游戏——大家一起来搭配。

1. 介绍玩法：今天老师请小朋友来扮演各种不同种类的食物朋友，选择一种食物胸卡挂在胸前，去找不同种类的食物朋友来和自己搭配，比比谁的搭配最营养、最科学。

2. 游戏“大家一起来搭配”。

引导语1：馒头青菜一起来搭配，已经有两种不同种类的食物了，需不需要再来一道肉汤呢？

引导语2：牛肉和排骨一起吃，只有一种肉类，想想可以再添哪几种食物吧！

引导语3：三种不同种类食物搭配在一起，有肉类有青菜，还有海鲜，真丰富呀！

3. 提问：你扮演的是什么食物朋友，你去找了哪些种类的食物朋友来跟你搭配呢？为什么这样搭配？

幼答1：我扮演牛肉，是肉类，我找蔬菜类的青椒和土豆来搭配。

幼答2：我是西红柿，瞧，我请鸡蛋、青菜来跟我配。

4. 小结：看来大家都已经学会科学又营养的食物搭配方法了，回家后可以和爸爸妈妈一起分享，让更多的人拥有健康的饮食习惯。

活动评析

遵循《幼儿园教育指导纲要（试行）》（全书以下简称《纲要》）的精神：幼儿园教育应尊重幼儿身心发展的规律和学习特点，充分关注幼儿的经验，引导幼儿在生活和活动中生动、活泼、主动地学习。本活动通过调查表、图片、课件，层层递进、深入浅出地引导幼儿从自身对食物的喜好出发，到明白挑食不好，再到为什么不能挑食，最后到如何吃出健康，做健康宝宝；最后的环节用游戏来巩固习得的知识。幼儿在看看、想想、猜猜、说说、玩玩中明白“饮食健康”的重要性。

阳台上的安全（中班）

设计者：叶小青（厦门市康毅幼儿园）
评析者：柯曦萍（厦门市康毅幼儿园）

活动目标

✲了解在阳台上的基本安全常识。

❉懂得自我保护的方法。

活动准备

✣经验准备：活动前与家长沟通，丰富幼儿有关阳台安全的经验。

✣物质准备：教学挂图《阳台上的安全》，教学视频，幼儿人手一支笔、一套笑脸哭脸贴纸。

活动过程

一、猜谜引题，激发幼儿活动的兴趣。

引导语：今天老师带来了一个谜语，小朋友们猜猜这是什么。像屋不是屋，身在半空中，养花晒衣物，乘凉看风景。

二、问题讨论，回顾经验。

1. 提问：小朋友家里是不是都有阳台？你们喜欢在阳台上做些什么？

幼答1：我喜欢在阳台上拍球。

幼答2：我家阳台上养了一只小鸟，我每天放学回家都喜欢跟它玩。

幼答3：我妈妈在阳台上种了好多花，可漂亮了。

2. 小结：阳台是一个伸向屋外的平台，它可以接触到更多的阳光和空气。有的人在阳台上晒衣服、养花、养鱼，有的人在阳台上活动身体、做运动。夏天，我们还可以在阳台上乘凉……

三、运用教学挂图，明辨是非。

1. 教师：请小朋友看一看，图片上有谁，他们在做什么。

幼答1：小朋友在阳台上锻炼身体。

幼答2：小孩将头和身体伸向阳台外呼喊楼下的小朋友。

幼答3：一个孩子往阳台外扔东西。

幼答4：一个小女孩将身体伸向阳台外拿手帕。

幼答5：小朋友在阳台上看书、折纸。

幼答6：小朋友在阳台浇花。

2. 幼儿操作，判断对错。

教师：想一想，图片上哪个小朋友的行为是错的，哪个小朋友的行为是正确的。请小朋友把笑脸贴到自己认为对的图片下面，把哭脸贴到错的图片下面。

3. 提问：图上哪些小朋友做得对？哪些小朋友做得不对？哪里不对？应该怎么做？

幼答1：第二图的小朋友把头和身体伸到阳台外面去，这样做不对，很危险，不小心会掉下去的。

幼答2：第三图的小朋友把东西往楼下扔，这样做不对，会砸到别人。

幼答3：第四图那个小朋友收手帕的时候，不能把身体探出去，这样很危险，应该请爸爸妈妈帮忙。

幼答4：第六图的小朋友浇花的时候，水漏到楼下了。这样做不对，因为这样会把楼下的衣服弄脏的。

4. 小结：在衣架上取衣服时，不能将身体探出护栏，这很危险，可以请大人帮助；给花浇水时不要弄倒花盆，这样会砸到路人，浇水时也要小心，防止水洒下，弄脏楼下别人晒的衣物；在阳台上玩耍时不要向下扔垃圾，这样会砸到行人，很不礼貌，也很危险。

四、观看视频，引导讨论。

1. 幼儿观看视频：一小朋友在阳台上玩，忽然风吹来，阳台门“砰”地一声关上了。

问题1：冬冬在阳台玩的时候，发生了什么事？他应该怎么办呢？

幼答1：可以叫爸爸妈妈帮忙开门。

幼答2：要大声喊救命。

问题2：如果家里的大人不在，那该怎么办呢？

幼答3：如果大人不在，就坐在阳台上等爸爸妈妈回来。

幼答4：可以叫隔壁的叔叔阿姨帮忙。

2. 小结：如果遇到阳台上的门被风吹上，应向屋里的大人求救，如家里没人或大人没有听到，可向周围邻居家大声呼喊，请他们帮忙。

五、问题讨论，巩固认知。

1. 提问：你们知道在阳台上还有哪些事情不能做呢？

幼答1：不能在阳台上玩水枪，因为水射到楼下，会把别人淋湿的。

幼答2：不能在阳台上玩气球。

2. 小结：阳台上还有一些危险的事情不能做，比如在阳台上玩气球、趴在阳台上往楼下看、在阳台上玩水枪……小朋友平时应注意阳台上的安全，并把今天学到的阳台上的安全知识告诉其他小朋友，让他们懂得自我保护。

活动评析

本活动的亮点在于运用图片、视频等直观教具，通过问题讨论、判断对错，让幼儿明辨是非，强化阳台上的基本安全常识，懂得自我保护的方法。教学重点突出，目标落实到位。

灵活的关节（中班）

设计者：林卫彬（厦门市康毅幼儿园）
评析者：黄淑真（厦门市湖里区教师进修学校）

活动目标

✲尝试发现身体各部分的关节，并知道它们的名称及其作用。

✲对自己的身体感兴趣，懂得保护关节的重要性。

活动准备

∵物质准备：音乐《健康歌》；娃娃骨骼图，课件《保护关节》。

活动过程

一、律动活动引题。

引导语：小朋友，我们一起来跳《健康歌》，跳的时候，互相看看小朋友的身体什么地方动了。

问题1：小朋友，身体什么地方动了？

幼答1：我的手在动。

幼答2：我的脚在动。

幼答3：我的胳膊在动。

幼答4：我的脖子在动。

小结：对了，小朋友真聪明，发现了我们的手、脚、胳膊、脖子都会动。

问题2：小朋友，为什么这些地方会动呢？

幼答：不知道。

小结：因为它们都有一个神奇的“关节”。

二、幼儿体验、探索关节，并感知、认识关节。

1. 游戏“动一动关节”。

出示娃娃骨骼图，教师指画圈的部位，同时请幼儿做出相应的动作反应。

引导语：这是娃娃骨骼图，我们一起看看画圈的部位，老师指部位，你们动一动。

引导语 1：手和手臂连接的关节是腕关节，跟老师一起转一转。

引导语 2：两个手臂之间的关节是肘关节，来一起动一动。

引导语 3：大腿和小腿连接的关节是膝关节，来弯一弯。

引导语 4：脚和小腿连接的关节是踝关节，来转一转。

小结：这些部位都是人身上的关节，它们都会动。就是因为这些部位会动，所以我们人的身体很灵活。

2. 问题讨论。

问题：小朋友了解了这么多，那么是什么能让我们身体部位运动呢？

幼答：关节。

小结：原来，我们身体的各部位能动，就是身体的关节在动。身体除了有皮肤、肌肉等等，里面还有骨骼，在骨骼与骨骼相连接的能够运动的部位，我们叫它“关节”。刚才我们重点认识了腕关节、肘关节、膝关节、踝关节。

三、在韵律活动中寻找身体的关节。

1. 幼儿在音乐声中动一动，找一找身体的哪些部位有关节。

教师：现在，请小朋友跟着音乐动一动，再找找身体上会动的关节。

引导语 1：身体上会动的关节在哪里？哦！在胳膊。

引导语 2：身体上会动的关节在哪里？哦！在脖子。

引导语 3：身体上会动的关节在哪里？哦！在手腕。

2. 集体交流。

问题 1：请小朋友和大家说一说身体的哪些部位有什么关节会动。

幼答 1：腕关节会动。

幼答 2：肘关节会动。

幼答 3：膝关节会动。

幼答 4：踝关节会动。

问题 2：还有哪些关节也在动？

幼答 1：脖子会动。

教师：是颈关节。

幼答 2：腰会动。

教师：是髋关节。

幼答3：肩膀会动。

教师：是肩关节。

小结：我们身体上有这么多的关节，因为有了这些关节我们的身体才能灵活地动起来。

四、讨论如何保护关节。

1. 问题：在运动中人体的关节常常会扭伤，我们应该怎样爱护关节呢？

幼答1：在运动的时候，要小心不要摔倒。

幼答2：要吃有营养的食物，使关节强壮更不容易扭伤。

小结：小朋友讲得很好，这些做法都可以保护关节。

2. 通过看课件了解保护关节的一些方法。

引导语：让我们再来看看别人是怎么保护关节的。（引导幼儿观看课件）哦！他们是通过饮食、锻炼、保暖、检查等方法保护关节的。

小结：原来我们保护关节的方法有：（1）合理饮食结构，注意适量补钙。（2）合理锻炼关节，避免关节损伤。（3）减轻体重，保护关节。（4）注意走路和劳动的姿势，不要扭着身体走路和干活。（5）在锻炼的时候，注意姿势，避免关节受伤。（6）天气寒冷时应注意关节的保暖。（7）如果关节疼痛时，应及时到医院检查。

五、结束：儿歌游戏《拇指歌》，巩固认识关节。

引导语：请小朋友一起跟老师边念《拇指歌》边做动作。

活动资料

拇　指　歌（儿歌）

大拇哥，二拇哥，小手腕儿摇摇，
张老三，李老四，胳膊肘儿弯弯，
王家老五小弟弟，小小肩儿绕绕，
拍拍宝宝后脑勺。

活动评析

本次活动教学形式生动活泼、愉快轻松，符合幼儿的年龄特点。教学方法多样，通过律动、游戏、课件、儿歌等形式，进一步点燃了幼儿积极观察探索的强烈欲望，让幼儿在轻松、有趣的活动中了解关节的名称及作用。活动中动静交替，层层递进，教学效果佳。

狡猾的狐狸在哪里？（中班）

设计者：孔楠楠（厦门市海沧区新阳幼儿园）
评析者：谢颖萍（厦门市海沧区新阳幼儿园）

活动目标

✲能听指令在一定范围内四散追逐跑。

✲乐意参与集体活动，体验游戏的快乐。

活动准备

✲环境创设：在地上画好活动的范围。

活动过程

一、角色扮演、激趣引入。

1. 引导语：小朋友，你们见过小狐狸吗？狐狸是什么样子的？

幼答1：狐狸长着四条腿，全身毛茸茸的，还有一条大尾巴。它是四条腿的，跑起来很快。

幼答2：狐狸的眼睛圆圆的，嘴巴尖尖的，它看到好吃的东西会扑上去。

2. 幼儿扮演狐狸，做行走、奔跑、晃脑、扑食、摇尾巴等动作。

小结：狐狸是狡猾和聪明的小动物，经常会藏起来不让我们发现它。我们今天就来玩一个有趣的游戏“狡猾的狐狸在哪里？”。

二、介绍玩法，熟悉规则。

1. 介绍游戏玩法。

教师：请小朋友站成一个大圆圈，游戏开始之后，全体小朋友都闭上眼睛并且手背在后面，我在圈内走一圈，用手指点一名幼儿的手，说明要让他扮演狡猾的狐狸，然后我请大家睁开眼睛，小朋友连续齐声问三次：“狡猾的狐狸在哪里？”“狐狸”迅速跑到圈中央，举起手说“我在这里”，“狐狸”便开始追捉，其余小朋友四散跑开，被捉住的小朋友站在场外。“狐狸”捉到五个以上的小朋友后，游戏重新开始。

2. 明确游戏规则。

问题 1：游戏开始之后，老师在点“狐狸”的时候，小朋友要怎么做？

幼答 1：小朋友们都要站成一个大圆圈。

幼答 2：我们要把眼睛闭起来，不能偷看，不然就知道“狐狸”是谁了。

小结：是的，游戏过程中要遵守游戏规则才能更好地开展游戏。当老师在点“狐狸”的时候，全体小朋友都要闭上眼睛，直到老师请大家睁开眼睛的时候才可以睁开。

问题 2：游戏过程中，怎样就算被“狐狸”捉住了或者输了？输了以后要怎么办？

幼答 1：如果小朋友跑的时候速度不够快，被“狐狸”拍到肩膀就会被“狐狸”捉到。

幼答 2：小朋友没有在圈里面跑，跑到老师画的圈外面，他就输了。

幼答 3：输了的小朋友就不能继续参与游戏了，要站到圈外面站一会。

小结：是的，小朋友刚才听得很仔细，如果被“狐狸”捉到或者跑出指定的范围都算被“狐狸”捉住。被捉到的小朋友就不能继续参与游戏，要站到圈外面。

三、幼儿游戏，教师指导。

1. 请不同的幼儿担任狐狸，师幼共同玩游戏若干次。

问题 1：刚才游戏中出现了什么问题？怎样才能让游戏更好地开展？

幼答 1：有的小朋友跑的时候推挤别人，让别的小朋友摔倒了。

幼答 2：有的小朋友不遵守游戏规则，“狐狸”抓到他他还在跑。

幼答 3：有的小朋友跑到圈外又跑进来，还没有停止玩游戏，所以就很乱。

问题 2：怎样才能安全地游戏，不让自己和他人摔倒呢？

幼答 1：不要跑得太快。

幼答 2：快要撞到别人的时候，要赶紧停下来。

幼答 3：不要往小朋友多的地方跑。

小结：游戏中第一要遵守游戏规则，第二要注意安全，四散跑的时候要注意自己和别人的距离，保证自己和他人的安全。

2. 根据出现的问题，师幼再次游戏若干次。

小结：在游戏过程中，小朋友学会了遵守游戏规则。第一，要站在圈上，闭着眼睛直到老师选好“狐狸”，请大家睁开眼睛的时候才睁开眼。第二，当被“狐狸”拍到或者跑出指定范围的时候，小朋友就算被捉住，被捉住的小朋友要站到圈外。小朋友还学会了要注意安全，不推挤，不碰撞。今天的游戏大家都玩得很开心，现在我们一起来放松一下吧！

四、放松身体，自然结束。

引导语：我们一起来放松身体，深呼吸，甩甩手臂、耸耸肩，扭扭腰吧！

活动评析

该活动选材有趣，幼儿活动面广，环节清晰，层层递进，但又注意运动量由小到大、又由大到小的规律，在活动过程中，引导幼儿自己发现问题、思考问题、最终自己提出解决问题的方案，大大调动幼儿学习的积极性、主动性和创造性，活动效果好。

做个守时的孩子（大班）

设计者：徐蓓静（厦门市康毅幼儿园）
评析者：黄淑真（厦门市湖里区教师进修学校）

活动目标

✽了解守时的重要性，养成按时作息的习惯。

✽体验守时的好处。

活动准备：

∵物质材料：(1)《不守时的烦恼》故事图片；小虎和薇薇图片各一张；棒棒糖若干。(2) 户外体育活动材料：跳绳、跳圈、高跷。

∵环境创设：创设“我是守时的好孩子”展示栏。

∵资源利用：事先请家长拍摄录像“薇薇小朋友的星期天”。

活动过程

一、听一听：体验“不守时的烦恼”。

引导语：老师这儿有个小虎的故事，我们一起来看看到底发生了什么事。

问题1：小虎不守时表现在哪里？

幼答1：妈妈说要吃饭了，小虎不听，还要再玩一会儿。

幼答2：爸爸说睡觉时间到了，小虎不理睬，继续看电视。

幼答3：闹钟响了，小虎还不起床，要再睡一会儿。

问题2：小虎从早上起床到晚上回家，遇到了哪些不开心的事？为什么会发生这些事？

幼答1：小虎早上起床，想吃早点，妈妈说早餐时间已过，早点都吃完了。

教师：小虎只好自己去买早点，可是所有的食品店都关门了。为什么呢？

幼答2：因为营业员说她们没有时间表，想什么时候营业就什么时候营业。

教师：小虎没有吃到早点，他有什么反应？

幼答3：小虎气坏了，饿得受不了了。

幼答4：下午放学，别人都回家了，小虎的爸爸还没来接他，急得他打电话问爸爸。爸爸说要和朋友聊天。

幼答5：小虎很晚回家，想看的动画片已经播完了。

教师：没有看到动画片，小虎怎么样？

幼答6：急得直叫唤。

问题3：为什么会发生这些事？

幼答1：因为他们都乱来。

幼答2：大家都没有遵守规则。

幼答3：大家都没有按时做事情。

小结：因为不守时，小虎的生活乱了套，他自己也很烦恼。

二、夸一夸：守时的好孩子。

引导语：最近我们班布置了一个“我是守时的好孩子”的展示栏，上幼儿园不迟到、做事不磨蹭的小朋友都能得到一个笑脸星，小朋友你们看到谁的笑脸星最多吗？

幼答1：薇薇的笑脸星最多。

问题1：为什么薇薇得到的笑脸星最多？

幼答1：微微每天都不迟到。

幼答2：收拾玩具很快。

幼答3：穿衣的速度也挺快的。

幼答4：我们在小公园玩，她听到妈妈说要吃饭了，马上就和我们再见回家吃饭了。

小结：因为薇薇小朋友不迟到、收拾玩具和穿衣速度快、做事不磨蹭，所以得到的笑脸星最多，她是一个守时的好孩子。

三、看一看：观看视频“薇薇小朋友的星期天”。

教师：你们的小眼睛真亮，发现了薇薇这么多守时的地方。薇薇在幼儿园是一个守时的小朋友，在家又是怎样的呢？

师幼一起观看视频。

问题：薇薇在家是不是个守时的孩子？她都干了些什么？

幼答1：薇薇的房间有一张薇薇一天的作息时间表。

教师：她有没有按照作息表活动呢？

幼答2：有。薇薇家的漂亮小闹钟一响，她就按时起床。

幼答3：晚上9点睡觉。睡前将明天需要的物品准备好。

幼答4：中午12点吃午饭。12点半午睡。穿衣吃饭的速度很快。

幼答5：玩电脑半小时妈妈说时间到了，她会马上停止玩电脑。

教师：你们在家玩电脑时间到了会马上停止玩电脑吗？

幼答6：没有。

小结：薇薇在家和幼儿园都是一个守时的好孩子。因为薇薇是个守时的孩子，所以爸爸妈妈也会奖励她很多维尼熊贴纸。为了让自己遵守家里的作息规则，她为自己制作了一天的作息时间表，然后严格地执行。小朋友，我们回家也可以和爸爸妈妈一起制订一个双休日生活内容安排的计划表，并按照计划表进行活动。

四、选一选：自己喜欢谁。

1. 出示小虎和薇薇的图片。

教师：你们喜欢谁就将棒棒糖送给谁。

2. 观察结果。

教师：哎呀，大家都把棒棒糖送给薇薇了，有这么多的小朋友喜欢薇薇。薇薇你高兴吗？

小结：薇薇说她很高兴，看来大家都喜欢守时的人。做一个守时的人，是对别人的一种尊重，得到别人喜欢和表扬的同时，自己也很快乐。

六、玩一玩：模拟游戏“小学生课间10分钟”。

教师：再过几个月我们就要上小学了，我们来玩游戏“小学生课间10分钟”吧。请小朋友听到下课的铃声，每人选择一种体育器械自由活动，10分钟后听到上课的铃声收拾材料回到老师这里来，我们比比谁最守时。

幼儿听到下课信号开始玩游戏，听到上课信号回到教师处。

教师：小朋友游戏结束了，这次谁最守时？

幼答：毛毛最守时。

小结：我们大家都是守时的孩子，因为你们一听到信号都能收拾好材料回到老师这里来。但是毛毛是第一个听到信号收拾好材料的小朋友，所以毛毛最守时。

活动资料

不守时的烦恼（故事）

小虎从来没有时间观念。妈妈说吃饭时间到了，小虎不听，还要玩。爸爸说睡觉时间到了，小虎不理睬，继续看电视。老师说上幼儿园不要迟到，小虎经常迟到。小朋友说：“如果大家都像你，这个世界要乱套。”小虎不相信。

小虎早上起床，想吃早点。妈妈说：“早餐时间已过，早点都吃完了。”小虎只好自己去买早点，可是所有的食品店都关门了。小虎问：“上班时间到了，你们怎么不开门？”营业员说：“我们没有时间表，想什么时候营业就什么时候营业。”小虎气坏了。他来到幼儿园，老师说：“厨房阿姨上班迟到了，来不及做早点。”这可好，小虎饿得受不了了。下午放学，别人都回家了，小虎的爸爸还没来接他，急得他打电话问爸爸：“爸爸，您怎么到时间不来接我？”爸爸说：“急什么，我还要同朋友聊天呢。”这天，小虎很晚回到家，他想看的儿童片已经播完了，急得他直叫唤：“今天真是乱成一团了。”

活动评析

该活动贴近幼儿生活经验，符合幼儿发展需要，创设多个生活游戏情境，让幼儿不仅通过听一听、看一看，还亲身参与活动体验守时的好处，活动环节层层递进，幼儿体验印象深刻，教育效果好。

胖胖和瘦瘦（大班）

设计者：李如英（厦门市康毅幼儿园）
评析者：黄淑真（厦门市湖里区教师进修学校）

活动目标

✻感受胖和瘦对生活的影响，体验不胖不瘦的好处。

✻了解让自己不胖不瘦的方法。

活动准备

∵物质准备：课件《胖胖和瘦瘦》、纸、水彩笔、“怎样让自己变得不胖不瘦”记录表。

活动过程

一、播放课件，讲述故事《胖胖和瘦瘦》，启发幼儿说出“胖”与“瘦”的外形特征。

1. 教师讲述故事。

问题：故事里有谁？胖胖和瘦瘦他们是长什么样子的？

幼答1：胖胖肚子大、腿粗、腰粗，浑身上下圆滚滚的。瘦瘦长得像跟棍子似的，看不到肉。

幼答2：胖胖的脸肥嘟嘟的，手像莲藕，肚子挺得大大的，像气球。瘦瘦全身上下都是骨头，风一吹好像就会倒。

小结：胖胖长得又大又胖，瘦瘦长得又小又瘦。

2. 师幼共同用身体动作表现“胖”和“瘦”的特征，鼓励幼儿运用各种姿态展现自己所理解的“胖”和“瘦”。

教师：请你们用动作表演出胖胖“又大又胖”和瘦瘦“又小又瘦”的样子。

幼儿A全身缩起来，表现小小的样子。

幼儿B双手相贴，双腿并拢表现瘦瘦的样子。

幼儿C两腿下蹲，双手抱大树状表现胖胖的样子。

幼儿D鼓着腮帮，挺出肚子双手叉腰表现胖胖的样子。

3. 引导幼儿讨论“是胖好还是瘦好”，鼓励幼儿大胆发表看法。

问题：小朋友认为是胖好还是瘦好呢？

幼答1：我认为胖好。

幼答2：我认为瘦好。

幼答3：你们都不对，我认为不胖不瘦好。

小结：对于“胖好还是瘦好”这个话题，有的小朋友认为胖好，有的小朋友认为瘦好，还有的小朋友认为不胖不瘦好。

二、分组辩论，说说胖、瘦、不胖不瘦的利弊，教师现场记录。

将幼儿按照不同观点分成三队：胖胖队、瘦瘦队、棒棒队。

教师：大家有不同的看法，请相同观点的坐在一起。认为胖好的“胖胖队”坐在左边，认为瘦好的“瘦瘦队”坐在中间，认为不胖不瘦好的“棒棒队”请坐在右边。到底哪一种最好呢？我们今天就来举行一场辩论会，辩论会的主题就是“胖胖和瘦瘦”。老师来当主持人，你们三队根据问题发表自己的看法，看哪一组的理由最有说服力的，有信心吗？

问题1：你觉得胖好还是瘦好？为什么？

胖胖队幼答1：瞧，“胖胖”胖乎乎的，看上去多可爱啊。

瘦瘦队幼答1：哪里啊，胖的人不好看。我觉得瘦好，瘦瘦的多美啊！

胖胖队幼答2：你看，胖的人就像熊猫一样，熊猫是我们的国宝，所以还是胖好。

瘦瘦队幼答2：瘦的人很苗条，穿衣服好看。

胖胖队幼答3：我觉得胖好，胖的人力气大，不怕冷。

瘦瘦队幼答3：瘦的人吃得少，只要吃一点点东西就饱了，可以节省粮食。

棒棒队幼答1：你们说的都不对，太胖太瘦都不好，不胖不瘦才健康。

棒棒队幼答2：是啊，瞧你们太胖了跑不动，太瘦了快被风吹倒也跑不动，我们不胖不瘦刚刚好，跑起步来轻松极了。

小结：棒棒队说得对。太胖了跑不动，太瘦了快被风吹倒也跑不动，太胖太瘦都不好，不胖不瘦才健康。

问题2：胖和瘦会给生活带来哪些烦恼？（引导幼儿结合自己的生活经验谈谈胖与瘦给生活带来的影响。）

瘦瘦队幼答1：很胖的人爬楼梯很累，不停地喘气。

瘦瘦队幼答2：我上次看到电视新闻报道一个美国的大胖子，体重有一千斤，他整整五年没法下床，太可怕了。

瘦瘦队幼答3：胖人能吃很多很多的食物，而且越来越胖，太胖了跑也跑不动，会生很多病，影响身体的健康。

胖胖队幼答1：可是太瘦的人做事情没有力气，我看到一位很瘦的叔叔连一个行李包都抬不起来，而一个胖子大力士一下子抬起两大袋行李，太厉害了！

胖胖队幼答2：我认识一个阿姨太瘦了，她经常不按照时间吃饭，所以得了胃病。

胖胖队幼答3：是啊，瘦子们大都不愿意吃饭菜，身体缺乏营养，还会常常生病而显得更瘦。

瘦瘦队幼答4：胖的人怕热，夏天会出很多汗。

胖胖队幼答4：瘦的人冬天特别怕冷，身体没有脂肪，会经常感冒。

棒棒队幼答1：你们说的都对，胖和瘦都会给生活带来烦恼，只有不胖不瘦才会健康幸福。

小结：太胖了，一运动就会很累，会不停地喘气，容易生病；太瘦了，做事情没有力气，饭量少，身体缺乏营养，抵抗力弱，也容易生病。太胖和太瘦都会给我们的生活带来不便和烦恼，只有不胖不瘦，才是最健康的。

三、分组讨论："让自己不胖不瘦的方法"，并记录在记录表上。

教师：要怎样做才能让我们不胖不瘦呢？小朋友们好好动脑筋想一想，在小组里讨论，并把你们的想法记录在你们这组的记录表上。

1. 分组讨论，并记录在"怎样让自己变得不胖不瘦"记录表上。

引导语1：怎么做到不胖不瘦呢？哦，你们认为要少吃油条，多吃水果蔬菜，真棒！

引导语2：怎么做到不胖不瘦呢？哦，要多运动，天天坚持锻炼身体。

引导语3：你们用什么方法来记录，可让人家一眼就看明白呢？哦，你们想用绘画的方式记录，这种方法好。

2. 集体交流，分享经验。

教师：请每组推选一名代表和大家交流你们讨论的结果。

幼答1：我们这组认为不能挑食，什么都要吃，每天要吃米饭和面点，还要多吃蔬菜、水果，少吃盐和糖，这样身体才会有营养，不会太胖太瘦。

幼答2：除了这些，我们这组认为要少吃汉堡、油条、薯条、炸鸡等油炸食品，少喝饮料，多喝白开水，还要坚持天天锻炼身体，跑步、跳绳、打球等运动都能使我们的身体棒棒的。

幼答3：除了吃和运动要注意外，还不能贪睡懒觉、赖床，要早睡早起，按时间吃饭，否则会影响健康。

小结：你们都说得很好，要怎样做到不胖不瘦、健健康康呢？第一，过胖和过瘦的人都要学会调整饮食结构，一方面要少吃油炸和含糖多的食品，多吃水果蔬菜，能够控制自己的饮食；另一方面，荤素都要吃，不要挑食，吸收全面的营养，保证身体有足够的营养。第二，每个小朋友都要早睡早起、按时吃饭，养成良好的生活习惯。第三，天天锻炼身体。希望小朋友能坚持做到，这样每个小朋友都能成为健康的孩子。

活动资料

胖胖和瘦瘦（故事）

幼儿园里有一对好朋友，一个叫胖胖，一个叫瘦瘦。

胖胖长得又大又胖，瘦瘦长得又小又瘦。

瘦瘦什么都好，可就是有个挑食的小毛病，一到吃饭，他就开始动脑筋，想办法，怎样才能把爱吃的多吃点，不爱吃的少吃或不吃，所以往往是全班吃饭最慢的一个；而胖胖呀，吃饭吃得又多又快，不仅爱吃汉堡、零食、油炸鸡腿，还特别爱喝饮料呢。瞧，他正大口大口地吃起肉来，一到吃肉的时候吃多少都不够，有时还会吃完肉连骨头都咬个粉碎，简直让人哭笑不得。

这天，胖胖和瘦瘦这对好朋友竟然争吵了起来。胖胖说："瞧我胖胖的多可爱啊，当然胖点好。"瘦瘦说："不，瞧你这么胖，走都走不动了。要像我这么瘦，穿衣服才好看呢！"他们谁也不让谁。小朋友，你们说，该怎么办呀？

活动评析

《3-6岁儿童学习与发展指南》（全书以下简称《指南》）提出："要让幼儿从小树立正确的健康观念"，而现今肥胖儿、体弱儿越来越多，因此该活动具有一定的教育价值。幼幼互动是本次活动的亮点，也是活动顺利开展的动力。幼儿之间的互动有情感的交流，也有知识经验的分享，更有不同观点的碰撞和提升。他们通过互动，一一展示了胖、瘦的优缺点，从正反两方面讨论、思考健康的意义，懂得了日常生活与健康的密切联系。

教师在活动中从“台前”退到了“幕后”，借助主持人身份不仅可以灵活调控活动节奏和气氛，而且可以充分观察每个幼儿的表现，给予及时的反馈和鼓励，这种“退”体现了另一种意义上的“进”。

换牙卫生（大班）

设计者：田春妙（厦门市小金星龙山幼儿园）
评析者：张琼珊（厦门市思明区教师进修学校）

活动目标

✽了解换牙的常识，懂得保护恒牙的方法。

✽能围绕换牙话题进行讨论，并大胆、清楚地表达自己的见解。

活动准备

∵经验准备：活动前了解本班幼儿换牙的情况，部分幼儿已开始换牙。

∵物质准备：牙齿图片、模型；绘本《鳄鱼怕怕牙医怕怕》的课件。

活动过程

一、故事引题，激发兴趣。

引导语：小朋友，看看老师手上的是什么。（牙齿模型。）我们一起来听一个故事，看看故事里的荣荣怎么了，为什么。

幼答1：荣荣牙疼，因为他爱吃糖醋。

幼答2：荣荣要长新牙了，所以牙齿疼。

小结：对了，荣荣要换牙了，所以牙齿会疼。每个人在吃妈妈奶的时候就开始长出牙齿来，这叫乳牙。小朋友慢慢长大，到了五六岁时，乳牙掉了，换上了新牙。现在正是你们换牙的时候，如果发现自己的牙齿松动了，不用害怕，可能是要换新牙齿了。

二、问题讨论，了解换牙知识。

问题1：如果你的牙齿松动了，能不能用手摇摇让它快一点掉下来？

幼答1：可以的，这样掉得比较快呀。

幼答2：不可以的，如果去摇它，会流很多血。

小结：不要用手指去摇动，如果摇动，掉牙时会出很多血，会把细菌带到嘴里去，容易生病。

问题2：有的小朋友喜欢用舌头去舔刚长出来的牙齿，这样做对吗？

幼答1：我经常有去舔一舔，因为新长的牙齿有点难受。

幼答2：医院的叔叔说不可以去舔的，不然以后牙齿会不好看。

小结：想要牙齿漂亮，长得整整齐齐，新牙长出来的时候，不要用舌头去舔。

问题3：有些小朋友，乳牙还没掉，新牙就在旁边长出来了，这时该怎么办？

幼答1：马上和妈妈说，妈妈会来想办法。

幼答2：应该去看牙医，请医生帮忙把乳牙拔掉，我就是这样的。

小结：如果乳牙还没掉，新牙就长出来了，要告诉爸爸妈妈或老师，请医生把乳牙拔掉，这样新牙才会慢慢长出来。

三、借助课件，强化刷牙。

教师：小朋友看，屏幕上有谁。哦，是鳄鱼。鳄鱼牙齿怎么样啦？想去找谁？

幼答1：鳄鱼牙齿不舒服，想找医生看牙病。

幼答2：鳄鱼太懒了，不刷牙。

教师：对了，鳄鱼太懒了，不刷牙，所以牙疼得很厉害，要去找医生。

问题1：医生看到鳄鱼，会怎么样？

幼答1：鳄鱼太吓人了，医生会躲起来的。

幼答2：医生很勇敢，不怕鳄鱼，会帮助鳄鱼的。

小结：医生很害怕鳄鱼，可是他是医生，帮助病人是他的工作，所以坚持下来了。

问题2：医生是怎么帮助鳄鱼的，鳄鱼又是怎么来配合的？

幼答1：医生拿着它的钳子，把鳄鱼的蛀牙拔掉了。

幼答2：鳄鱼乖乖地坐在位置上，一直说我很勇敢，不害怕。

小结：医生拿着它的钳子，拔掉了已经蛀掉的牙齿，鳄鱼很勇敢地配合。

问题3：最后医生说了一句什么话，鳄鱼怎么回答的？

幼答1：医生说，明年再见了。鳄鱼说，明年再见了。

幼答2：不对，他们都说明年真的不想再见到他。

幼答3：医生说，你一定要记得刷牙哦。鳄鱼说，我一定不要忘记刷牙的。

小结：医生害怕再见到鳄鱼，提醒鳄鱼一定要刷牙。鳄鱼害怕再见到医生，所以说我一定不会忘记刷牙的。

四、谈话小结，经验拓展。

教师：小朋友，老师会将牙齿的模型和图片放在科学区，大家可以再去看一看，和小伙伴说一说你会怎样保护恒牙。在日常的生活中，小朋友要坚持早晚刷牙，才能保护好自己的一副牙齿。

活动评析

本次的活动以故事的方式导入，激起幼儿的兴趣，从故事中的人物了解到一些简单的换牙卫生。重点放在第二个环节，通过绘本《鳄鱼怕怕医生怕怕》的课件，进一步了解相关的保护牙齿卫生的重要性，通过鳄鱼看牙医的过程，感受鳄鱼害怕的心情，以及他们之间角色间的冲突，意识到保护牙齿的重要性。同时引导幼儿之间相互交流，幼幼之间的互动得到了很好的体现，最后教师再把幼儿对故事的理解进行总结，让幼儿有了总的了解和认识。通过这样的方式，幼儿对换牙有了正确的了解，让幼儿自己意识到保护好牙齿的重要性。

和椅子做运动（大班）

设计者：张子芸（厦门市民立幼儿园）
评析者：黄朝菁（厦门市民立幼儿园）

活动目标

✲能持椅子做运动，提高动作的协调和灵活性。

✲尝试探索椅子的多种玩法，体验运动的快乐。

✲喜欢参与体育运动，不怕困难。

活动准备

✣经验准备：幼儿有进行团队体育游戏的经验，懂得看平面图。

✣物质准备：人手一把椅子、垫背汗巾；场地设计图、音乐资料等。

活动过程

一、情境导入：火车开啦。

教师：小朋友，请把小椅子像老师这样拿着，放在身体前方变成方向盘，咱们的椅子列车就要出发咯！

教师带领幼儿手持椅子在活动场地四周快走、慢跑。

二、暖身运动：椅子操。

教师：我们都是爱运动的健康宝宝，让我们带着手上的椅子一起来做做椅子操吧！让我们动起来，跳起来吧！

教师带领幼儿随音乐一起做椅子操。

三、探索活动：用椅子运动。

1. 启发幼儿利用椅子作为道具，做不同的动作，达到锻炼的目的。

教师：运动做好啦！小椅子可高兴了，因为它们和我们一样是爱运动的小宝贝。今天，我们就来和自己的小椅子一起做运动。请大家想一想，你能和自己手上的那个椅子朋友一起做什么动作呢。

幼答1：我可以把椅子举过头顶，再放下来，我变成大力士。

幼答2：我可以把椅子向前推，也可以向左、向右转。

教师：好办法，我看了你的动作，觉得你在和椅子朋友玩捉迷藏的游戏呢。

2. 幼儿自主探索，教师指导。

教师：请小朋友们都来想一想、做一做，看你能不能设计出和其他小伙伴不同的动作，和椅子一起来做运动。

教师：你是怎么做的呢？

幼答：我站到椅子上，再跳下来。

教师：嗯，你在做跳的运动。

幼答：我先把左脚踩在椅子上、再换成右脚，轮流做。

教师：这是在做抬腿的运动。

3. 分享各自的新发现，并演示交流。

教师：刚才老师看到小朋友们都和椅子一起做运动，想了很多不同的动作，现在，谁愿意上来把你设计的运动动作教给大家呢？

（1）幼答：我把椅子放好后，脚抬高后跨过椅子，就成功了。

教师：哇！原来贝贝用椅子帮助他练习了跨的动作。咱们一起来试试看。

·教师示范讲解利用椅子做跨的动作及要领。

·指导幼儿用自己的椅子练习跨的动作，并帮助比较胆怯的幼儿先手扶椅背跨过椅子。

（2）幼答：我站在椅子上跳下来，像降落伞一样，哈哈。

教师：真像个小伞兵，不过，我们从椅子上向下跳的时候，特别要注意安全。

·教师示范动作要领：落地后前脚掌先着地，膝盖稍微蹲一点，这样可以让身体得到缓冲，这样的运动会让我们更加舒服。

·鼓励幼儿大胆地站到椅子上练习纵跳，并进行个别指导向下跳的落地动作。

小结：小朋友，你们的想法真多，有的绕着椅子跑；有的跨过椅子；有的站一站、坐一坐，练习蹲的动作；有的移动椅子练习腹背的动作。看来，你们用椅子来做运动的方法可真不少。

四、合作游戏：椅子乐园。

1. 启发幼儿思考用多把椅子做运动的方法。

教师：刚才，咱们都是和自己的椅子交朋友，用自己的椅子做运动。如果你们有好多把椅子，你们还能想出什么办法来做什么样的运动呢？请和你身边的小朋友用椅子摆一摆、试一试、动一动吧！

2. 引导幼儿以小组为单位，商议用多把椅子做运动的方法，教师巡回指导。

（1）教师：你们小组把椅子摆成什么样子？打算怎样运动呢？

组 1：我们把椅子摆成长排，变成一座独木桥，一个一个走过去。

教师：嗯，像小熊过桥一样勇敢地走过去吧。用椅子还可以摆出什么样的桥呢？小朋友们继续动脑想一想。

组 1：可以摆成弯弯曲曲的桥。还可以不连在一起，分开了摆。

教师：那咱们一起试试看，两把椅子中间有缝隙，但间隔不能太宽，方便大家走过去，也比较安全。

组 1 的幼儿一起动手调换椅子的位置，尝试“椅子桥”的新玩法。

（2）组 2 的幼儿将两把椅子背靠背连接起来。

教师：你们这组用椅子搭了一座很特别的桥！

组 2：老师，不对，这不是桥，这是一排树。我们是巨人，我们要从上面走过去。

教师：巨人们，能请你们走一回吗？

组 2 的幼儿都为自己成为小巨人而欢呼雀跃，跨过椅背也十分小心，有的幼儿还在后面提醒同伴注意安全。教师则在一旁保护，必要的时候给予支持。

教师：哇！恭喜你们，巨人们成功跨过树林，值得庆祝！再想想椅子能摆成什么样子，巨人们要迎接新的挑战咯！

3. 交流分享各组有创意的摆放椅子做运动的想法。

4. 出示场地设计图，引导幼儿观察，指导幼儿将椅子摆成不同造型，进行循环游戏。

教师：瞧！这里有张“椅子乐园”的平面设计图，我们一起来看一看。待会请小朋友分组，将椅子摆成图上的样子，再想想我们摆出来的椅子可以用来做什么运动。

（1）幼儿分组，指导幼儿按图示摆椅子。

（2）说一说：好玩的椅子乐园。

教师：椅子乐园里有哪些运动游戏？

幼答 1：我们可以从椅子洞里爬过去。

幼答 2：椅子摆出来的木桩，我们可以踩过去，还可以绕着跑过去。

幼答 3：可以从椅背上跨过去。

（3）幼儿分组循环游戏，教师重点指导跨步和纵跳的动作。

（4）游戏：找椅子。

玩法：音乐响起，教师带领幼儿在椅子乐园中自由跑动，音乐停止后，幼儿得迅速找到一把椅子坐下。

五、放松活动：椅子睡了。

1. 教师带领幼儿随缓慢的音乐做放松的律动。

2. 教师点评幼儿今天的活动。

教师：今天，我们和椅子交上了朋友，还用椅子做了好多的运动，有走、跨、跑、跳，还有爬，小朋友们想出的运动方法真不少。这样的运动在幼儿园可以做，还可以在家里带着爸爸妈妈、爷爷奶奶一起来练习，用椅子做运动，真快乐呀！

3. 带领幼儿手持椅子，“开火车”回教室。

活动评析

利用椅子作为游戏运动的道具，幼儿感觉十分新奇。该活动以游戏为幼儿的主要学习方式，活动流程设计简洁，由易到难，思考—探索—尝试—运动，让幼儿在玩中学、玩中运动的同时，也关注了幼儿意志品质的培养，在克服困难、战胜挑战中充分体验到了运动的乐趣。

长高了，变壮了（大班）

设计者：陈友劼（厦门市瑞景幼儿园）
评析者：张琼珊（厦门市思明区教师进修学校）

活动目标

✲感受自己的身高在逐渐增长、体重在不断增加。

✲知道健康的生活方式能促进身体长高、变壮。

✲体验成长的快乐。

活动准备

∵物质准备：（1）幼儿成长录像带（也可用图示表示，内容：小时候吃母乳、喝牛奶，现在吃米饭；小时候使用奶瓶喝水，现在使用杯子喝水；小时候吃果泥、菜泥，现在吃水果、蔬菜等；小时候要爸爸妈妈帮忙穿衣服，现在都自己穿）。（2）提前请幼儿及家长一起收集的班级幼儿不同时期的衣物、照片；健康运动方式的拼图、图片、图书等。

∵环境创设：布置“我的小时候”照片、衣物展。

活动过程

一、参观展览，激趣引入。

（一）自由参观，交流小时候用过的物品。

引导语：这几天小朋友们带来了很多你们小时候的衣服、照片，今天老师把这些东西布置成了一个"我的小时候"照片、衣物展，请你们和好朋友一起去看一看，猜猜相片里的人是谁，找一找你小时候的衣物并穿穿这些衣物，把你们的发现告诉周围的好朋友，等会儿再来告诉大家。

（二）与同伴分享观展感受。

引导语：谁愿意来和大家说说你参观了这个展览后有什么感觉？你发现了什么？

幼答1：看了小时候的相片，我发现自己长大了，头发变长了。

幼答2：我穿了小时候的鞋子，发现鞋子变短了，变窄了，穿不进去了。

幼答3：我试穿了件衣服，发现衣服太短、太小，不能穿了。

幼答4：我还看见很多以前用过的小杯子、小帽子、小手套、小奶瓶，现在长大了用不着了。

小结：是啊，小朋友们都长大了。看着小时候的相片、用品，穿着小时候的衣服、鞋子，都可以看出你们已经长高了、变壮了。

二、观看录像，感受成长。

1. 播放部分幼儿小时候的成长录像，引导幼儿感知小时候与现在衣食用行的不同。

引导语：今天老师还带来了你们小时候的录像，我们一起来看看你们小的时候和现在还有什么地方是不同的。

2. 集中交流。

引导语：你们发现小时候和现在有什么不同了吗？

幼答1：小时候吃母乳、喝牛奶，现在吃米饭。

幼答2：小时候使用奶瓶，现在使用杯子。

幼答3：小时候吃果泥、菜泥，现在吃水果、蔬菜等。

幼答4：小时候要爸爸妈妈帮忙穿衣服，现在都自己穿了。

小结：小朋友们长大了，变化可真大，还学会了那么多的本领。

三、分组操作，寻找秘密。

引导语：为什么有的小朋友长得高，有的长得矮，有的小朋友长得壮，有的长得瘦？怎样才能让自己长高、变壮呢？这里有很多关于长高的资料，小朋友可以看一看图片中哪些做法是对的、哪些是不对的，并把它们分一分，还可以拼图、看电脑、看图书，让我们一起来了解各种长高的方法吧。

幼儿分组操作，教师观察并适时介入指导。

分组引导语1：你发现了什么能让自己长高、变壮的好办法？把你的好办法介绍给你旁边的好朋友吧！

分组引导语2：图片中有哪些方法是对的、哪些方法不对，你能用完整的语言介绍一下吗？

四、交流讨论，提升经验。

引导语：谁愿意来告诉大家，你知道了哪些长高、变壮的方法？

幼答1：多喝牛奶，不挑食。

幼答2：多参加运动，身体才健康。

幼答3：还要有充足的睡眠。

小结：小朋友知道了很多能够快点长高、变壮的方法，我们一起来记住它们吧！影响长高的因素有很多，但是不挑食、多加强营养、多运动、保证足够的睡眠都可以帮助我们快快长高、变壮。我们要坚持健康的生活方式，让自己长得又高又壮！

活动评析

教师巧妙创设情境，引发幼儿回忆小时候用过的物品，进而在与物品的互动中感受自己长高了、变壮了，整个活动过程层层递进，能体现幼儿探索体验在先，教师小结提升在后，正确处理幼儿主体和教师主导的关系，重难点突出，目标完成好。

不能碰的身体部位（大班）

设计者：张小臆（厦门市同安实验幼儿园）
评析者：郑美兰（厦门市同安实验幼儿园）

活动目标

✽知道身体中有些部位不能让别人触碰。

✽有初步的自我保护意识，了解基本的防卫方法。

✽乐意参与交流并大胆表达。

活动准备

❖物质准备：（1）教师演示教具：玩具娃娃、视频“碰碰操”。（2）幼儿操作材料：男孩和女孩图片若干、哭脸贴纸若干。

活动过程

一、引导幼儿尝试用动作来表示自己对小伙伴的友好。

1. 引导幼儿用动作表示对小伙伴的友好。

引导语：小朋友们，你们喜欢自己的小伙伴吗？你会用什么动作来表示自己对他（她）的友好呢？请你们轻轻地走到自己的小伙伴身边去试一试吧。

2. 鼓励幼儿交流分享自己表示友好的方法。

引导语：你刚才是用什么动作来向自己的小伙伴表示友好的？

幼答1：我和他（她）拉拉手。

幼答2：我和他（她）抱一抱。

幼答3：我轻轻地拍了拍他的肩膀，我和他是哥们。

幼答4：我在他（她）脸上亲了一下。

教师：小朋友们的这些方法都很不错。

3. 小结：原来对我们喜欢的小伙伴，可以用拉拉手、抱一抱、亲一亲等动作来向他们表示友好。

二、明确身体的隐私部位，知道不能碰的身体部位。

1. 出示玩具娃娃，知道有些部位不能让别人碰。

引导语：老师很喜欢这个玩具娃娃，老师可以碰这个玩具娃娃的什么部位来表示友好呢？

幼答1：老师亲一亲娃娃的小脸。

幼答2：老师可以摸一摸它的小手。

幼答3：老师可以抱着它。

幼答4：老师可以摸摸它的头。

教师：原来老师喜欢这个玩具可以碰它身体的这么多地方。那么，玩具娃娃身体的哪些部位是我不可以碰的呢？

幼答1：娃娃咪咪不能碰。

幼答2：娃娃尿尿的地方不能碰。

幼答3：娃娃的屁股不能碰。

教师：为什么这些地方不能碰呢？

幼答1：因为碰了就会羞羞脸。

幼答2：因为娃娃会怕痒痒的。

幼答3：妈妈说不能让人碰，不然会生病的。

幼答4：因为你不是它的妈妈。妈妈说这个地方只有她帮我洗澡的时候才能碰。

小结：男孩和女孩的身体上都有一些重要部位，又叫隐私部位，这些部位是我们的宝贝，除了洗澡的时候爸爸妈妈可以碰，或者医生检查时可以碰，其他任何人在任何情况下都不能碰。

2. 观看视频“碰碰操”，知道有些部位自己平时也不能碰。

引导语：刚才“碰碰操”里的小朋友，他们都碰了自己身体的哪些部位？

幼答1：他们碰了头、手、肩膀。

幼答2：他们碰了腰、膝盖、脚。

教师：他们没有碰哪些部位？

幼答1：他们没碰小便的地方。

幼答2：他们没有碰他们的重要部位。

小结：我们身体上的这些隐私部位平时连我们自己也不能碰，不管是睡觉前、洗澡时、还是小便前后，我们都不能一直碰它们，更不能把它们当玩具玩。因为它们很脆弱，很容易生病或受伤，它们需要我们的保护。

3. 操作材料，进一步明确男孩和女孩的隐私部位。

引导语：有一位小女孩和一位小男孩，他们不知道自己身体的哪些部位是不能碰的，他们想请小朋友们告诉他们。请小朋友们把哭脸贴纸贴在小女孩和小男孩身体上不能碰的部位。

幼儿操作。

小结：不管是男孩子还是女孩子都有不能碰的身体部位。

三、知道保护自己隐私部位的基本方法。

提问：我们平时应该怎样保护自己的隐私部位的？

幼答1：我们不让别人碰。

幼答2：我们要用衣服和裤子来保护不能碰的部位。

幼答3：我们还要帮它们洗澡，让它们干干净净的，不会生病。

小结：除非是洗澡，否则我们都要用衣物来保护我们的隐私部位，不让它们被别人看见或碰到。即使是去游泳，我们也会用泳衣来遮挡它们。我们还要经常给它们洗澡，保证它们的清洁卫生。

四、学做“碰碰操”，正确对待身体的各个部位。

引导语：让我们一起跟着电视做“碰碰操”，碰一碰可以碰的身体部位，也可以和小伙伴们互相友好地碰一碰。

活动延伸

家园共育：指导家长向幼儿介绍人体的主要器官，对幼儿进行粗浅的性教育，并让幼儿知道保护自己隐秘部位的方法。

活动评析

通过本次活动，幼儿知道了自己身体上哪些部位不能碰，也知道了保护自己身体的简单方法。特别是观看“碰碰操”的这一小环节，幼儿都积极地说出了自己的看法，知道了不能碰的身体部位是连自己也不能随便乱碰的。

辨认安全标志（大班）

设计者：钟淑芬（厦门市康毅幼儿园）
评析者：黄淑真（厦门市湖里区教师进修学校）

活动目标

✲能辨认常见的安全标志，了解标志在人们生活中的作用。

✲尝试设计与安全有关的标志。

活动准备

✢经验准备：请家长事先带领幼儿认识一些常见的标志。

✢物质准备：(1) 课件“生活中常见的安全标志”。(2) 生活中常见的安全标志图片若干份，彩笔、纸等绘画材料。

活动过程

一、谈谈：自己所认识的安全标志。

问题：小朋友知道什么是安全标志吗？你们都见过哪些安全标志？你能说说它是什么样子的吗，有什么图案？

幼答1：我知道，我见过紧急出口的标志。

教师：紧急出口的标志是什么样的，有什么图案呢？

幼答1：紧急出口的标志是画了一个门里面一个人在跑步的动作。

幼答2：我见过小心摔倒的标志。

幼答3：我见过禁止触摸的标志。

幼儿回答问题，教师出示相应标志。

小结：小朋友真棒，说了这么多种安全标志，也知道了标志的模样，可是在我们的生活中还需要有其他不同的安全标志。

二、看看议议：我们生活中的安全标志。

1. 播放课件“生活中常见的安全标志”，认识、讨论课件中的安全标志。

引导语：老师这里有很多安全标志，请小朋友一起来看看。

问题：这些安全标志代表什么意思？它们有哪些作用？

幼答1：这是禁止攀登的意思，它告诉我们不可以爬上去。

幼答2：这是当心夹手，它告诉我们不可以把手伸进去。

幼答3：这是安全通道，它告诉我们可以从这里走。

小结：安全标志很重要，它提醒我们应该怎样做，可以保证我们的安全。

2. 议议没有安全标志的危害。

问题：如果没有这些安全标志行不行？为什么？

幼答1：不行，如果没有这些标志，我们不知道把手伸进去就会被夹到。

幼答2：如果没有这些标志，我们不知道跳下去就会有危险。

小结：每个人都生活在集体中，一定要按安全标志上的要求行动，才能既方便自己又不影响集体。如果不这样，会出现很多问题，人们的工作、生活、学习就不能正常进行，甚至出现危险。

3. 游戏：看谁找对了。

教师说出一种安全标志名称，请幼儿迅速找出相应的安全标志卡片。

三、设计安全标志。

1. 找找需要贴安全标志的地方。

问题：小朋友觉得幼儿园、班级里有哪些地方需要安全标志？为什么呢？

幼答1：楼梯口可以贴安全标志，告诉大家上下楼梯要小心摔倒。

幼答2：走廊的栏杆可以贴安全标志，提醒小朋友不能去爬栏杆。

幼答3：墙上的插座可以贴安全标志，告诉小朋友不能去摸。

2. 说说自己想设计的安全标志。

问题：你想设计什么地方的安全标志，并说说它们表示什么意思。

幼答 1：我要画走廊栏杆的安全标志，告诉小朋友不可以爬栏杆。

幼答 2：我要画沙池那边的安全标志，告诉小朋友玩沙的时候不可以把沙弄到小朋友眼睛里。

3. 幼儿设计安全标志，教师巡回指导。

引导语 1：你想设计什么安全标志？哦，你想画攀登架那边的安全标志，告诉小朋友玩攀登架时，手要抓紧才不会摔倒。

引导语 2：你想设计什么安全标志？哦，你想画滑滑梯那边的安全标志，告诉小朋友滑滑梯时不要挤，等下面的小朋友站起来才可以滑下来。

4. 集体交流，分享作品。

引导语：小朋友，请将你设计的安全标志贴在黑板上，并和大家相互交流欣赏。

问题：你设计的标志贴在哪里？它代表什么意思？

幼答 1：我设计的标志贴在沙池，提醒小朋友玩沙的时候不可以把沙弄到小朋友眼睛里。

幼答 2：我设计的标志贴在走廊栏杆，告诉小朋友不可以爬栏杆。

幼答 3：我设计的标志贴在楼梯口，告诉小朋友从这里下楼。

幼答 4：我设计的标志贴在大型器械区，告诉小朋友玩时手要抓紧，小心摔倒。

小结：幼儿园和活动室里有了小朋友设计制作的这些安全标志，就能提醒大家注意安全，避免发生危险。小朋友可以将设计好的安全标志悬挂在幼儿园各个合适的地方。

活动评析

活动中教师创设了让幼儿成为学习主人的机会，激发了幼儿对安全标志的兴趣。教师引导幼儿自己去观察和发现各种各样的安全标志，如严禁烟火以及各种交通安全标志等，因此，他们参加活动的积极性也特别高。幼儿通过自己看、问、画等探索活动，学会了学习，也学会了适应社会、适应集体、适应环境的道理。

和快乐交朋友（大班）

设计者：陈雅雅（厦门市湖里幼儿园）
评析者：李丽真（厦门市湖里幼儿园）

活动目标

✽了解表达和发泄情绪的方式、方法，使自己和他人更加愉快。

✽乐意与同伴交流自己的感受和想法。

活动准备

∵物质准备：(1) 高兴、生气、害羞等不同情绪的表情娃娃各一个。(2) 快乐口袋一个（里面装有玩具、书、音乐等）。(3) 分组操作材料：快乐宝贝记录单、记号笔。

活动过程

一、出示不同的表情娃娃，体验高兴、生气、害羞等不同的情绪。

问题1：这是什么表情娃娃？你怎么知道的？

幼答1：高兴娃娃，因为他笑了。

幼答2：生气娃娃，因为娃娃的嘴巴气鼓鼓的。

幼答3：害羞娃娃，她脸红了，不好意思地低下头了。

问题2：你喜欢当什么娃娃？为什么？

幼答1：高兴娃娃，很快乐。

幼答2：每天笑眯眯的，小朋友都喜欢和她玩。

幼答3：快乐娃娃向公主一样漂亮。

小结：我们每个人都会有高兴、生气、伤心、害羞等不同的情绪，开心快乐的情绪会让我们身体健康、心情愉悦，所以我们要保持开心快乐的心情。

二、引导幼儿结合生活经验，互相交流自己遇到的高兴、生气、害羞的事。

问题1：什么时候你很快乐？

幼答1：看电视。

幼答2：玩游戏。

幼答3：爬山。

幼答4：玩玩具、看书。

幼答5：和小朋友一起玩。

幼答6：爸爸妈妈带我去儿童乐园玩。

问题2：你有没有生气的时候？生气时你会怎么做呢？

幼答1：妈妈不带我去玩的时候，我会生气。

幼答2：弟弟抢我玩具的时候我会哭。

幼答3：生气的时候自己一个人关在房间里。

幼答4：生气的时候不说话。

问题3：你们喜欢高兴的自己，还是生气的自己呢？为什么？

幼答1：高兴的自己，很快乐。

幼答2：生气的时候会难过，会哭，很难看。

小结：我们每个人都会有生气不开心的时候，如果你碰到不开心的事时，不要生闷气，可以把不开心的事告诉老师、爸爸、妈妈或朋友。生气的时候可以自己呆一会儿，也可以把不开心的事情画下来，装进烦恼盒里，做些让自己快乐的事情，生气难过的情绪很快就会过去了。

问题4：有什么办法让自己快乐呢？

幼答1：收到礼物的时候很开心。

幼答2：和小朋友一起玩游戏很快乐。

幼答3：吃冰淇淋的时候很快乐。

幼答4：我帮妈妈做事情的时候很幸福。

小结：快乐其实很容易，多和小朋友一起玩，做一些力所能及的事情，就能发现快乐在我们身边了。

三、“快乐口袋”游戏，感受快乐。

问题1：（教师出示快乐口袋）请小朋友们猜猜里面装了什么东西。

幼答1：糖果。

幼答2：玩具。

幼答3：饼干。

问题2：请你摸出一样神秘的礼物，说一说什么让你很快乐。

幼答1：我撑着小伞很快乐。

幼答2：我打电话很快乐。

幼答3：玩玩具很快乐。

幼答4：唱歌很快乐。

幼答5：看书很快乐。

幼答6：听音乐很快乐。

小结：看书、玩玩具、听音乐等都可以让我们觉得很快乐。快乐原来是一件简单而幸福的事情。

四：幼儿分组操作："快乐宝贝"。

1. 提出要求。

引导语：还有什么事情能让你感觉很快乐呢？请小朋友六人一组一起讨论，把你们的想法记录下来，每组请一个小朋友来介绍你们小组讨论的结果。

2. 幼儿讨论记录，教师观察指导。

引导语1：想想你最快乐的事情是什么，和小朋友一起分享，看看谁快乐的方法和别人不同。

引导语2：可以请一个小朋友记录，也可以轮流记录。

3. 幼儿分享交流。

引导语：请各组推荐一个小朋友到前面向大家介绍自己的记录吧！

幼答1：小朋友喜欢我的画，我很快乐。

幼答2：和小朋友一起浇花很快乐。

幼答3：爸爸妈妈送我礼物，我很开心。

小结：小朋友长大了，能做许多事情，做好这些事情的时候感觉很快乐。小朋友还可以做许多事情，让自己变成快乐宝贝，好吗？

活动评析

教师创设表情娃娃情境，让幼儿体验高兴、生气、害羞等不同的情绪，感受情绪的多样性。设置"快乐口袋"游戏情境，引导幼儿用分组讨论、记录等方式体验感受快乐就在我们身旁，活动方式直观、有效。幼儿喜欢快乐的情绪，积极快乐的情绪有利于幼儿的身心健康成长。

地震来了我不怕（大班）

设计者：梁媛玲（厦门市同安实验幼儿园）
评析者：郑美兰（厦门市同安实验幼儿园）

活动目标

✽初步了解地震形成的原理及地震给人类带来的灾害。

✽掌握地震发生时的正确自救方法，提高防震意识。

活动准备

∵经验准备：通过电视、报纸等媒体，让幼儿了解雅安地震的情况。

∵物质准备：雅安地震的新闻播报视频、地震视频片段和介绍地震知识的录像短片；地球仪、泡沫板等。

活动过程

一、新闻播报，激发兴趣。

引导语：今天老师带来了一则新闻，请小朋友看一看。

1. 播放雅安地震的新闻播报视频，引发幼儿对地震事件的关注。

2. 提问：哪里发生了地震？看完新闻后，小朋友有什么感受？

幼答1：四川雅安发生7.0级地震。

幼答2：看完新闻，我觉得很伤心很难过，美丽的雅安一下子变成一片废墟。

幼答3：对，还有很多人失去了生命，很多人无家可归。

教师：老师也和你们一样难过，地震给人们带来了巨大的灾难。

二、观看视频，了解地震的危害。

1. 播放地震视频片段，幼儿观看。

2. 提问：地震给人类带来了哪些灾害？

幼答1：地震让很多房屋倒塌，一些人被埋在了房屋底下。

幼答2：许多公路和桥梁都断裂了，人们和车辆都不能通行。

幼答3：地震使山上的泥土和石头不断滚落下来，很可怕。

3. 小结：发生地震时，地面剧烈震动，造成房屋倒塌、道路塌陷、桥梁断落、山体滑坡、水坝开裂、铁轨变形等，还会间接引起火灾、水灾、煤气泄漏、瘟疫等，严重影响到人们的生命财产安全。

三、实验演示，初步了解地震的形成。

1. 出示地球仪，认识地壳。

引导语：小朋友们看看这是什么。（教师出示地球仪）地球是我们人类共同的家，地球的表面有一个好听的名字叫地壳。

2. 引导幼儿初步了解地震产生的原理，结合泡沫板演示岩层在力的作用下变形到断裂发出“嘣”的声音，让幼儿感受地震的发生。

3. 小结：我们地球的表面叫做地壳，地壳不是静止不动的，它像一个顽皮的孩子，总是不停地运动，如果它运动的力气过猛，地壳上的岩层就会就会像这个泡沫板一样，在力的作用下发生扭曲、变形、断裂，于是地震就产生了。

四、交流讨论，掌握自救的方法。

1. 引导语：地震虽然很可怕，但只要我们掌握了正确的自救方法，就能很好地保护自己。地震发生时，可以用哪些方法保护自己呢？

2. 幼儿分组交流讨论地震发生时各种紧急自救的方法。

3. 教师：谁愿意来和大家分享一下刚才讨论的结果？

幼答1：要以最快的速度地跑到外面的操场上或空旷的地方去。

师追问：能不能跑到高大的建筑物或危险物旁边？（不行。）

幼答2：可以躲到桌子底下或床底下，还可以躲到厕所或储藏间里去。

师追问：说得很好，那可以躲在窗户边或楼梯边吗？（不行。）

幼答3：用比较坚固的东西，比如餐盘、木板、脸盆等保护好头。

4. 师幼小结地震时的自救方法：迅速跑到外面开阔的地方，避开高大的建筑物、危险物或悬挂物；不要挤在楼梯、过道上；不要站在窗台边或到阳台上，千万不要跳窗、跳楼；在家里可以躲在坚固的家具下或床下，还可躲在厨房、厕所、储藏室等面积较小的地方，在幼儿园可以躲在书桌下或墙角边；用比较坚固的东西保护好头部；如果被埋在建筑物下，要不断发出求救信号，如吹哨子或敲击可以发出声响的东西；不能使用电梯等。

五、地震演练，提高自救能力。

引导语：小朋友们已经掌握了很多在地震中逃生和自救的方法，那如果真正发生地震，你到底会怎么做呢。现在我们来进行一次地震逃生演习。

1. 提出要求：在演习中，要听从教师的指挥，迅速躲好或撤离；不慌张、不害怕、不推挤，互相关心帮助。

2. 播放地震音效音乐，引导幼儿模拟地震情境进行演习。

活动评析

地震给人类带来了巨大的灾难，而幼儿年龄小，防震意识与自救能力较弱，非常有必要通过一系列活动让幼儿了解地震相关知识和一些基本的自救方法，提高他们的自我保护能力。本活动符合幼儿的年龄特点和发展需要，设计科学合理、环环相扣，效果好。

语言领域

拉拉鼠和五色花（小班）

设计者：叶淑美（厦门市同安实验幼儿园）
评析者：梁媛玲（厦门市同安实验幼儿园）

活动目标

✽理解故事的主要内容，尝试用完整的句子表述故事中的内容。

✽能感受故事中美好的意境，体验与他人分享的快乐。

活动准备

∴物质准备：（1）故事《拉拉鼠和五色花》的课件；可操作的五色花；音乐《春夜》。（2）幼儿操作材料：幼儿人手一本故事书《拉拉鼠和五色花》；五色小花瓣、动物图片若干。

活动过程

一、出示五色花，激起兴趣。

引导语：今天我请来了一只可爱的小老鼠，他有一个很好听的名字，叫拉拉，拉拉遇到了一种特殊的花，看，它漂亮吗？

幼答：漂亮。

问题：它有几个花瓣？分别是什么颜色呢？

幼答1：它有五个不同颜色的花瓣。

幼答2：红色、黄色、蓝色、紫色、绿色。

小结：所以它有一个好听的名字叫“五色花”。今天，老师带来了一本有关拉拉鼠和五色花的故事书，我们一起来看一看吧。

二、故事阅读：五色花和小动物们的故事。

1. 播放故事《拉拉鼠和五色花》的课件第1～4页，讲述画面内容。

引导语：五色花首先掉下来一片什么颜色的花瓣？拉拉鼠把红色花瓣送给了谁？

幼答1：首先掉下来的是红色花瓣。

幼答2：拉拉鼠把红色花瓣送给了小蚂蚁当小船过河。

小结：是的，拉拉鼠看到小蚂蚁过河需要帮助，它就把红色花瓣送给了小蚂蚁当小船，真开心啊。

问题：那接下来黄色花瓣掉下来，你们猜拉拉鼠会用它来做什么呢。

幼答1：黄色花瓣送给毛毛虫当被子。

幼答2：黄色花瓣送给小松鼠当扇子。

教师：黄色花瓣是不是像小朋友说的那样，送给毛毛虫当被子还是送给小松鼠当扇子呢？这个秘密啊，就藏在《拉拉鼠和五色花》这本故事书里，下面我们一起来读读这本故事书吧。

2. 幼儿自由阅读故事书。

教师提出阅读要求：故事书的封面朝上，用大拇指和食指一页一页地翻并仔细观察画面，不大声说话影响别人，还要动脑筋想想，拉拉鼠把五色花的花瓣都送给了谁。

播放音乐《春野》，幼儿安静地自主阅读，师幼互动。

引导语：（1）黄色花瓣送给了谁做什么？那小乌龟收到黄色花瓣后心情怎么样？（2）蓝色花瓣掉下来送给谁？做什么用？（3）睡梦中的小姑娘为什么笑得那么甜蜜呢？

3. 集中交流，回忆故事内容，加深对故事内容的理解，初步学习句型。

问题1：小老鼠拉拉把花瓣送给了谁？小动物用花瓣来做什么？

幼答1：拉拉鼠把黄色花瓣送给小乌龟当帽子。

幼答2：拉拉鼠把蓝色花瓣送给小蜗牛当滑滑梯。

幼答3：拉拉鼠把紫色花瓣送给睡梦中的小姑娘当蝴蝶结。

问题2：小动物们收到花瓣后，心情怎么样？

幼答1：小乌龟收到帽子后就不热，它就笑了。

幼答2：小蜗牛收到滑滑梯，开心得眯起了眼睛。

幼答3：小姑娘收到蝴蝶结，睡得特别甜。

4. 请幼儿利用图片将花瓣与小动物进行配对。

要求：请一个小朋友，帮拉拉鼠把五色花瓣送给相应的小动物。

教师：你们都帮拉拉鼠把花瓣送出去了，现在我们一起用一句完整的话来说说。

幼答1：红色的花瓣送给小蚂蚁当小船。

幼答2：黄色的花瓣送给小乌龟当帽子。

幼答3：蓝色的花瓣送给小蜗牛当滑滑梯。

幼答4：紫色的花瓣送给睡梦中的小姑娘当蝴蝶结。

引导幼儿想象、表述。

引导语：五色花剩下几片花瓣呢？拉拉鼠把这个花瓣送出去了吗？如果是你，你会把它送给谁做什么呢？

幼答1：五色花剩下绿色的花瓣。

幼答2：拉拉鼠没有把绿色花瓣送出去。

幼答3：我会把绿色的花瓣送给青蛙当荷叶。

幼答4：我会把绿色的花瓣送给鸟妈妈当鸟窝。

幼答5：我会把绿色的花瓣送给大象当纽扣。

三、拓展延伸，启发幼儿大胆想象。

引导语：拉拉鼠把花瓣变成不同的东西，帮助了很多小动物，真开心！如果你有这些五色花瓣，你会送给谁呢？今天有很多的老师来到我们班做客，一会五色花瓣落下来，小朋友每人捡一片花瓣，然后把花瓣送给你喜欢的老师并告诉她，你把什么颜色的花瓣送给她做什么用。

1. 幼儿自由捡一片花瓣，并送给老师。

2. 观察指导，师幼互动。

问题：你把什么颜色的花瓣送给了谁做什么？

幼答1：我把蓝色的花瓣送给黄老师当胸针。

幼答2：我把红色的花瓣送给陈老师当发夹。

幼答3：我把黄色的花瓣送给叶老师当耳环。

四、完整欣赏，制作五色花。

1. 播放课件，结合背景音乐，教师有感情地讲述故事，幼儿多感官地完整欣赏故事。

引导语：老师收到小朋友送的五色花瓣真开心，那下面我们一起和老师们来完整地分享故事《拉拉鼠和五色花》。

2. 提问：你喜欢拉拉鼠的五色花吗？为什么？

幼答1：我很喜欢拉拉鼠的五色花，因为它很漂亮。

幼答2：拉拉鼠的五色花，很喜欢帮助别的小动物。

幼答3：拉拉鼠的五色花，是朵很善良的花。

3. 小结：拉拉鼠的五色花是善良的花，它喜欢帮助别人，我们小朋友在生活中也应该去关心和帮助身边的朋友。现在让我们也来帮帮拉拉好吗？回教室后我们一起来动手帮五色花贴上漂亮的花瓣，让她变回原来的样子。

活动评析

此活动运用多媒体课件、绘本为载体，通过阅读故事、大胆想象、制作五色花等形式，帮助幼儿理解故事的内容，感受故事中美好的意境，体验与他人分享的快乐。形式多样，生动有趣。问题设计富有启发性，呈现出积极有效的师幼互动过程，较好地落实了教学目标。

圆圆的春天（中班）

设计者：邹　婧（厦门市东浦幼儿园）
评析者：饶红梅（厦门市东浦幼儿园）

活动目标

✽理解诗歌内容，感受诗歌里所蕴藏的韵律美。

✽愿意与同伴有感情地朗读。

✽感受春天里大自然的美好。

活动准备

∵物质准备：散文挂图，黑胶唱片。

活动过程

一、出示实物唱片，谈话引入。

1. 出示黑胶唱片，引导幼儿观察。

提问：小朋友们，看老师今天带来了什么？你在哪见过它？

幼答1：这是一张唱片，我在音像店里见过它。

幼答2：这是一张圆圆的黑胶唱片。

小结：这是一张圆圆的唱片。

2. 理解词汇“灌”的含义。

提问：这张唱片里有什么？你知道这些音乐是怎么到我们的唱片里去的吗？

幼答1：音乐是工人印到唱片里的。

幼答2：音乐是录到唱片里去的。

小结：音乐是音响公司的工作人员灌进去的，“灌”是什么意思？就是录的意思，录唱片也就是灌唱片。

二、分段理解散文。

1. 出示散文挂图，引导幼儿观察理解诗歌的第一部分。

提问：春天来了，圆圆的池塘里小蜻蜓在做什么？蜻蜓的尾巴是什么样的？你猜它在做什么。

幼答1：小蜻蜓在池塘里弯弯尾巴。

幼答2：小蜻蜓的尾巴是尖尖的，它在点水。

小结：尾巴尖，弯弯尾巴点点水，春天到了，小蜻蜓都到池塘里产卵了。小蜻蜓在池塘里做什么，我们来问问它，好不好？“小蜻蜓，做什么？我给春天灌唱片。”原来它要给春天也灌一张好听的唱片。

2. 结合挂图，观察理解诗歌的第二部分。

（1）讨论：猜一猜蜻蜓会把哪些小动物的声音给灌进唱片里呢。

幼答：有小青蛙、雨点和与鱼娃娃。

（2）提问：青蛙唱什么？雨点会发出什么样的声音？

幼答1：青蛙唱的声音是呱呱，雨点会敲出声音。

幼答2：雨点会敲出叮咚的声音。

小结：这个声音可真轻巧！我们一起来学一学：青蛙唱呱呱，雨点敲叮咚。

（3）教师：“活泼可爱的鱼娃娃，跳起水上芭蕾舞”，你们知道水上芭蕾舞是怎样跳的吗？谁愿意来学一学？

幼儿发挥想象，表演水上芭蕾舞的动作。

教师：我觉得小朋友们跳得可真好，我们一起来再跳一次，好吗？鱼娃娃们准备好了吗？起立，活泼可爱的鱼娃娃跳起水上芭蕾舞。跳得真不错，我们再来一次好吗？老师有要求哦，要用好听的声音把这句诗朗读出来，好吗？原来我们班的小朋友不仅是舞蹈家，还是小诗人，请坐。

3. 观察挂图，理解诗歌的最后一部分。

提问：你觉得小蜻蜓的唱片灌好了吗？它到底灌出了什么样的唱片，我们来听一听。它把什么都灌进去了？哦，有圆圆的池塘，圆圆的唱片，圆圆的春天。对了，灌的唱片里，有圆圆的池塘，圆圆的唱片，圆圆的春天。

三、出示挂图，教师朗诵散文，幼儿欣赏。

1. 教师朗读第一遍，引导幼儿随挂图记忆诗句。

教师：今天老师给小朋友带来的这首散文诗，名字就叫做《圆圆的春天》。老师请小朋友们仔细听，认真看，你创编的句子有没有在里面。

教师朗诵，幼儿倾听。

2. 幼儿分句朗读，教师帮幼儿记忆。

提问：你喜欢其中的哪一句？能不能朗读给大家听一听？

幼答1：喜欢第一句，小蜻蜓，尾巴尖，弯弯尾巴点点水。

提问：我们一起和她来学一学好不好？

幼答2：喜欢"青蛙唱呱呱，雨点敲叮咚"。

教师：这句在哪呀？在这吗？还是在这？原来，在这里，我们一起把它朗读出来好吗？其实老师喜欢最后这一句，我想邀请全班小朋友帮我把这句朗读出来好吗？

四、教师与幼儿共同朗读。

教师：今天老师带来的这首优美的散文诗，讲的是春天里的故事，你喜欢吗？老师想请我们班的小朋友和我一起随着好听的音乐把这首圆圆的春天朗读一遍，你愿意吗？请全体小朋友起立，一起朗诵《圆圆的春天》这首诗歌。

五、活动延伸。

教师：其实，春天里还有很多好听的声音，宝贝们可以利用周末的时间和爸爸妈妈到大自然里找一找春天还有哪些声音。

活动资料

圆圆的春天（诗歌）

小蜻蜓，尾巴尖，
弯弯尾巴点点水……
小蜻蜓，做什么？
我给春天灌唱片！

青蛙唱"呱呱"，
雨点敲"叮咚"，
活泼可爱的鱼娃娃，
跳起水上芭蕾舞……

灌呀灌，灌好了：
圆圆的春天，
圆圆的唱片，
圆圆的春天。

活动评析

教师借助一张黑胶片导入课题，巧妙地把对新词“灌”的理解前置，再通过挂图、动作、表达等多种形式，充分调动幼儿的视、听觉，感受诗歌中优美的语境，从而引发幼儿对诗歌内容的兴趣，及表达表现诗歌的愿望。活动环节层层递进，教学重点突显，效果良好。

会动的房子（中班）

设计者：祁力红（厦门市民立幼儿园）
评析者：黄朝菁（厦门市民立幼儿园）

活动目标

✲安静倾听故事，感受故事的趣味和大自然的清新。
✲乐意围绕问题进行猜想和表达。
✲尝试创想各种会动的房子。

活动准备

∵物质准备：《会动的房子》故事图片；大树、小山、大海、草原等的图片；纸、画笔。

活动过程

一、谈话引入，激发兴趣。

提问：小朋友，你见过什么房子？它是什么样的？

幼答1：我见过很高很高的房子，高楼大厦。

幼答2：我见过很早很早以前建造的老房子。

小结：是呀。房子是各种各样、各不相同的，你们见过会动的房子吗？

二、欣赏故事图片，初步感知故事内容。

1. 提出观看图片的要求。

引导语：小松鼠建造了一座新房子，这座新房子可神奇了，它会自己移动呢！这座会动的房子把松鼠都带到了哪些地方？这些地方的景色怎样？小松鼠把它们拍成了照片，让我们一起去看一看。

2. 幼儿自由欣赏图片，教师巡回指导。

引导语：（1）这是什么地方？小松鼠看到了什么？听到了什么？（2）会动的房子每天都把小松鼠带到不同的地方去，小松鼠的心情会怎样？

3. 幼儿分享交流。

（1）问题1：你看到会动的房子把松鼠都带到了哪些地方？这些地方的景色怎样？

幼答1：我看到会动的房子把小松鼠带到了大海边。

教师：大海边的景色怎样？

幼答2：有金色的沙滩，雪白的浪花，还有海鸥和帆船。

教师：在海边，我们会听到什么声音？

幼答3：海浪的声音"哗哗……"，还有轮船汽笛的声音"呜呜……"。

教师：还有不同的发现吗？

幼答4：看到会动的房子把小松鼠带到了大草原上，大草原上马儿在哒哒地奔跑。

教师：说得真完整。

（2）问题2：为什么小松鼠的房子会动呢？

幼答1：也许是房子下面安装了轮子。

幼答2：也许有个仙女在指挥着房子，每天仙女的仙女棒一挥，就会把松鼠的房子送到一个美丽的地方去。

教师：到底会动的房子里藏着什么秘密呢？让我们一起来听一听故事里是怎么说的吧！

三、欣赏故事，进一步感受故事主题。

1. 完整讲述故事。

2. 交流：原来粗心的小松鼠把房子盖在了什么地方？你喜欢故事里的小乌龟吗？为什么？

幼答1：粗心的小松鼠把房子盖在了乌龟背上，小乌龟会到处爬，所以房子就跟着到处移动了。

幼答2：我很喜欢这座会动的房子，要是我也有一座就好了。

幼答3：我喜欢这只小乌龟，因为它给小松鼠带来了快乐。

四、自由畅想，创作会动的房子。

1. 问题：如果你有一座会动的房子，你希望这座房子能带你到什么地方去？

幼答1：我希望房子带我到太空去，这样我即使在白天也能看到太空的景色了。

幼答2：如果这座会动的房子能飞起来，那就更棒了！

小结：让我们一起把自己希望拥有的会动的房子画下来吧！别忘了把房子周围的景色一起画出来和大家一起欣赏哦！

2. 幼儿作画，教师巡回指导。

引导语：想好了再动笔画，不要着急。比一比，谁设计的会动的房子最有创意。

3. 幼儿分享自己的作品和想法。

幼答1：我的房子是全自动的，只要遥控器一按，就可以把房子带到我想去的地方。

幼答2：我的房子可以飞回恐龙时代，让我看看恐龙时代的景色是什么样的。

教师：老师会把故事图片和大家设计的图片投放到语言区。大家可以和小伙伴们一起互相看一看、说一说，也希望大家长大以后都可以实现自己的会动的房子的愿望。

活动资料

会动的房子（故事）

小松鼠在树顶上住腻了，于是决定在地面上重新建造一座房子。在大树底下，它发现了一块大石头，由七块小石头拼成，很硬，也很光滑。小松鼠说："嘿，就在这上面造一座房子！"房子终于造好了，忙了一天的小松鼠也累了，在新家里睡着了。

"呼呼呼！"什么声音？小松鼠被吵醒了。推开一看，呀！自己在美丽的山脚下，小风吹奏起动听的山歌。真奇怪，昨天还在树下。今天却来到了山沟下。可小松鼠又一想：没关系，山沟下也挺好的，有动听的山歌做伴。

第二天，又传来“哗哗哗”的声音。小松鼠推开窗一看。呀！又来到了大海边，浪花发出欢快的歌声。小松鼠这下可乐了，“我的房子会动，我的房子会动！”现在，小松鼠又有浪花声做伴。

第三天，小松鼠想，今天我来到哪儿啦！推开窗一看，呀！眼前是一片大草原，马儿在哒哒地奔跑。小松鼠禁不住在房子里手舞足蹈。

突然，传来一个声音，“小松鼠呀，快别乱动。”咦，是谁呢？是这块硬硬的大石头？“小松鼠你真粗心，把房子盖在我的背上，我驮着你走过了许多地方。”小松鼠低头一看，原来是乌龟，那硬硬的大石头竟然是乌龟的背。小松鼠惭愧得脸都红了，赶紧说：“你，你累坏了吧？”乌龟说：“不，这下我们俩可以做伴了。”

活动评析

该活动通过观察感受、积极表达、欣赏故事、大胆设计、交流分享等多种形式，引导幼儿感受“会动的房子”的奇妙和美好，教学环节清晰，教法新颖，突出重点，呈现了积极有效的师幼互动过程。

三只小猪（中班）

设计者：柯桂香（厦门市集美小金星幼儿园）
评析者：祁力红（厦门市民立幼儿园）

活动目标

✻学会观察图片，初步理解故事内容。

✻知道做事要认真，不要图省力。

活动准备

∵物质准备：角色手偶，故事情节图片。

活动过程

一、认识故事主要角色。

1. 出示角色手偶。

引导语：这是猪妈妈。它有三个可爱的儿子。它们长什么模样？

幼答：一只是白的，一只是黑的，还有一只身上的皮毛是花花的。

教师：是的，所以猪妈妈给这三只小猪分别取名叫小白猪、小黑猪和小花猪。

2. 引入故事。

引导语：这一天，猪妈妈让三只小猪分别去盖房子。三只小猪用什么材料盖房子？结果怎么样？让我们一起去看看。

二、欣赏图片，猜想故事情节。

1. 组织幼儿观看三只小猪盖房子的图片。

(1) 幼儿自由观看，教师巡回指导。

引导语：看一看，三种小猪分别用什么材料盖房子；想一想，用这种材料盖成的房子牢固吗。

(2) 幼儿交流。

提问：你看到三只小猪分别盖了座什么样的房子？

幼答1：我看到小白猪用稻草盖了一间草房，草房歪歪斜斜的。

幼答2：我看到小黑猪用木头盖了一间木头房子，好像还不错。

幼答3：小花猪用砖头盖房子，我觉得它盖的房子最漂亮、最牢固。

2. 组织幼儿观看大灰狼抓小猪的图片。

(1) 幼儿自由观看，教师巡回指导。

引导语：大灰狼是怎么做的？结果怎样？哪种房子经受住了大灰狼的破坏？这说明了什么？

(2) 幼儿交流。

提问：面对大灰狼的破坏，三只小猪的房子怎么样了？

幼答1：小白猪的草房被大灰狼一吹就吹倒了。

幼答2：小黑猪的木房被大灰狼撞了两次也撞倒了。

幼答3：小花猪的砖房最牢固，不管大灰狼怎么破坏，它都一动也不动。

(3) 猜想：故事的结果会是什么样的呢？

幼答1：大灰狼被三只小猪打败了。

幼答2：以后大家都会学小花猪盖砖房。

教师：大家真棒！学会了自己看图片理解故事。这个故事到底是什么样的呢？让我们一起来欣赏。

三、完整倾听故事，分享交流。

1. 教师完整讲述故事。

要求：安静地倾听，比比和自己刚才看图片猜想是不是一样；想一想，故事告诉我们一个什么道理。

2. 分享交流。

教师：你最喜欢故事里的谁？为什么？

幼答1：我最喜欢小花猪，因为它盖房子很认真，最牢固。

幼答2：我也最喜欢小花猪，因为它不怕苦，不怕花力气。

问题2：如果你将来成为了建筑师，你要怎样盖房子呢？

幼答：要不怕苦，不图省力气，要动脑筋，盖牢固的房子。

小结：小朋友以后做任何事情都要像小花猪学习，认真动脑筋，不怕苦不怕累，不图省力气，这样才能把事情做好。

活动延伸

1. 把三只小猪和大灰狼的图片、子偶，建筑材料投放到语言区，让幼儿进行情境表演。

2. 开展《三只小猪》的故事表演游戏。

活动评价

活动通过角色手偶、部分情节图片的呈现，引导幼儿通过观察和讨论，逐步领会故事的主要内容，从而激发幼儿观察和表达的兴趣，深化对故事的理解，达到活动效果。活动材料虽朴实、简单，却实用、富有典型性。

月亮下来吧（中班）

设计者：陈友劼（厦门市瑞景幼儿园）
评析者：黄　芳（厦门市瑞景幼儿园）

活动目标

❈发展想象力，激发对大自然的美好情感。

❈在理解儿歌的基础上学会朗诵。

❈感受民间童谣的艺术魅力。

活动准备

∵物质准备：演示图谱（内容：圆月，弯月，小弟弟抱着皮球玩，小妹妹拿着镜子照，弟弟妹妹做小船到天上）；优美、柔和的背景音乐。

✲环境创设：教师坐在椅子上，幼儿坐成半圆形。

活动过程

一、猜谜激趣，谈话交流。

1. 猜谜导入。

引导语：小朋友，我们一起来猜个谜语吧，仔细听哦！有时落在山腰，有时挂在树梢，有时像个圆盘，有时像把镰刀。

幼答：月亮。

教师：你们真聪明，一下就猜出来了，掌声送给你们！

2. 组织交流：

问题1：你们见过月亮吗？月亮是什么样的？

幼答1：月亮是圆圆的。

问题2：今天老师把圆圆的月亮请到了我们班，我们一起用掌声把它请出来吧！（出示图谱：圆圆的月亮）圆圆的月亮像什么？

幼答：像饼干。

教师：你可以把这句话说完整吗？圆圆的月亮像什么？

幼答1：圆圆的月亮像西瓜。

幼答2：圆圆的月亮像我们照的镜子。

幼答3：圆圆的月亮像皮球。

小结：圆圆的月亮像西瓜、镜子、皮球，还像我们生活中的许多东西。

问题3：月亮除了是圆圆的，还有别的什么形状吗？

幼答：还有弯弯的月亮。

引导语：今天老师把弯弯的月亮也请到了我们班，（出示图谱：弯弯的月亮）我们一起来看看弯弯的月亮像什么。

幼答1：弯弯的月亮像香蕉。

幼答2：弯弯的月亮像眉毛。

幼答3：弯弯的月亮像梳子。

小结：嗯，弯弯的月亮像香蕉、眉毛、梳子，还像我们生活中的许多东西。

二、完整欣赏，理解儿歌《月亮下来吧》。

1. 教师朗诵儿歌，引导幼儿欣赏。

引导语：今天，老师带来了一首关于月亮的儿歌，儿歌的名字叫《月亮下来吧》，我们一起来欣赏吧。

(1) 教师声情并茂地完整朗诵儿歌。

(2) 师幼交流聆听儿歌的感受。

问题1：这首儿歌听起来有什么感觉？

幼答1：很优美。

幼答2：很舒服。

幼答3：感觉柔柔的。

小结：这是一首在民间流传得很广的童谣，小朋友们把月亮想象成了各种东西，他们在和月亮做游戏呢！

问题2：儿歌里讲了什么？

幼答1：小弟弟在玩皮球。

幼答2：不对，是小弟弟把月亮当成了皮球。

幼答3：还有弟弟妹妹坐船到天上。

教师：小朋友们都把月亮当成了什么东西呢？儿歌里是怎么说的？

2. 再次欣赏儿歌动画，加深对儿歌的理解。

引导语：我们一起再来欣赏这首儿歌的动画，等会儿请你们用儿歌里的话来告诉大家哦！

(1) 播放儿歌，引导幼儿欣赏。

(2) 师幼交流，逐段回忆儿歌内容。

①引导语：你在儿歌里最先听到了什么？

幼答：月亮呀，下来吧！

教师：小朋友们把月亮当作了什么？

幼答：当作皮球。

教师：你能用儿歌里的话来告诉大家吗？

幼答：你是一个皮球呀，小弟弟，要把你，拿在手中玩。

小结：我们一起看着图谱，(出示图谱：小弟弟抱着皮球玩) 一起把小弟弟和月亮玩游戏的情境说一说吧！(师幼一起朗读儿歌第一段。)

②引导语：接下来的儿歌里有谁和月亮做游戏？她把月亮当成了什么？

想把它怎么样？

幼答：小妹妹把月亮当成了镜子。

教师：谁能用儿歌里的语言来完整地告诉大家？

幼答：月亮呀，下来吧，你是一面镜子呀，小妹妹，要把你，拿在手中照。

小结：我们一起看着图谱，（出示图谱：小妹妹拿着镜子照）一起把小妹妹和月亮玩游戏的情境说一说吧！（师幼一起朗读儿歌第二段。）

③引导语：最后你在儿歌里听到谁和月亮做游戏啦？他们把月亮当作了什么？谁愿意来把这句话完整地说一说？

幼答：月亮呀，下来吧，你是一只小船呀，小弟弟，小妹妹，坐船到天上！

教师：你说得真完整，真为你感到自豪！（教师竖起大拇指。）

小结：我们一起看着图谱，（出示图谱：弟弟妹妹做小船到天上）一起把弟弟妹妹和月亮玩游戏的情境说一说吧！（师幼一起朗读儿歌第三段。）

三、朗诵儿歌，体验成功。

（1）结合图谱，提醒幼儿用自然、好听的声音完整朗诵儿歌。

教师：你们可真棒！这么快就学会儿歌了，我们一起边看着图谱，边完整地把这首儿歌朗诵一遍吧。

（2）配乐朗诵，提醒幼儿用好听、优美的声音朗诵。

引导语：你们读得真好听，就是太大声了点，应该用怎样的声音来朗诵这首儿歌呢？

幼答1：要用好听的声音。

幼答2：要温柔一点。

教师：那让我们一起随着优美的旋律，用好听、优美的声音再来朗诵一遍吧！

（3）师幼共同讨论为儿歌配上合适的动作，引导幼儿边做动作边朗诵儿歌。

引导语：你们觉得朗诵这首优美的儿歌时可以做哪些动作呢？让我们一起边做动作边用好听的声音来朗诵儿歌吧！

四、谈话小结，活动延伸。

教师：小朋友们都学会朗诵这首儿歌了，有的小朋友还会边表演边朗诵呢！月亮除了可以变成儿歌里的皮球、镜子、小船，还可以变成什么呢？你还想和月亮玩什么游戏？晚上回家后和你们的爸爸妈妈一起想一想，继续往下编一编吧！老师也会将这首儿歌的操作材料放在语言区里，小朋友们在平时区域活动的时间也可以继续读一读、编一编哦！

活动资料

月亮下来吧（儿歌）

月亮呀，下来吧，
你是一个皮球呀，
小弟弟，要把你，
拿在手中玩。

月亮呀，下来吧，
你是一面镜子呀，
小妹妹，要把你，
拿在手中照。

月亮呀，下来吧，
你是一只小船呀，
小弟弟，小妹妹，
坐船到天上！

活动评析

本活动以谈话形式引入，运用形象的图谱，通过充分调动幼儿的兴趣，启发、引导幼儿运用已有的生活经验来理解儿歌的内容，感受儿歌的韵律美，教师精巧的课堂设计、热烈有效的师幼互动、真实自然的教学风格，极大地激发了幼儿参与活动的兴趣，较好地完成了活动目标。

阳　　光（中班）

设计者：陆积慧（厦门市吕岭幼儿园）
评析者：林碧玲（厦门市吕岭幼儿园）

活动目标

✲感受诗歌明朗、欢快的基调。

✲学会观察周围事物与阳光之间的关系。

活动准备

✣经验准备：前期散步中和幼儿一同寻找阳光，并鼓励幼儿尝试用合适的词汇描述阳光洒在各种事物上的样子。

✣物质准备：将幼儿平时寻找到的阳光拍摄制作成视频，诗歌画面四张，绘画材料、一大张纸。

✣环境创设：在阳光灿烂的日子里展开本活动。

活动过程

1. 观看视频，回忆经验。

引导语：老师把我们散步时找到的阳光拍成了录像，我们一起看看阳光在哪里，阳光是怎样的。

2. 交流讨论，唤醒幼儿对阳光的感知。

提问：你们在哪里看到了阳光，阳光是什么样的？

幼答1：阳光照在眼睛里会刺刺的。

幼答2：我看见阳光在水面上一闪一闪的。

幼答3：阳光照在有露珠的树叶、花朵上也会一闪一闪的。

幼答4：阳光照在我身上，影子会变高变矮。

小结：原来阳光照在不同地方，给人的感觉是不同的。

二、欣赏诗歌，感知诗歌的明朗、欢快的基调。

1. 幼儿倾听教师有表情地朗读诗歌。

引导语：有人把我们看到的阳光写成一首好听的诗，你们听听，你最喜欢哪句，为什么。

2. 教师提问，加深幼儿感受诗歌的印象。

提问：你喜欢诗歌的那句话，为什么呢？

幼答1：我喜欢“阳光，在窗户上爬着”，这样教室会很亮。

师回应：诗人为什么用“爬”这个词呢？

幼答1：因为阳光会慢慢在窗户上升高。

幼答2：我喜欢“阳光，在花上笑着”，这样花更漂亮。

师回应：我们大家都来像阳光一样笑一个吧！（教师用相机随机给个别幼儿拍照。）

幼答3：我喜欢“阳光，在溪上跳着”。

幼答4：我喜欢“阳光，在妈妈的眼睛里亮着”，因为我妈妈的眼睛就会亮亮的，很漂亮。

提问：你喜欢这首诗歌里的阳光吗？为什么？

幼答1：喜欢，像一个可爱的小宝宝。

幼答2：喜欢，它是很开心，笑眯眯的。

幼答3：阳光有一点调皮，跳来跳去。

小结：阳光真的像个调皮的孩子一样爱笑、爱跳、还会爬呢，好可爱呀。

三、引导幼儿学习有表情地朗诵诗歌。

1. 利用图片做支架，引导幼儿学会朗诵诗歌。

引导语1：这首诗真好听，我们现在看着这四张图片一起朗诵诗歌吧。（教师有表情地带领幼儿朗诵诗歌。）

引导语2：现在老师要拿走其中的两幅图，你们有信心读出来吗？（教师再次有表情带领幼儿朗读诗歌。）

引导语3：你们看，现在所有的图片都躲起来了，你们还可以读出来吗？（教师再次有表情带领幼儿朗读诗歌。）

2. 引导幼儿看教师的手势学习有表情、有节奏地朗诵诗歌。

引导语：现在我们看着老师的手势来有轻有重、有慢有快地朗诵诗歌吧！

四、引导幼儿仿编诗歌。

1. 引导幼儿画阳光，说感受。

（1）提出要求：阳光除了在诗歌里说到的地方，它还会在哪里呢？做什么事呢？你们把它画出来好吗？画好以后，试着用诗歌的句子说说自己的画：“阳光在什么地方做什么”，然后，三个小朋友为一组把画贴在这张大纸上。

（2）幼儿根据自己的经验绘画阳光。

指导语1：你在哪里看见过阳光，看到的阳光是什么样的？

指导语2：你画的阳光在哪里，在做什么呀？

2. 引导幼儿看自己的画仿编诗歌。

（1）提出要求：现在小朋友的画三张为一组，请你们按照图画的顺序以诗歌的句式“阳光在什么地方做什么”，来串成一首新的诗《阳光》好吗？有一个要求，就是每首的最后都以“阳光，在妈妈的眼睛里亮着”结尾。

（2）幼儿看画仿编诗歌，教师观察指导。

引导语 1：你们编的时候要按照图画的顺序一句一句地来编，最后用“阳光，在妈妈的眼睛里亮着”结尾。

引导语 2：每一句都要讲到“阳光在什么地方做什么”，“做什么”要用好听的表示动作的词来说。

3. 集体交流，分享作品。

教师：请各组推荐一名小朋友朗诵自己小组编的诗歌吧。

幼朗诵：

阳光，在地上躺着，
阳光，在窗帘后躲着，
阳光，在树叶上跳着，
阳光，在妈妈的眼睛里亮着。

幼朗诵：

阳光，在水面上闪着，
阳光，在我脸上笑着，
阳光，屋顶上睡着，
阳光，在妈妈的眼睛里亮着。

小结：你们喜欢阳光吗？阳光听到小朋友这么喜欢它，你看它在操场上笑得更欢了，我们出去和它玩游戏吧。

活动资料

阳　　光（诗歌）

阳光，在窗上爬着，
阳光，在花上笑着，
阳光，在溪上跳着，
阳光，在妈妈眼里亮着。

活动评析

活动能紧紧捉住幼儿自身对阳光的经验，来一环扣一环地展开。教师善于通过追问提升幼儿的经验、语言，使幼儿在轻松、活泼的氛围中赏析诗歌，得到美的熏陶；并且巧妙运用图谱的方法让幼儿记忆诗歌，运用绘图、组图的方法让幼儿小组合作创编诗歌，有效支持幼儿的主动学习，激发幼儿的想象力和表现力。

自己去吧（中班）

设计者：高　群（厦门市吕岭幼儿园）
评析者：林碧玲（厦门市吕岭幼儿园）

活动目标

✽喜欢作品的对话风格，能模仿不同人物的语气朗读好对话部分。

✽知道凡事要自己大胆学才能学会。

活动准备

∵物质准备：小猴、小鸭、小鹰的手偶各一只；相关的动物宝宝、动物妈妈的胸饰若干。

∵环境创设：创设森林里的情境，有果树、池塘、大山、草地。

活动过程

一、故事引入，激发兴趣。

1. 出示小猴手偶，讲述小故事。

教师：树上的果子熟了，小猴子和妈妈来到果树下，小猴想吃果子，他会对妈妈怎样说？

幼答：妈妈，我要吃果子。

教师：妈妈会怎么回答呢？

幼答1：妈妈会说："好的，宝贝，妈妈帮你摘。"

幼答2：孩子，你自己去摘吧！

教师：我也觉得妈妈会说："树上多着哩，自己去摘吧！"这样小猴能学会什么本领呢？

幼答：小猴能学会爬树。

教师：是的，这样小猴就学会了爬树。今天老师还请来了小鸭子和小鹰，我们来听听它们又是怎样学会本领的。

二、朗诵诗歌，理解意义

1. 完整欣赏诗歌《自己去吧》，初步了解诗歌的内容。

教师：诗歌里还有哪些小动物？他们都学会了什么本领？

幼答1：有小鸭、小猴。

幼答2：有小猴、小鸭、小鹰。

教师：谁能完整地回答老师的问题？

幼答1：诗歌里有小猴，小猴学会了爬树。

幼答2：诗歌里有小猴、小鸭、小鹰，小猴学会了爬树，小鸭学会了游泳，小鹰学会了飞翔。

教师：说得真完整。我们再来听一遍，听听动物宝宝们是怎样对妈妈说的。

2. 再次欣赏诗歌，引导幼儿掌握动物妈妈和宝宝们的语言。

(1) 游戏一“看谁学得对”(学习动物宝宝对话)。

引导语：你们听清了动物宝宝对妈妈说的话吗？我们来玩个游戏“看谁学得对”。你们来当小动物，老师当动物妈妈，我拿出哪只小动物手偶，你们就变成这个小动物，记得要用诗歌里的话对妈妈说。

(教师出示小猴手偶。)

幼答1：我要吃果子。

教师：我们要用诗歌中的话来对妈妈说话哦。

幼答2：小猴说：“妈妈，我要吃果子。”

教师：树上多着哩，自己去摘吧！

师幼：这样，小猴学会了爬树。

(教师出示小鸭手偶。)

幼答：小鸭说：“妈妈，我要洗澡。”

教师：池塘大着哩，自己去洗吧！

师幼：这样，小鸭学会了游泳。

(教师出示小鹰手偶。)

幼答：小鹰说：“妈妈，山那边有什么呀？”

教师：风景可美哩，自己去看看吧！

师幼：这样，小鹰学会了飞翔。

(2) 游戏二“我来当妈妈”(学习动物妈妈对话)。

引导语：你们说得太棒了，现在你们来当动物妈妈吧！妈妈说话时的感觉是什么样的呢？

幼答1：妈妈很温柔。

幼答2：妈妈说话比较慢。

幼答3：妈妈说话很好听。

教师：那等会你们说动物妈妈的话时要注意用温柔、好听的声音，慢慢地说哦。

（教师出示小猴手偶。）

教师：小猴说："妈妈，我要吃果子。"

幼答1：树上多着哩，自己去摘吧！（语速较快）

幼答2：不是这样的，要慢慢说，要像妈妈说话一样。

教师：好，大家一起慢慢说，要像妈妈说话。

幼答：树上多着哩，自己去摘吧！（语速较慢）

教师：嗯，有妈妈的感觉。

师幼：这样，小猴学会了爬树。

（教师出示小鸭手偶。）

教师：小鸭说："妈妈，我要洗澡。"

幼答1：池塘大着哩，自己去洗吧！

幼答2：这样，小鸭学会了游泳。

（教师出示小鹰手偶。）

教师：小鹰说："妈妈，山那边有什么呀？"

幼答1：风景可美哩，自己去看看吧！

幼答2：这样，小鹰学会了飞翔。

三、完整朗诵，表演诗歌。

1. 完整朗诵诗歌。

教师：现在我们一起来完整朗诵这首诗歌《自己去吧》，朗诵时要注意小动物和妈妈语气的不同哦。

2. 表演诗歌。

引导语：现在老师要带小朋友到森林里去玩，这是果树、池塘、大山、草地，老师准备了一些动物宝宝和妈妈的胸饰，我们用诗歌里的语言表演一次，表演时一定要注意，宝宝和妈妈的声音是不一样的。

（师幼走到果树前。）

幼答1："妈妈，我要吃果子。"

幼答2：树上多着哩，自己去摘吧！

幼答3：这样，小猴学会了爬树。

（师幼走到池塘前。）

幼答1：小鸭说："妈妈，我要洗澡。"

幼答2：池塘大着哩，自己去洗吧！

幼答3：这样，小鸭学会了游泳。

（师幼走到大山前。）

幼答1：小鹰说："妈妈，山那边有什么呀？"

幼答2：风景可美哩，自己去看看吧！

幼答3：这样，小鹰学会了飞翔。

（师幼走到草地前。）

教师：呀！这里还有一片草地，草地上有几只小鸡呢！

幼答1：妈妈，我要吃虫子。

幼答2：草地上多着呢，自己去找吧！

幼答3：这样，小鸡学会了捉虫。

教师：哇！你们真棒，还能自己创编诗歌！

四、幼儿讨论，经验迁移。

教师：刚才你们的表演真精彩。谁知道这首诗歌的名字叫什么吗？

幼答：叫《自己去吧》。

教师：哦，诗歌的名字叫《自己去吧》。诗歌里的小动物没有妈妈的帮助，他们学会本领了吗？为什么？

幼答1：小猴学会了爬树，如果妈妈每次都帮他摘果子，小猴就永远不会爬树了。

幼答2：如果妈妈帮小鸭洗澡，小鸭就学不会游泳了。

幼答3：是啊，小鸭如果不自己去洗澡就不会游泳了。

幼答4：小鹰学会飞翔了。

幼答5：妈妈没有帮助小鸡，小鸡就学会了捉虫。

教师：小动物没有妈妈的帮助学会了这么多的本领。你们没有妈妈的帮助，你们学会了什么本领？

幼答1：妈妈不给我喂饭，我学会了自己吃饭。

幼答2：我学会了自己穿鞋子。

幼答3：妈妈不帮我扣纽扣，我学会了扣纽扣。

幼答4：妈妈不帮我背书包，我现在会自己背书包了。

师小结：我们要像小动物一样，自己学本领，不要依赖别人，凡事要自己大胆尝试、独立完成。

活动资料

自己去吧（诗歌）

小猴说："妈妈，我要吃果子。"
树上多着哩，自己去摘吧！
这样，小猴学会了爬树。

小鸭说："妈妈，我要洗澡。"
池塘大着哩，自己去洗吧！
这样，小鸭学会了游泳。

小鹰说："妈妈，山那边有什么呀？"
风景可美哩，自己去看看吧！
这样，小鹰学会了飞翔。

活动评析

该活动以情境导入、分段赏析、重点讨论、情境表演、角色对话的形式，让幼儿在轻松愉快的环境里，不仅充分理解诗歌的内容，乐意模仿不同角色的语气朗诵诗歌中的对话部分，还迁移了幼儿的生活经验，丰富了诗歌的内容，并且有效激发了幼儿想用优美的语言、富有妈妈语气的语调来朗读诗歌的愿望。

撕呀撕呀（中班）

设计者：张文卿（厦门市仙岳幼儿园）
评析者：吴山红（厦门市仙岳幼儿园）

活动目标

✲对撕贴绘本感兴趣。

✽能大胆猜测画面内容并进行讲述。

✽感受合作完成作品的快乐。

活动准备

∵物质准备：幼儿人手一本绘本《撕呀撕呀》，《撕呀撕呀》电子书，教学背景图两张，白纸、蜡光纸（黑色、深绿、浅绿），撕好的大、小树木若干棵，刷子两把、糨糊一罐，画架三块、小箩筐若干个。

活动过程

一、猜猜露出的部分是什么。

1. 出示白纸及白纸下面遮住的部分，猜猜白纸后面遮住的是什么东西。

问题：猜猜后面画的是什么。

幼答1：是蛋糕。

幼答2：是汽车。

2. 将白纸撕开小口，露出一小块黑色图案。

幼答1：我觉得是乌云。

幼答2：我觉得是小兔子的眼睛。

3. 继续把小口撕大，露出一块黑一块白的图案。

问题1：撕呀撕呀，现在，你们看到什么呢？

幼答：我看到了黑色和白色。

问题2：一块黑、一块白，会是什么呢？

幼答1：是斑马。

幼答2：不对，斑马是一条黑一条白，不是斑马，是奶牛！

4. 继续撕，露出一大片黑色和白色团。

问题：白白黑黑，黑黑白白，好大一片到底是什么呀？

幼答：是奶牛！

二、阅读绘本第1～7页。

1. 幼儿带着问题阅读绘本第1～7页，教师观察指导。

教师：小朋友讲了很多，真正的答案就在这本书的第1～7页，请小朋友认真看一看、说一说。

2. 幼儿分享交流第1～7页的内容。

问题1：谁来告诉大家，白白黑黑，黑黑白白，好大一片到底是什么呀？

幼答：是牛！

问题 2：这头牛长得怎样？

幼答 1：它长得漂亮，因为它有两只很漂亮的角。

幼答 2：还有两只眼睛和一张嘴。

幼答 3：它还有一条长长的尾巴。

幼答 4：这头牛身上还有黑黑白白的斑点。

教师：小朋友们回答得都很棒，给自己鼓鼓掌吧！这只牛爸爸是台湾的林鸿尧叔叔用纸撕出来的，我们也来学学：撕呀撕呀，一条尾巴，撕呀撕呀，四条腿，撕呀撕呀，两只角、一个头；撕呀撕呀，两只眼睛、一张嘴；撕呀撕呀，一块白、一块黑。

三、运用蜡光纸撕贴牛妈妈、牛宝宝。

1. 问题：牛家里还有谁？我们把他们请出来吧。

幼答：牛妈妈，牛宝宝，快出来！

2. 教师揭开背景图，出现一群白色的牛。

教师：来了，来了，请小朋友帮助我们打扮得和牛爸爸一样漂亮。

问题 1：怎样打扮这群牛呢？

幼答 1：我们可以用油画棒帮它们涂上颜色。

幼答 2：还可以用好看的贴纸贴在牛的身上。

问题 2：老师这儿有黑色蜡光纸，直接贴上去行吗？怎么办？

幼答：我们还可以用撕的！

教师：我们用黑色蜡光纸撕贴，撕好后贴到牛的身上。注意糨糊要涂抹均匀，记得把不用的小纸片放在篮子里哦！

3. 幼儿用黑色蜡光纸撕成小片贴在牛身上。

四、阅读绘本前半部（1～15 页）。

1. 问题：小朋友把牛的一家打扮得这么漂亮，它们非常开心。牛爸爸、牛妈妈、牛宝宝，它们想去干吗？

幼答 1：他们想去跳舞！

幼答 2：他们想去逛街。

教师：牛爸爸、牛妈妈和牛宝宝去干什么了？林鸿尧叔叔还为牛的一家撕出了什么东西？答案就在图画书上，请小朋友看一看吧！看书时请小朋友一页一页慢慢看，轻声说说。

2. 幼儿自主阅读，教师观察指导。

引导语 1：牛的一家想去干吗？你怎么知道它们是去吃草？因为你看到了

一大片的草地？你真聪明。

引导语 2：你看到林鸿尧叔叔还为牛的一家撕出了什么东西？草的颜色一样吗？除了草还有什么？

3. 幼儿分享交流。

问题：请小朋友说一说，你从图画书里看到了什么。

幼答 1：我看到了牛爸爸、牛妈妈和牛宝宝都在吃草。

幼答 2：我看到了草地。

幼答 3：有两种颜色的草地，有浅绿色和深绿色的。

幼答 4：我还看到了大树和小树。

教师小结：小朋友的眼睛都很亮，原来林鸿尧叔叔还为牛的一家撕出了一大片深绿和浅绿的草地以及大树和小树。牛的一家是在草地上吃青草。

4. 出示封面，欣赏讨论。

问题：谢武彰叔叔把林鸿尧叔叔的撕贴作品编成好听的故事，变成这本好看的书，书的名就叫做《撕呀撕呀》。为什么书名要叫做《撕呀撕呀》呢？

幼答：因为这本书里面的图都是撕出来的。

教师小结：说得很完整，因为书里面的图都是林鸿尧叔叔用纸撕出来的。所以这本书的名字就叫《撕呀撕呀》。

五、观赏电子书，感受绘本意境（从封面到第 27 页）。

教师：撕呀撕呀，多么神奇，撕出了黑黑白白的斑点、深深浅浅的草地、大大小小的牛。我们一起欣赏电子书，来听听这好听的故事。

六、运用深绿和浅绿的蜡光纸为这群牛撕出一片草地。

1. 问题：林鸿尧叔叔为这头牛爸爸撕出牛妈妈、牛宝宝还撕出了一大片的草地和树木，我们班也来了一群牛，我们可以为这群牛撕什么呢？

幼答 1：我要帮他们撕出青草。

幼答 2：我要撕大树送给牛的一家。

教师：老师给小朋友准备了深绿和浅绿的蜡光纸，我们就用这两种不同颜色的纸为这群牛撕出一片草地。

2. 幼儿撕贴，教师观察指导。

引导语 1：你撕出了什么？这片撕出来的草地看起来很好吃哦。

引导语 2：还有很多牛都在饿肚子，小朋友们要加油，撕出更多更好吃的草地来哦。

小结：牛的一家说小朋友帮它们撕出的草地实在太美味了，它们吃得好饱好饱啊，现在准备休息了，我们和牛的一家说再见吧。老师会在阅读区提供《撕呀撕呀》的图画书，小朋友可以继续去阅读；老师也会在美工区提供各种颜色的蜡光纸，请小朋友在美工区撕贴自己喜欢的东西吧。

活动评析

此案例设计十分有趣，独具匠心。教师打破了以往教学活动的框架模式，跳出了原有的思维定势，大胆创新，富有新意。一开始不是让幼儿马上看书，而是在猜猜、看看、说说中激发起幼儿的好奇心，幼儿在强烈的好奇心驱使下，积极投入活动中，了解故事的前部分内容。接着，教师组织幼儿撕撕、贴贴、说说，幼儿在动手、动口的过程中了解故事的主要角色。整个活动宽松、愉悦，幼儿在这样的氛围中积极与教师、同伴、环境有效互动，较好地建构了知识经验。

云彩和风儿（大班）

设计者：祁力红（厦门市民立幼儿园）
评析者：黄朝菁（厦门市民立幼儿园）

活动目标

✽欣赏散文诗的语言美和意境美。

✽尝试按作品提供的线索，想象和仿编散文诗。

✽感受云彩变化的奇妙，激起对大自然的热爱之情。

活动准备

∵物质准备：（1）云彩课件。（2）分组操作材料：棉花、胶水；吸管、颜料；油画棒。

活动过程

一、谈话引入，激发兴趣。

1. 唤醒幼儿有关云彩的认识。

提问：小朋友，你们见过云彩吗？云彩是什么样子的呢？

幼答1：云彩是白白的、软软的。

幼答2：不对，云有时是黑黑的、大大的。

教师：哦！他们一位说的是白云，一位说的是乌云。

幼答3：云彩应该是彩色的，因为有太阳公公的照射。

幼答4：而且云彩总是变来变去，各不相同呢！

小结：是呀，云彩是千变万化的、各种各样的。

2. 鼓励幼儿用动作表现云。

提问：哪位小朋友能用动作来表现一下云彩呢？

幼答1：（轻轻地抖动着手腕）这是云在天上轻轻地飘。

幼答2：（双手高举、左右摇摆）云总是软软的、柔柔的样子，飘来飘去。

二、观看课件，观察云彩。

1. 欣赏云彩课件。

引导语：今天老师带来了一段关于云彩的录像，让我们一起来看看录像里的云彩是什么样的。

2. 交流讨论。

（1）问题1：你看到云彩变成了什么？

幼答1：我看到云彩像鱼鳞一样，一片一片地连在一起。

幼答2：我看到云彩像小绵羊一样，在天上走来走去。

幼答3：云彩就像一床被子。我想，用云彩做成的被子盖在身上一定很舒服。

教师：天上的云彩真有趣，有时候变成鱼鳞，有时候变成小绵羊，有时候又变成被子。

（2）问题2：云彩为什么会不断变化呢？

幼答1：因为云彩是调皮的孩子。

幼答2：因为有风爷爷的帮忙。

教师：是呀，使云彩不断变化的是风。风儿吹呀吹，云彩就变呀变。云彩和风儿是一对好朋友。

三、教师朗诵，幼儿欣赏。

1. 教师朗诵。

引导语：今天，老师带来了一首好听的散文诗，散文诗的名字就叫《云彩和风儿》，让我们一起来欣赏。

2. 分享交流。

问题：风儿吹呀吹，云彩变成了什么？

幼答：云彩变成了小白船。

教师：小白船是什么样子的呢？

幼答：小白船有鼓鼓的船帆，风一吹，小白船就飘到远处了。

教师：风儿还把云彩变成了什么？谁能用散文诗里的话说一说？

幼答：吹呀吹，云彩变成了大狮子，张开大嘴，一声吼，吓得羊群都逃散。

教师：让我们一起学学变成大狮子的云彩的模样吧！

3. 再次完整欣赏。

引导语：这首散文诗真好听，让我们一起边看录像边把这首好听的散文诗再欣赏一遍。

四、动手操作，尝试仿编。

1. 介绍操作材料和要求。

引导语：让我们一起来当能干的风儿，变出各种各样有趣的云彩吧！

第一组：材料是棉花和胶水，你们可以用棉花贴出各种各种不一样的云彩。

第二组：材料是白色的颜料、蓝色的卡纸和吸管，请小朋友们把颜料倒在蓝色的卡纸上，用吸管吹一吹，看看风儿把吹出了什么美丽的图案。

第三组：材料是油画棒和画纸，请小朋友们用灵巧的手画出各种各样的云彩。

2. 幼儿操作，教师观察指导。

引导语：你的云彩变成了什么？用一句好听的话向大家介绍一下吧！

幼答1：吹呀吹，云彩变成小白兔，竖起耳朵，蹦蹦跳跳！

幼答2：吹呀吹，云彩变成美丽的花，对着太阳笑哈哈！

4. 游戏：云彩变变变。

(1) 介绍游戏玩法。

引导语：老师当风儿，小朋友们当云彩。当老师说“风儿吹，云彩变，变变变的时候”，你们就要用动作把自己变成各种云彩。

(2) 组织幼儿游戏。

提问：你变成了什么呀？

幼答1：风儿吹，云彩变，变变变！我变成了喜羊羊。

幼答2：风儿吹，云彩变，变变变！我变成了跳跳虎。

（3）小结：平日里继续观察云彩，并把你的观察画下来，带到班级和大家一起分享。

活动资料

云彩和风儿（诗歌）

天上的云彩真有趣，天上的风儿真能干。

吹呀吹，云彩变成小白船。竖起桅杆，扬起风帆，小船飘呀，飘到远处看不见。

吹呀吹，云彩变成大狮子，躬起身子，张开大口，狮子吼啊，吓得羊群都逃散。

吹呀吹，云彩变成胖娃娃，头戴金帽子，身穿白围嘴儿，跑来跑去，跟太阳公公闹着玩。

天上的云彩真有趣，天上的风儿真能干。

活动评析

将优美的散文诗通过唤醒已有经验、欣赏云彩课件、感受散文诗的美、自主进行创作、创编自我表达等多种方式逐步呈现，一环紧扣一环，引人入胜，生动有趣。师幼问答设计巧妙，教师总结提升精炼，到达突出重点，突破难点。

摇　　篮（大班）

设计者：陈友劼（厦门市瑞景幼儿园）
评析者：黄　芳（厦门市瑞景幼儿园）

活动目标

✼感受诗歌中的优美意境，能有感情地朗诵。

✼学习诗歌的语言特点，根据已有经验尝试仿编。

活动准备

∵物质准备：（1）诗歌《摇篮》的课件，轻柔、舒缓的音乐。（2）画有蓝天、大海、花园、妈妈的背景图。（3）制作好的星星、鱼儿、花朵、小宝宝、白云、浪花、风儿、摇篮的小图片若干。

活动过程

一、出示摇篮，谈话引入。

1. 出示摇篮背景图，了解摇篮的用途。

提问：小朋友，这是什么？它是做什么用的？

幼答1：摇篮是用来哄宝宝睡觉的。

幼答2：是的，我家的小弟弟每次在摇篮里摇来摇去就睡着了。

教师：哦！摇篮可以哄宝宝睡觉。躺在摇篮里有什么感觉呢？

幼答3：肯定很舒服。

幼答4：妈妈有的时候还会边摇边放睡觉的音乐！

教师小结：是呀，摇篮是婴儿睡觉的地方，睡在上面很舒服，还有一种专为婴儿睡觉的时候唱的歌，十分轻柔，名为《摇篮曲》。

2. 伴随着轻柔、舒缓的音乐，让幼儿尝试一下妈妈摇着摇篮哄宝宝入睡的动作。

引导语：让我们一起和着《摇篮曲》哄小宝宝入睡吧！

二、分组操作，理解摇篮及宝宝的关系。

1. 介绍操作材料及规则。

引导语：今天我们班除了来了一个小宝宝，还有许多宝宝藏在你们的椅子底下呢。我们一起把它们请出来吧！和你旁边的好朋友介绍一下，你拿到的是什么宝宝？

幼答1：我拿到了星星宝宝。

幼答2：我的是花宝宝。

幼答3：我请到了鱼宝宝。

教师出示蓝天、大海、花园、妈妈的背景图：这些宝宝也有它们的摇篮，你们想一想蓝天、大海、花园和妈妈的手分别是哪个宝宝的摇篮，把它们送回摇篮里去吧！

2. 幼儿操作，教师观察引导。

引导语1：你拿到了哪个宝宝？它的摇篮在哪里？

引导语2：为什么你会把花宝宝送到花园里呢？

3. 交流分享。

引导语1：谁愿意和大家分享你把哪个宝宝送到哪个摇篮里啦？

幼答1：我把星星宝宝送到蓝天里。

教师：嗯，蓝天是摇篮，摇着星宝宝。

幼答2：我把鱼宝宝送回了大海。

教师：哦，大海是摇篮，摇着鱼宝宝。

幼答3：花园是摇篮，摇着花宝宝。

教师：你真棒！会像我一样告诉大家“××是摇篮，摇着×宝宝”，掌声送给你！

幼答4：妈妈的手也是摇篮，摇着小宝宝。

教师：是啊，妈妈的手就是我们小时候的摇篮，轻轻摇着，哄我们睡觉。

引导语2：为什么说蓝天是星宝宝的摇篮，大海是鱼宝宝的摇篮，花园是花宝宝的摇篮？

幼答1：因为星星生活在蓝天，所以说蓝天是星宝宝的摇篮。

幼答2：花宝宝生活在花园里，就像在花园里睡觉一样。

小结：是啊，星宝宝、鱼宝宝、花宝宝在蓝天、大海、花园里，就像我们在妈妈的怀里一样舒服，一样幸福。

三、教师朗诵，幼儿欣赏。

1. 教师声情并茂地朗诵诗歌。

引导语：这里面藏着一首好听的诗歌，诗歌的名字就叫《摇篮》，让我们一起来欣赏。

2. 分享交流。

引导语：这些宝宝在摇篮里是怎么入睡的呢？谁能用诗歌里的话说一说？

幼答1：白云轻轻飘，星宝宝就睡着了。

幼答2：浪花轻轻翻，鱼宝宝着了。

幼答3：风儿轻轻吹，花宝宝睡着了。

幼答4：歌儿轻轻唱，小宝宝睡着了。

3. 再次欣赏、完整朗诵。

引导语：这首诗歌真好听，让我们一起边看录像边把这首好听的诗歌再欣赏一遍。

教师：为什么摇篮哄宝宝睡觉都要“轻轻”呢？

幼答1：这样宝宝容易入睡。

幼答2：否则会把睡着的宝宝吵醒的。

教师：是的，“轻轻”会帮助小宝宝们更快入睡的。那我们应该用怎样的声音来朗诵这首诗呢？让我们一起边念诗歌边学学摇篮哄宝宝的样子吧！

四、动手操作，尝试仿编。

1. 运用已有经验尝试仿编诗歌。

引导语：蓝天除了是星星的摇篮，还可以是谁的摇篮？

幼答1：还是月亮的摇篮。

教师：你可以像诗歌里的语言一样，把它编到诗歌里吗？

幼答1：蓝天是摇篮，摇着月亮宝宝，云儿轻轻飘，月亮宝宝睡着了。

小结：可以把原来诗歌中的星星变成月亮，就成为一首新的诗歌啦！大海又可以是谁的摇篮呢？

幼答2：大海是摇篮，摇着螃蟹宝宝，浪花轻轻翻，螃蟹宝宝睡着了。

2. 幼儿操作，教师观察指导。

引导语：除了蓝天、大海、花园、妈妈的手是摇篮，还有什么也可以当摇篮？她会摇着什么宝宝呢？这里有一些背景图和小卡片，你们可以当小诗人，摆一摆，说一说，把你编的诗歌告诉旁边的小朋友。

引导语1：你选择了什么当作摇篮？它会摇着谁？完整地说一说吧！

引导语2：你说得可真好！再编一段会更棒的！

3. 交流分享。

引导语：你把什么当作摇篮了？她会摇着什么宝宝？用一句好听的话向大家介绍一下吧！

幼答1：大海是摇篮，摇着海螺宝宝，浪花轻轻翻，海螺宝宝睡着了。

幼答2：草地是摇篮，摇着小草宝宝，风儿轻轻吹，小草宝宝睡着了。

幼答3：卧室是摇篮，摇着小宝宝，歌儿轻轻唱，小宝宝睡着了。

小结：你们可真能干，编出了这么好听的诗歌，真是小诗人啊！我们把图片继续放在语言区，大家可以继续仿编诗歌《摇篮》，并和大家一起分享。

活动资料

摇　篮（诗歌）

蓝天是摇篮，摇着星宝宝，白云轻轻飘，星宝宝睡着了。
大海是摇篮，摇着鱼宝宝，浪花轻轻翻，鱼宝宝睡着了。
花园是摇篮，摇着花宝宝，风儿轻轻吹，花宝宝睡着了。
妈妈的手是摇篮，摇着小宝宝，歌儿轻轻唱，小宝宝睡着了。

活动评析

本次活动基于幼儿的生活经验，以请幼儿为宝宝找摇篮为引子，让他们对学习儿歌有个初步的兴趣，对摇篮和宝宝的关系有了初步的认识。接着通过教师有感情的完整朗诵，让他们感受到诗歌的意境美；通过提问、看图引导幼儿理解诗歌的内容，在音乐中引导幼儿理解诗歌，学会用优美的声音朗诵；在理解的基础上，根据诗歌的形式，发挥想象进行创编。整个活动由浅入深、层层递进，充分体现了“让幼儿在轻松快乐中学习”的宗旨。

各种各样的绳子（大班）

设计者：高　群（厦门市吕岭幼儿园）
评析者：林碧玲（厦门市吕岭幼儿园）

活动目标

✲能根据绳子的不同用途进行讲述。

✲认真倾听别人讲话，向同伴学习讲述经验。

活动准备

∵物质准备：（1）录像：各种各样的绳子。（2）每位幼儿自带一根绳子。（3）教师和幼儿共同收集的松紧绳、纸绳、毛线绳、编织绳等各种游戏材料。

∵环境创设：布置“绳子商店”，里面有各种生活中的绳子。

活动过程

一、参观导入，谈话激趣。

引导语：今天我们来参观“绳子商店”，等会跟大家说说你看到了什么。

幼答1：我看见了绸带。

幼答2：我看见了毛茛。

教师：哦，原来毛茛也能当绳子用。

幼答3：我看见了塑料绳。

幼答4：我刚才看见了一条粗粗的、上次爸爸公司用来拔河的绳子。

教师：谁知道那是什么绳子呢？

幼答：我知道，那是麻绳。

小结：刚才我们在“绳子商店”看见了一些我们平时常见的绳子，其实除了这些绳子，还有许多其他种类的绳子。

二、小组交谈，集体谈话。

1. 小组交谈。

引导语：今天我们每个人都带来了一条绳子，请小朋友分成四组，向小组的同伴介绍自己带来的是什么绳子、它有什么作用。

小组一：

幼答1：我带来的是塑料绳，可以用它来绑东西。

幼答2：我这条是毛线。

教师：毛线绳可以用来做什么呢？

幼答3：毛线绳可以用来织毛衣，我妈妈用毛线给我织了很多毛衣。

幼答4：毛线还可以用来钩毛线鞋、围巾和手套。

小组二：

幼答1：我这条是鞋带，它可以用来系鞋带，还可以用来串珠珠。

幼答2：我带来的是跳绳。

教师：经常跳绳能锻炼我们的身体。

小组三：

幼答1：我带了一条线，我奶奶用线能绣花，绣得可好看了。

幼答2：我这条是用来晾衣服的绳子，它很长。

教师：哦，这是一条布绳。

小组四：

幼答1：爸爸告诉我这条是缆绳，我爸爸在轮渡码头上班，他说船靠岸的时候用绳子套在码头旁边的铁墩上，这样船才能靠岸。

教师：哇，这绳子的力气真大！

幼答2：我这条是鱼线，爷爷去海边钓鱼都用这个。

2. 集体谈话。

引导语：刚才小朋友都向小组的同伴介绍了自己带来的绳子。现在，有谁愿意来和大家分享一下的呢？请你用好听的话来介绍你带来的是一条什么样的绳子，它可以用来做什么。

幼答1：我带来的是一条狗绳，要出去遛狗的时候就要用这绳子，不然狗狗会跑掉的。

幼答2：我这些是五颜六色的橡皮筋，橡皮筋可以用来绑头发。

教师：听，他刚才用了一个好听的词“五颜六色”。

幼答3：我带来的是一个能干的洗衣袋，它是用细细长长的绳子编出来的。

幼答4：我带来的是一双草鞋，这是我和妈妈去桂林旅游时买回来的纪念品，这双鞋子是用粗糙的草绳编出来的。

教师：哦，原来绳子还能变魔术呀！

三、观看视频，拓展讲述。

1. 观看视频、讲述视频内容。

引导语：老师给大家准备了一段视频。请小朋友看看视频中有哪些绳子，它们都有什么作用。

教师：谁来说说你刚才在视频中看到了什么绳子？它有什么作用？

幼答1：我看见了公园里的跳床四周围了尼龙绳编的网，小朋友玩得很开心。

教师：是的，这样玩得也很安全。

幼答2：在建筑工地上，有了安全网很安全，用粗麻绳吊东西很牢固。

幼答3：厦门海沧大桥上的钢绳可以拉住桥面。

小结：各种各样的绳子，它们有着各自的用处。毛线绳可以编织，做工艺品；麻绳可以捆绑东西，吊货物；尼龙绳可以编安全网、尼龙袋，拉起来可以晾衣物、晒被子；棉线绳可以缝鞋子，缝货物袋口；纸绳可以做手工，做工艺品；草绳可以捆绑各种易碎品……还有一种特殊的绳子钢索绳，可以拉住桥面。

2. 调动幼儿已有经验，拓展谈话。

教师：绳子除了在我们的生活中有各种不同的用处，也是我们游戏的好伙伴，你会用你手上的绳子做哪些游戏呢？

幼答1：我可以和小朋友一起玩跳皮筋的游戏。

幼答2：我会用我的绳子教小朋友玩翻绳的游戏。

教师：你们说得真完整。

幼答3：我会用我的绳子来做贴画。

幼答4：我会用我带来的绳子编织。

四、绳子游戏，结束活动。

幼儿分组自选游戏：翻绳游戏、纸绳贴画、跳绳游戏、编织游戏。

引导语：请大家选择自己喜欢的绳子游戏，玩游戏时和同伴要相互谦让、相互帮助。

活动评析

此次活动紧紧抓住幼儿日常生活中常见的“绳子”展开讨论，绳子是幼儿有话可说的常见事物。活动通过参观导入、谈话激趣—小组交谈、集体谈话—观看视频、拓展讲述—绳子游戏四个环节，引导幼儿围绕“各种各样的绳子和绳子的用途”的话题，层层递进，有效支持幼儿爱说、会说、充分地说，启发幼儿完整连贯、拓展性地说。

毕业诗（大班）

设计者：陈　鹭（厦门市同安实验幼儿园）
评析者：郑美兰（厦门市同安实验幼儿园）

活动目标

✻理解诗歌依依惜别的情感内容，并用合适的语音富有情感地朗诵。

✻激发做小学生的自豪感，体会成长的喜悦。

活动准备

✣物质准备：幼儿三年来园内活动的精彩视频片段及相片制作成的课件“成长相册”；优美抒情的音乐。

活动过程

一、播放课件，共同回忆、讲述在幼儿园的快乐时光。

引导语：三年来，小朋友在幼儿园度过许多快乐的时光，我们一起看看成长相册吧！

二、师幼谈论，引导幼儿正确使用语言来抒发感情。

问题1：再过几天，小朋友就要告别老师和小伙伴，离开幼儿园了。在即将告别的时候，小朋友的心情是什么样的？

幼答1：我有点难过，离开幼儿园后就很难见到老师和阿姨，我会很想念的。

幼答2：我也是，一想到就伤心得想流眼泪。

小结：临近毕业，这种依依惜别的心情，大家都是一样的。

问题2：不过小朋友即将成为一名小学生，你心目中的小学生是什么样子的？

幼答1：小学生很厉害，懂得很多知识和本领，我想成为小学生。

幼答2：而且，我知道很棒的小朋友还能戴上红领巾、当班长。

小结：小学生懂得许多知识和本领，上小学真是一件很自豪、很光荣的事！

三、欣赏诗歌，分段理解诗歌的主要内容。

引导语：《毕业诗》就是一首充满依依惜别之情的诗。我们一起欣赏吧！

1. 教师充满感情地范读诗歌。

2. 引导幼儿有感情地跟读第一段诗歌，理解诗歌自豪欣喜的情感内容。

3. 鼓励幼儿说一说幼儿园里学到的本领和最快乐的一件事。

问题1：小朋友在幼儿园都学会了什么本领呢？

幼答1：我学会了唱歌跳舞，会唱很多好听的歌，还会边唱歌边做好看的舞蹈动作。

幼答2：我学会了保护自己的方法，着火的时候知道应该拿湿毛巾捂着嘴巴鼻子，还要蹲低身子逃到操场上。

幼答3：记得小班的时候，我什么都不会，可现在我学会了自己穿衣服、穿鞋袜，还会自己叠被子，有时候还会帮助老师、阿姨做事情。

小结：小朋友在幼儿园里学会了唱歌、跳舞、画画、自我保护等各种本领，也学会了自己的事情自己做。

问题2：小朋友在学本领时快乐吗？你觉得在幼儿园里最快乐的事情是什么？

幼答1：我学本领时很快乐。我觉得最快乐的时候是和好朋友在一起做游戏。

幼答2：我觉得在幼儿园里最快乐的事情是老师给我们讲故事，因为我很喜欢听故事，而且老师讲的故事都很好听。

小结：小朋友觉得在幼儿园里最快乐的事情就是跟老师、小朋友在一起，不管是学本领、讲故事还是做游戏。

4. 引导幼儿有感情地跟读第二段诗歌，理解诗歌感谢师恩的情感内容。

5. 引导幼儿说一说对老师、阿姨的心里话。

问题：三年来，小朋友在老师、阿姨的帮助下，学会了许多知识和本领。快毕业了，你想对老师、阿姨说些什么呢？

幼答1：我想说：谢谢老师，谢谢阿姨，我会想念你们的。

幼答2：老师、阿姨，我爱你们，上了小学我会好好学习更多的本领。

小结：小朋友感激老师、阿姨的辛勤，也谢谢老师、阿姨的帮助。

6. 引导幼儿有感情地跟读第三段诗歌，理解诗歌依依惜别的情感内容。

7. 小结：小朋友刚来幼儿园的时候什么也不会，现在学会了自己上厕所、洗手、吃饭、唱歌、画画、跳舞、讲故事，有的小朋友还参加了美术比赛、故事大王比赛、舞蹈比赛，还荣获了各种奖励，小朋友在幼儿园里变得越来越棒，而这些都要感谢老师、阿姨的辛勤工作！

四、集体朗诵毕业诗，鼓励幼儿感情充沛、神态大方、自豪地进行朗诵。

五、播放优美抒情的背景音乐，幼儿共同朗诵《毕业诗》。

引导语：这首《毕业诗》真美，如果我们给它配上好听的音乐，一定会更美的。我们试试吧！

六、活动延伸。

引导语：请小朋友回家后和爸爸妈妈一起回忆幼儿园里发生过的有趣的事，或者说说与老师、阿姨、好朋友即将离别的心情，用一段话或者一幅画的形式记录下来。

活动评析

教师通过引导幼儿回忆三年来的美好时光，鼓励幼儿说说在幼儿园里学到的本领、在幼儿园里生活的片段，启发幼儿表达对毕业的想法，然后将生活的画面、内心的情感与诗歌联系起来，帮助幼儿更好地理解诗歌内容。活动环节环环紧扣，层层递进，重点突出，目标得到了落实。

电视广告（大班）

设计者：张子芸（厦门市民立幼儿园）
评析者：黄朝菁（厦门市民立幼儿园）

活动目标

✻欣赏电视广告，感受其简练的语言美。

✽学习用简短、准确、生动的语言描述事物。

✽体验与同伴合作创编广告的乐趣。

活动准备

∵经验准备：让幼儿事先了解广告，对常见的广告内容较为熟悉。

∵物质准备：广告视频三则（旅游景点广告、商品广告、公益广告）；投放各种生活中常见的物品，供幼儿选择并设计广告。

活动过程

一、谈话唤醒经验，导入广告话题。

教师：你们看过广告吗？你见过什么广告？

幼答1：我看过洗发水的广告。

幼答2：我见过饮料的广告，好像是加多宝、哇哈哈的广告。

教师：你能学一学广告的内容吗？

幼答：换洗发水，一个理由不够，我给你五个。（幼儿比划动作模仿。）

教师：所有广告都是推销吃的、喝的、用的产品吗？还有没有别的广告？

（播放旅游景点广告片段。）

小结：像这种介绍商品的广告，吸引大家都去购买、去体验、去玩，我们叫它们“商业广告”。

教师：刚才咱们说到的这几则广告你们从哪里学来的呢？

幼答：电视上看到的。

教师：还有哪些地方可以看到广告？

幼答1：公共汽车上，BRT车站。

幼答2：轮渡码头。

幼答3：商场里、电梯里。

小结：广告到处都有，广告就在我们身边。

二、欣赏商品广告，了解广告的特点。

1. 播放一则商品广告，引导幼儿一起欣赏。

教师：今天，老师也带来了一则广告，我们一起来看看吧。

（牙膏：牙齿长得壮要营养。营养在哪里呢？鲜果的VC加VE，牙牙乐，有营养，牙齿健康白又壮。）

2. 引导幼儿交流。

教师：这是一则什么产品的广告？广告里说了什么？你听到它是怎么说

的？谁能来学一学广告里的句子吗？

3. 组织幼儿讨论。

教师：刚才这则广告小朋友们都只看了一遍，为什么大家学起广告里的句子会这么快呢？广告里的话和我们平时说的话比起来，有什么不一样？

幼答1：因为广告说得很有趣。

幼答2：这个广告像动画片，而且里面的声音也很好听。

小结：广告的句子比较短，一听就明白在说什么商品，好听又好记。

4. 鼓励幼儿与身边的同伴交流自己知道的广告。

教师：你有喜欢的广告吗？说说你喜欢这个广告的理由。你能学学吗？还可以唱一唱广告歌曲吗？

5. 小结：原来好看的画面、好听的音乐、有趣的语言都是我们喜欢广告的理由，而且广告让我们了解到许多商品的信息。

三、尝试创编广告，体验合作创造的乐趣。

1. 出示一组小朋友们熟悉的产品（牙膏、牛奶、玩具、衣服等），介绍小组活动内容。

教师：豆豆王国商场里的生意不怎么好，豆豆国王听说咱们这里有制作商品广告，想请小朋友们一起来帮忙想一想，设计这些商品的广告。你可以和身边的小伙伴一起商量，如何来帮商品做做广告。

2. 幼儿按意愿选择产品并分组，与身边的同伴合作设计广告。

教师：你们这一组设计的是什么商品的广告呢？真想听听你们的广告词呀！

组1：牛奶。每天喝一喝，白白又胖胖。

教师：嗯，你们设计的广告词听起来很整齐，但是听完了也不知道做广告的商品是什么，更不知道这种产品的名字。再想想，把产品名字编进广告词里吧。

教师：我刚才在旁边就听到你们这组小朋友商量得可热闹啦，能听听你们的广告词吗？

组2：豆豆玩具城，玩具多又多。

教师：哇，我猜你们手上拿的玩具都是你们最喜欢的吧，因为我看到你们刚才在表演广告时都好开心哦！

3. 请个别幼儿表述广告的内容。

教师：刚才老师加入到每个小组的活动中，听到了不少好听的广告词，现在就请大家一起来听听看。

组3：豆豆牙膏真厉害，挤一挤，每天刷，牙齿健康白又白。

组4：精灵衣服真好看，男孩女孩都爱穿。（小组幼儿集体上台表演广告。）

小结：广告词非常简短，但要把产品的名字和特点说完整，让人一听就明白，有的句子还像儿歌一样好听，容易让人记住。

四、了解公益广告，进一步感知广告的多样性。

1. 启发幼儿展开关于广告的联想。

教师：广告只能用来介绍商品吗？你还见过其他广告吗？

2. 播放公益广告，与幼儿一起欣赏。

（广告：让座，是一种美德。）

3. 师幼交流公益广告的特点。

教师：你刚看到了什么？这则广告与我们之前看到的广告有什么不同？它告诉了我们什么？

幼答1：没有介绍的产品。

幼答2：广告告诉我们要做好事情。

教师：你们还看过其他这样的广告吗？

幼答1：有呀，有个“妈妈洗脚”。

幼答2：地震的时候有奉献爱心的。

幼答3：还有遵守交通规则……

小结：广告，在我们的生活中时常可以看到，除了能了解新的产品，好玩的地方，广告还能用最简短的句子，生动的画面传递给人们一些爱的信息。小朋友可以在日常生活中继续关注各种广告，把它记录下来，带到班级和大家交流分享，也可以在美术区中自选商品继续设计广告，还可以与同伴合作在表演区中演绎自己设计的广告。

活动评析

在与幼儿一起欣赏广告的过程中，教师善于帮助幼儿梳理电视广告的可视、可听、语言简洁的特点，明确广告的宣传作用，关注幼儿对广告宣传词的设计，发展了幼儿简要描述事物的能力。内容完整，环节清晰，重点突出，师幼互动积极有效。

春雨的色彩（大班）

设计者：黄　平（厦门市海沧区未来之星幼儿园）
评析者：陈彩芳（厦门市海沧区未来之星幼儿园）

活动目标

✽初步了解春雨和某些植物的特征。

✽学习散文的抒情性语言。

✽感受散文的画面美和意境美。

活动准备

∵物质准备：（1）背景音乐、课件“春雨的色彩”。（2）分组操作材料：水彩笔、图画纸，彩色纸、剪刀、胶水。

活动过程

一、猜测春雨的颜色，激发幼儿兴趣。

引导语：现在是美丽的春天，有时会下起春雨。你们知道春雨是什么颜色的吗？

幼答1：春雨是白色的。

幼答2：不对，春雨没有颜色，是透明的。

幼答3：春雨是五颜六色的，太阳光一照就是彩色的。

教师：春雨到底是什么颜色的？有一群小鸟们也在争论这个有趣的话题。

二、观看课件，理解散文内容。

1. 教师配乐朗诵。

引导语：今天老师带来一首好听的散文，散文的名字叫《春雨的色彩》，让我们一起来听听小鸟们是怎么说的。

2. 分享交流。

问题1：小鸟们认为春雨是什么颜色的？它们各说了什么？

幼答1：小白鸽认为春雨是无色的。

幼答2：小燕子说春雨是绿色的。春雨落在草地、柳树上，都变绿了。

幼答3：麻雀说春雨是红色的。春雨洒在桃树上，桃花红了。

问题2：小鸟们都在争论这个有趣的话题，最后春雨说了什么？

幼答1：春雨说小朋友的话都对，又没说全面。

幼答2：春雨自己是无色的，但能给春天大地带来万紫千红。

教师：是呀，春雨能让柳树、桃花、蒲公英这些植物生长得更好，让春天的大地变成万紫千红。

3. 鼓励幼儿用动作表现春雨。

教师：哪位小朋友能用动作表现一下春雨呢？

幼答1：（双手高举，从上往下落）这是春雨落在草地上。

幼答2：（轻轻抖动手指）春雨洒在桃树上。

教师：同样是春雨落下来，散文中却用“淋”在柳树上、“洒”在桃树上、“滴”在杏树上三个不同的词来描写，让散文的语言变得更优美、动听、有韵律感。

4. 再次完整欣赏。

引导语：这首散文真好听，让我们一起边看课件边把这首好听的散文再欣赏一遍。

三、分组创作，尝试仿编。

1. 介绍材料，提出要求。

引导语：春雨就像一位神奇的魔术师，到哪里，哪里就会变出美丽的颜色。春雨还会是什么颜色，会落到哪儿呢？让我们也来当魔术师变出春雨的色彩吧！

第一组：材料是水彩笔和画纸，画出春雨的色彩。

第二组：材料是彩色纸、剪刀和胶水，剪贴出春雨的色彩。

2. 分组操作，教师指导。

操作要求：大胆想象，细心作画；使用剪刀时要注意安全，粘贴时不要着急。

3. 介绍作品，仿编短句。

引导语：小小魔术师，你们眼中的春雨是什么颜色的？用一句和散文中一样好听的话向大家介绍一下吧！

幼答1：春雨是玫红色的，洒在玫瑰花上，玫瑰花红了。

幼答2：春雨是蓝色的，落在大海里，大海也蓝了。

教师：春雨就像一位魔术师，把世间万物变得多姿多彩；春雨更像一位大画家，把大地打扮得万紫千红。

四、延伸活动，寻找色彩。

引导语：今天我们知道了春雨有那么多的色彩，回去和爸爸妈妈们一起找找看周围生活中还有哪些美丽风景的色彩。小朋友也可以学着用散文中的话来告诉爸爸、妈妈春雨的色彩。

活动评析

活动以“色彩”为主线，通过猜想春雨的色彩、理解散文的内容、感受语言的美、创作春雨的色彩、尝试大胆地仿编和寻找生活中的色彩等层层递进的环节，使幼儿充分感受到散文语言艺术的优美、表达的畅快、想象的美好，唤起幼儿关注大自然，向往美好生活的质朴情感。

落　叶（大班）

设计者：杨微微（厦门市同安区洗墨池幼儿园）
评析者：郑美兰（厦门市同安实验幼儿园）

活动目标

✲理解散文内容，感受秋天叶落的优美意境。

✲初步领会散文中拟人与夸张的修辞手法。

活动准备

∵经验准备：散步时，带幼儿观察秋风吹过的时候树叶掉落的样子、树叶会落到哪里以及落地树叶的形状；请家长带幼儿观察落叶。

∵物质准备：（1）演示图片内容：小虫躺在落叶上；小蚂蚁坐在落叶上；小鱼躲在落叶下；小燕子叼着落叶。（2）演示课件（散文相关内容）。（3）实物落叶、音乐《晨歌》等。

活动过程

一、展示落叶实物，激发幼儿兴趣。

引导语：小朋友，听！“呼，呼”这是什么声音？对，刮风了，天气凉了，秋天来了。树叶宝宝随着秋风飘呀飘呀，离开了它的妈妈。

问题1：这片树叶是昨天我们散步时捡来的，它长什么样子？是什么颜色的？（请幼儿摸一摸，感受一下。）

幼答1：这片树叶是黄色的。

幼答2：这片树叶干干的、皱皱的。

小结：这片黄黄、干干、皱皱的树叶是从树上掉下来的，我们叫它——落叶。

问题2：昨天老师带小朋友到操场散步时，小朋友看见树叶落到哪里？

幼答：树叶落在地上、滑梯上、草丛里……

小结：秋风起了，天气凉了，一片片树叶从树枝上飘落下来，树叶落在地上、草丛里、小院里等。

二、观察图片，初步感知散文内容。

引导语：树叶还会落在哪里？落叶藏在好看的图片里，让我们一起来找一找。

1. 出示小虫躺在落叶上的图片。

教师：图上有什么？树叶落在哪里？小虫看见树叶会怎么做？小虫可能把落叶当作什么？

幼答1：树叶落在地上，小虫爬到落叶上。

幼答2：小虫可能把落叶当作小床。

2. 出示蚂蚁坐在落叶上的图片。

教师：谁来了？图上这条长长的东西是什么？（介绍水沟，雨天用来排水。）树叶落在哪儿？沟里的蚂蚁看见树叶会怎么做？蚂蚁可能把落叶当作什么？

幼答1：树叶落在水沟里。

幼答2：水沟里有一点水，小蚂蚁可能会把落叶当作小船。

3. 出示小鱼躲在落叶下的图片。

教师：小鱼生活在哪里？树叶落在哪儿？小鱼看见树叶会怎么做？小鱼可能把落叶当作什么？

幼答1：小鱼生活在河里，树叶落在河里。

幼答2：小鱼还生活在海里，小鱼把落叶当作帽子。

4. 出示小燕子叼着落叶的图片。

教师：谁飞来了？图上还有什么？（我们把有大树、房子和花园的地方叫作院子。）树叶落到哪里？小燕子看见落叶会说什么？

幼答1：树叶落到院子里。

幼答 2：小燕子会说："秋天来了。"

幼答 3：小燕子会说："天气凉了，快过冬了。"

小结：树叶落到院子里，小燕子看见落叶说：秋天来了，天气凉了，冬天快要来了。

三、欣赏散文，理解散文内容。

引导语：小朋友，老师把这些美丽的图片编成了一首好听的散文，我们一起来欣赏吧！请小朋友们仔细听，想一想树叶落在了哪儿，小动物们是怎么做的，把它当作什么。

1. 教师有表情地完整朗诵散文。

2. 结合课件，共同讨论、表演散文。

教师：秋风吹，树叶落在了哪儿？散文中有哪些小动物呢？它们做什么了？小动物们是怎么跟落叶玩的？（根据幼儿回答出示课件，重点引导幼儿感知、模仿"躺、坐、藏"等动作；引导幼儿理解燕子要到南方去过冬的原因。）

（1）出示课件一：小虫躺在落叶上，把落叶当作房子。

教师：树叶落在哪里？小虫怎么做？把落叶当作什么？它是怎么和落叶玩的？我们来学一学。

幼答 1：树叶落在地上，小虫爬过来，躺在落叶上。

幼答 2：小虫躺在落叶里，把落叶当作房子。

互动练习：模仿小虫跟落叶玩的动作（爬、躺）

小结：树叶落在地上，小虫爬过来，躺在里面，把它当作房子。

（2）出示课件二：蚂蚁坐在落叶上，把落叶当作小船。

教师：树叶落在哪里？蚂蚁怎么做？把落叶当作什么？它是怎么和落叶玩的？

幼答 1：树叶落在沟里，蚂蚁爬过来，坐在落叶上面。

幼答 2：蚂蚁是坐在落叶上，把它当作小船。

互动练习：模仿蚂蚁跟落叶玩的动作（爬、坐）

小结：树叶落在沟里，蚂蚁爬过来，坐在上面，把它当作小船。

（3）出示课件三：小鱼藏在落叶下，把落叶当作伞。

教师：树叶落在哪里？小鱼怎么做？把落叶当作什么？它是怎么和落叶玩的？

幼答1：树叶落在河里，小鱼游过来，藏起来。

幼答2：小鱼藏在落叶下面，把它当作小伞。

互动练习：模仿小鱼跟落叶玩的动作（游、藏）

小结：树叶落在河里，小鱼游过来，藏在底下，把它当作小伞。

（4）出示课件四：小燕子叼着落叶，把落叶当作信。

教师：树叶落到哪里？小燕子为什么说“来信了”？信的内容是什么？小燕子为什么要到南方去过冬？

幼答1：树叶落到院子里，小燕子把它当作一封信。

幼答2：小燕子看到落叶，知道天气凉了。

幼答3：信的内容是叫小燕子到南方过冬，南方比较暖和。

小结：北方的冬天比较冷，每到冬天小燕子就会飞到南方来过冬，等到第二年春天再飞回去。

四、配乐朗诵表演散文。

引导语：这首散文真美啊！想一想散文里有哪几种小动物。让我们来扮演这四种小动物，跟着优美的音乐，一边朗诵一边表演散文吧！

1. 师幼朗诵表演：小朋友自选一种动物头饰、分成四组边朗诵边表演。散文的第一句大家一起朗诵，其他部分按四种小动物分别表演朗诵；第二遍幼儿互换角色朗诵表演。

2. 小结：散文真美，秋风吹、树叶飘，小虫、蚂蚁、小鱼、小燕子像人一样与落叶玩耍，落叶可以当作房子、小船、伞和信，落叶还可以当作什么呢？小朋友回家后再和爸爸妈妈到公园观察秋天的树、拾落叶，比较各种落叶形状的不同，想想落叶还可以当作什么，并用落叶制作漂亮的作品，带到幼儿园与大家一起分享。

活动评析

本活动从生活中取材，充分挖掘教材资源，创设秋天优美意境；根据幼儿认知特点，通过亲临意境、实物观察、图片观察、课件拓展、情境表演、师幼互动等多种形式，让幼儿在充分感知、体验的基础上理解散文内容，感受秋天叶落的优美意境；教学重难点突出，重点引导幼儿初步领会散文中拟人与夸张的修辞手法；目标明确，内容充实，层层递进，让幼儿在感受散文美中表现美。

社会领域

我爱小动物（小班）

设计者：徐玉器（厦门市同安实验幼儿园）
评析者：梁媛玲（厦门市同安实验幼儿园）

活动目标

✲了解一些小动物的生活习性，尝试喂养小动物。

✲萌发热爱小动物的情感。

活动准备

∵经验准备：活动之前，引导幼儿在自然角学习喂养小动物；请家长利用节假日带幼儿到动物园观察动物。

∵物质准备：塑料动物玩具若干；小动物喜欢吃的食物、图片若干。

∵环境创设：活动室创设小型“动物园”。（请幼儿将自己喜爱的小动物带到幼儿园，与老师一起创设。）

活动过程

一、创设情境，激发幼儿兴趣。

引导语：小朋友，老师带你们去参观“动物园”，都准备好了吗？我们出发吧！

幼儿自由参观，与同伴分享自己的新发现。

问题1：你看到哪些小动物？它喜欢住在哪里？

幼答：我看到水里有小鱼，螃蟹，它们喜欢在水里游。

教师：数数有几条小鱼？几只螃蟹？

幼答：我看到2只螃蟹、5条小鱼。

教师：你还看到什么小动物？它喜欢住在哪里？

幼答1：我看到2只兔子，1只小鸡，它们喜欢在草地上玩。

幼答2：我看到4只小鸟在树上，它们在树上筑鸟窝。

问题2：你还知道哪些小动物？它们喜欢住在哪里？

幼答1：我还看过小老虎、小狮子，它们喜欢住在森林里。

幼答2：我看过鲨鱼、海豚，它们喜欢在水里游。

幼答3：我见过山羊、兔子，它们喜欢在草地上玩。

二、根据动物生活习性，送动物回家。

问题1：小朋友认识的动物可真多，请大家将这些小动物送回家吧。（引导幼儿将小动物送到动物园合适的位置。）

幼答1：我将狮子送到森林里。

幼答2：我将小鸟放到树上，将小羊放到草地上。

小结：小朋友真能干，把小动物送到家。它们有的喜欢在水里游，有的喜欢在草地上玩，还有的喜欢在树上或空中飞，真有趣！

问题2：你喜欢什么小动物？我们要怎样爱护小动物？

幼答1：我最喜欢小鱼，它会在水里游呀游，真可爱。

幼答2：我喜欢小狗，它会帮我们看家。

幼答3：我喜欢小猫，它会捉老鼠。

幼答4：我们要爱护小动物，要保护他们的家，不伤害它们。小动物受伤时，我们要照顾它。

小结：小动物是我们人类的好朋友，我们大家都要爱护它们，要保护它们的家。

三、尝试喂养小动物。

1. 与幼儿交流小动物爱吃的食物。

引导语：我们班饲养的这些小动物，它们都喜欢吃什么呢？

幼答1：小鱼喜欢吃小鱼的饵料。

幼答2：小兔喜欢吃青草。

幼答3：小鸡喜欢吃米。

2. 引导小朋友动手喂养小动物。

引导语：（1）清洁卫生，勤给小动物洗澡，及时打扫小动物的粪便。（2）小动物要有自己的“房间”，住在笼子里或者独立的窝里。（3）要给小动物打疫苗，小动物生病时要及时送宠物医院。（4）被小动物抓伤后，应及时去医院处理。

引导小朋友选择小动物喜欢吃的食物进行喂养，教师观察指导。

活动延伸

组织幼儿观看视频《动物世界》，进一步认识各种小动物，懂得爱护它们。

活动评析

此活动的亮点在于创设动物园情境，让幼儿身临其境，近距离地与一些常见动物进行接触、感知，并通过喂养的方式，让幼儿懂得如何爱护它们，萌发热爱小动物的情感。活动中能灵活整合各领域内容，如让幼儿数数小鱼、小兔、小鸡的数量，让幼儿在玩中学，学中玩，幼儿学得既轻松又投入，收到了较好的效果。

超市真方便（中班）

设计者：陈晶晶（厦门市同安区阳翟幼儿园）
评析者：陈友劼（厦门市瑞景幼儿园）

活动目标

✲知道超市与人们的生活密切相关，给我们的生活带来了方便。

✲初步了解在超市购物的程序、方法及注意事项。

✲体验集体购物的乐趣。

活动准备

∵物质准备：(1) 演示材料：小熊、超市购物图片及货架图片等。(2) 分组操作材料：事先收集的各种各样的包装盒，超市货架，分类指示牌，购物清单。

活动过程

一、出示手偶，激发幼儿兴趣。

引导语：小朋友们，瞧，这是谁啊？对了，是我们的好朋友小熊。小熊搬新家了，需要购买许多东西，熊妈妈想请小朋友帮个忙，可以吗？我们应该到什么地方买东西呢？

幼答1：可以到超市去买。

幼答2：去商店也可以买到。

教师：超市和商店有什么不一样呢？

幼答1：超市比较大，商店比较小。

幼答2：超市里什么东西都有，商店里的东西比较少。

小结：是的，超市、商店都可以买到我们需要的东西，但超市比商店大，卖的东西也更多。

二、谈论交流，回顾以往购物经验。

1. 分组交流。

引导语：小朋友们，你们去过超市吗？在超市里都可以买到一些什么东西呢？先跟伙伴说一说，再来跟大家分享。

分组引导语1：你去过什么超市？和我分享你的感受吧！

分组引导语2：你说得可真好，把你的发现和旁边的小朋友说说吧！

2. 集中分享。（大屏幕上显示超市图片。）

引导语：谁愿意和大家分享自己去超市的经验和感受？

幼答1：我去过新华都超市，很大很大，里面什么都有！

幼答2：我去买零食、饮料，妈妈还去买菜。

幼答3：我去过沃尔玛超市，里面还有卖衣服的呢。

幼答4：我们家里的锅就是那里买的，还有冰淇淋呢。

小结：几乎所有的生活用品都可以在超市一次性买到，超市给我们的生活带来了很大的方便。

三、问题讨论，熟悉商品分类。

1. 交流物品摆放方式。

引导语：今天，超市刚进了好多的物品，经理请我们小朋友帮忙上架，应该怎么摆放呢？

幼答1：要摆整齐。

幼答2：分类摆放，买东西的人比较方便。

教师：要怎么分类摆放呢？谁来和大家说一说？

幼答1：可以把吃的、喝的、用的商品分开摆放。

幼答2：可以把生的东西和熟的东西分开来摆放。

幼答3：有一些容易坏的东西还要放在冰柜里。

小结：你们真棒！想到了分区、分类的好办法，这样能够帮助我们既快又准确地找到想购买的物品。

2. 动手操作，尝试摆放物品。

引导语：这两天我们一起收集了各种各样的包装盒，我们今天就一起来开个超市吧！你们可以和身旁的小伙伴一起讨论如何将这些物品分类整理好？

分组引导语1：你拿到了什么商品？哦，是小白菜、青椒、花菜、葱、蒜。那么，这些东西应该放在什么区域销售呢？对了，应该放在蔬菜区域。你还会把这些蔬菜分类摆放，真棒！

分组引导语 2：你拿到的商品真丰富！牛奶、酸奶、奶酪这些东西应该放在什么区域销售呢？哦，应该摆放在饮料区销售。把它们摆放整齐吧！

3. 集中分享，体验成功的喜悦。

引导语：小朋友们，我们的超市马上就可以开张啦！让我们一起来当商品检测员，查查这些商品摆放得对不对。谁愿意来给大家介绍你刚才怎么整理的?

幼答 1：我把饼干放在了食品区。

幼答 2：洗发水和沐浴露我送到了日用品区，还给它们分开摆放了。

幼答 3：可乐和矿泉水我都放到了饮料区。

小结：小朋友真棒！把小白菜、青椒、花菜、葱等放在蔬菜区域；把酱油、醋、盐、味精放在调味品区；把薯片、饼干、糖果放在食品区；把毛巾、牙刷、牙膏、杯子放在日用品区；把可乐、雪碧、橙汁应该放在饮料区等。只有把商品分类摆放好，人们才可以又快又方便地找到自己需要的商品。

四、了解超市购物程序，快乐地购物。

1. 交流超市购物注意事项。

问题 1：小朋友们想一想，我们到超市购物应该怎么做呢。

幼答 1：要把不能带进去的东西存起来，还可以拿篮子装东西。

幼答 2：把要买的商品放在篮子里，然后付钱。

小结：小朋友都很棒，都有去超市购物的经验，知道不能带入超市的物品要先寄存，拿购物车装商品，买完还要结账才能离开。

问题 2：有时候超市里面人很多，我们应该怎么做?

幼答 1：不可以推挤，应该慢慢走。

幼答 2：走路要小心，不能把购物车乱推撞到别人。

幼答 3：在超市里不能大喊大叫，跑来跑去。

教师：对，要遵守规则，注意安全。那如果我拿好了东西，后来发现这个东西不需要了，应该怎么办?

幼答 4：要送回去。

幼答 5：从哪里拿的要放回哪里去。

小结：小朋友们都很棒，懂得超市购物的规则，让我们来做个文明购物的好孩子吧！

2. 体验超市购物。

引导语：小朋友们，小熊把它家需要的物品做成购物单给你们送来了，我们一起去帮小熊购物吧！现在先看看你们的购物单上面都有什么，想一想应该到哪个区去购买这些物品。

幼答1：我的购物单上面有糖果、饼干，应该去食品区购买。

幼答2：我的购物单上是盐、油，应该到调味品区购买。

教师：小朋友们真能干，知道自己的购物单上都有什么物品，应该到哪里购买。现在我们就出发去购物吧！

3. 活动自然结束。

活动评析

活动给幼儿创设了充分分享、交流自己超市购物经验及感受的机会，又给他们足够的自由空间，可以按照自己意愿整理物品并购物。这既尊重了幼儿又给他们搭建了动手操作的平台，改变了以往单一、无趣的活动形式，让他们在活动中进一步养成良好的购物习惯。

我俩不同（中班）

设计者：陈雅雅（厦门市湖里幼儿园）
评析者：李丽真（厦门市湖里幼儿园）

活动目标

✲知道每个人都有独特性。

✲学习发现并欣赏自己与同伴的优点。

活动准备

∵经验准备：引导幼儿观察自己和同伴的不同之处。

∵物质准备：（1）演示材料：观察记录表“我和好朋友比一比”；课件“想吃苹果的鼠小弟”；（2）幼儿操作材料：幼儿人手若干张贴纸。

活动过程

一、出示观察记录表，引入问题。

问题1：前几天我们和好朋友进行了比较，你发现和好朋友哪些地方长得不一样？

幼答1：眉毛不一样，我的粗粗的，他的细细的。

幼答2：头发不一样。我是长长的，她是短短的。

幼答3：一个高，一个矮。

幼答4：我的手大，她的手小。

幼答5：我比较瘦，她比较胖。

小结：我们发型、身高、胖瘦都可能和别人不一样，每个人都是与众不同的。

问题2：我们每个人的外貌不一样，本领也不一样。你有什么本领呢？

幼答1：我爱唱歌。

幼答2：我爱玩球。

幼答3：我会跳绳。

幼答4：我会跆拳道。

小结：小朋友有这么多的本领啊，每个人都是与众不同的。

二、欣赏课件，了解不同动物的特别本领。

引导语：有许多小动物们也有自己特别的本领，我们一起来听听它们的故事吧，故事的名字叫《想吃苹果的鼠小弟》。（教师讲述故事，故事内容附后。）

问题1：鼠小弟怎么样才能吃到苹果呢？

幼答1：爬到树上去吃。

幼答2：拿梯子来摘。

幼答3：请大象伯伯来帮忙。

问题2：许多小动物用自己的本领吃到了苹果，它们都有什么本领呢？

幼答1：乌鸦会飞。

幼答2：猴子会爬树。

幼答3：大象鼻子长。

幼答4：长颈鹿的脖子长。

幼答5：袋鼠会跳。

幼答6：犀牛力气大。

幼答7：海狮会顶球。

问题3：小动物们的本领一样吗？

幼答：不一样。

小结：小动物们各有各的本领。海狮会顶球，它帮助小老鼠摘到了苹果。

我们每个人的外貌不一样，本领也不一样，我们每个人都是很特别的，与众不同的。

三、分组操作，寻找自己和同伴的优点与本领。

1. 提出分组要求。

引导语：小朋友们学会了许多的本领，真棒！现在请小朋友六人一组，找找自己有什么本领，找到一个本领就贴一张贴纸，自己的本领找好了可以找找其他小朋友的本领，看看谁的本领多。

2. 幼儿找优点，教师巡回指导。

引导语1：想想自己身体的哪些部位有什么特别的本领。

引导语2：自己的优点找好了，可以找找小朋友的优点，看看谁的优点多。

3. 分享交流。

引导语：贴纸粘在哪里？想想他可能有什么本领呢，请小朋友们互相看看、找找，说说自己和小朋友的优点。

问题1：老师发现有的小朋友发现自己有很多优点，我们一起来猜猜他的优点是什么。

幼答1：宇涵会跳绳、跑步、绘画、讲故事。

教师：宇涵会这么多的本领，我们祝贺他！

幼答2：静仪有礼貌，每天笑眯眯的，声音很好听。

教师：静仪的优点也很特别，我们也可以向静仪一样，每天高高兴兴的，一定会有很多朋友喜欢和你一起玩的。

问题2：有的小朋友贴纸很少，其实她还有很多本领藏起来了，我们一起帮她找找在哪里。

幼答1：佳宜不和小朋友抢玩具。

幼答2：她看书总是静悄悄的。

幼答3：她玩区域游戏很认真。

小结：每个人都有自己的本领，要相信自己。我们在日常生活活动中应继续注意观察自己和他人的不同，发现自己和同伴的优点，再来和班上的小伙伴交流分享吧！

活动资料

想吃苹果的鼠小弟（故事）

鼠小弟站在苹果树下，望着红红的大苹果。

来了一只乌鸦，拿了一个苹果。
要是我也有翅膀……

来了一只猴子，拿了一个苹果。
要是我也会爬树……

来了一头大象，拿了一个苹果。
要是我也有长长的鼻子……

来了一只长颈鹿，拿了一个苹果。
要是我也有长长的脖子……

来了一只袋鼠，拿了一个苹果。
要是我也跳得那么高……

来了一头犀牛，拿了一个苹果。
要是我的力气也有那么大……

来了一头海狮。“鼠小弟，你怎么了？”
鼠小弟问他：“你会飞吗？你会爬树吗？你有长长的鼻子吗？你有长长的脖子吗？你跳得高吗？你的力气大吗？”
海狮回答说：“这些我都不会。不过，我有一个本领……”
哈哈，太棒了！鼠小弟摘下了苹果。
“你一个，我一个。”鼠小弟和海狮成了好伙伴。

活动评析

该活动借助记录表观察发现，让幼儿直观感受到每个人的与众不同；利用生动的课件，了解每个人都像小动物一样都有各自不同的本领；采用分组形式让幼儿找自己及同伴的本领。活动环节层层递进，教师与幼儿间的关系和谐，关注个别差异，及时给予鼓励，促进每个幼儿富有个性的发展。

我们的心情（中班）

设计者：陈友劼（厦门市瑞景幼儿园）
评析者：张琼珊（厦门市思明区教师进修学校）

活动目标

✽认识各种表情，能从表情上初步判断别人的感受。

✽学会表达不同情境下自己的感受。

活动准备

∵物质准备：（1）演示材料：高兴、伤心、生气的娃娃图三张。（2）分组操作材料：每位幼儿表情相片；表情情境图片及表情贴纸。

活动过程

一、出示不同表情图片，激发幼儿讨论。

引导语：今天我们班来了几个客人，我们一起用掌声把他们请出来吧！

1. 出示伤心娃娃图片。

教师：你们看他怎么啦，猜猜看他为什么这个表情。

幼答1：可能是他找不到妈妈了。

幼答2：他生病了，肚子疼。

幼答3：地震了，他住的房子倒塌了。

小结：是啊，找不到妈妈、生病了都会伤心，看到有的小朋友遇到灾害，令人同情，我们也会伤心的。

2. 出示生气娃娃图片。

教师：咦，又来了个小客人，看看他怎么啦，为什么生气呢。

幼答1：可能是妈妈答应他的事情没做到。

幼答2：他的玩具被别的小朋友弄坏了。

幼答3：走楼梯的时候被旁边的小朋友撞到了。

小结：嗯，遇到别人做了对自己不好的事或错误的事时大家都会生气的。

3. 出示高兴娃娃图片。

教师：又有人敲门，谁来了呢？她为什么这么高兴？

幼答1：妈妈给她买了条新裙子。

幼答2：今天得到了一张奖状。

幼答3：周末和爸爸妈妈一起去公园玩。

小结：对啊，遇到满意、开心、成功或是感受到爱的时候，我们都会很高兴的！

二、交流照片的事情，表达当时的心情。

1. 幼儿分组交流照片中的心情。

引导语：这几天我们一起收集了你们的表情照片，请小朋友和自己的好朋友说说这是什么时候，发生了什么事情，我当时觉得怎么样，最后结果如何。也可以选择将表情情境和表情贴纸进行配对并说说为什么这样搭配。

分组引导语1：相片里的你真高兴，连我都被你感染了，什么事情让你这么高兴啊？

分组引导语2：相片里的你怎么哭啦？能完整地和我说说吗？后面怎么样了？

2. 集体交流分享。

引导语：刚才你们都和同伴介绍了自己照片的表情和故事，谁愿意来和大家分享一下。

幼答1：今年我生日时有很多小朋友来陪我过生日，我很高兴。

幼答2：在超市时我和妈妈走丢了，我很伤心。

幼答3：我的画被东东撕破了，我很生气。

小结：是啊，每个人遇到不同的事情就会有不同的心情，也会呈现出不同的表情。

三、调节不良情绪，让幼儿快乐相随。

1. 依次展示伤心、生气、高兴娃娃。

问题1：这三个娃娃，你们最喜欢谁？

幼答1：我喜欢高兴娃娃，看着他，我的心情都变好了。

幼答2：我也喜欢高兴娃娃，伤心和生气会让我们很不舒服。

小结：是啊，在生活中我们如果遇到不开心的事情会让我们不舒服，自己不开心的心情也会影响周围人的心情的。

问题2：那我们不开心时应该怎么让自己变得开心起来呢？

幼答1：可以把我们的心情告诉妈妈、老师，我们就会高兴些了。

幼答 2：可以唱唱歌、跳跳舞。

幼答 3：还可以跑跑步，出去玩一玩，心情就好多了。

小结：对，倾诉、唱歌、跳舞、运动、旅游都是让自己心情好起来的好办法。

2. 师幼共同表演歌曲《我高兴》。

引导语：让我们都来做个高兴娃娃，把我们的好心情带给我们周围的每一个人，让他们也快乐起来吧！

活动评析

导入有趣，直奔主题；开放式提问，充分调动幼儿学习的积极性、主动性、创造性。活动由易到难，步步深入，重视幼儿积极情绪的引导及对不良情绪的调节，促进幼儿身心健康发展。

我能和你一起玩吗？（中班）

设计者：陈友劼（厦门市瑞景幼儿园）
评析者：张琼珊（厦门市思明区教师进修学校）

活动目标

✲学习运用礼貌用语和商量的口吻与同伴交往。

✲知道主动交往可以有更多的朋友一起玩。

✲在交往中体验接纳与被接纳的感受。

活动准备

∵物质准备：家庭场景图；音乐《办家家》《让爱住我家》。

活动过程

一、导入游戏“办家家”。

引导语：小朋友们，我们一起来玩“办家家”的游戏吧！

二、齐交流，学交往。

1. 引导幼儿交流游戏情况。

教师：你们都找到好朋友“办家家”了吗？你是怎么请他和你一起“办家家”的？

幼答1：我笑眯眯地问他能不能和我一起玩，他就同意啦！

幼答2：我用“请你和我一起玩，好吗?”这样的礼貌用语，就找到好朋友了。

小结：跟同伴交朋友时态度要友好，要有礼貌，这样就会很受欢迎。

2. 进一步引导幼儿讨论如何正确交往。

教师：为什么有的小朋友找不到小伙伴一起玩?

幼答：他不敢上前问问小朋友，就在原地。

教师：那我们应该怎么帮助他呢？你们有什么好办法?

幼答1：我们可以试着和人家商量一下，不敢上前游戏会觉得很孤单的。

幼答2：说一些“行吗?”“好吗?”“行不行?”这样的礼貌用语。

小结：是啊，只要你勇敢地说出自己的想法，你一定会交到很多朋友的！还有什么样的小朋友找不到朋友呢?

幼答：争抢朋友，不友好的小朋友。

教师：你喜欢这样的朋友吗？我们应该教给他什么好办法呢?

幼答1：争抢不是找朋友的好办法。

幼答2：交朋友的时候一定要态度友好，有礼貌。

小结：对啊，如果你面带笑容，有礼貌地和大家交流，大家也一定很喜欢你的！

三、学邀请，练交往。

1. 出示家庭场景图，请幼儿邀请家庭成员。

引导语：一个娃娃家里除了爸爸妈妈还要有谁呢?

幼答：还有爷爷、奶奶和我们。

教师：那我们现在来玩个游戏，每个娃娃家有5个成员：爸爸、妈妈、爷爷、奶奶、宝贝。请小朋友商量一下，你们准备请谁和你一起组成娃娃家，应该怎么说。

幼答1：我准备请贝贝和我一起玩，我会问他：“我能和你一起玩吗?”

幼答2：我想笑眯眯地和宝宝说：“请你和我一起玩吧!”，她一定愿意的。

小结：你们说得真好！有了礼貌的语言还要记得带上你们最灿烂的笑容哦，这样一定会很快地找到“家人”的。

2. 教师播放背景音乐，幼儿尝试邀请同伴。

3. 交流分享。

引导语：你们是怎么商量的？说了什么话？怎么找到朋友的？在邀请别人时你应该怎么说，才会让更多的朋友和你一起玩？

幼答1：我先找一个朋友，再两个人一起去邀请其他朋友。

幼答2：我们一起问他：你愿意和我一起玩吗？

幼答3：还可以说：请你和我一起玩吧！

小结：和别人商量时，应该先了解别人的想法，然后再勇敢地说出自己的愿望，征询别人的意见，取得别人的同意，这样就会更快、更好地找到朋友。

四、拓生活，同嬉戏。

引导语：我们在平时生活中，还会遇到很多我们不认识的朋友，如果你想和他们一起玩游戏，可以怎么办？

小结：与别人交往时，不仅要态度友好、有礼貌，而且要多和别人商量，这样大家都会喜欢你，愿意和你一起做游戏。在我们的表演区里也增添了"办家家"的游戏，小朋友们可以邀请你的好朋友一起来玩"办家家"。当然，你们也可以用我们今天学到的本领在角色游戏或其他游戏时邀请朋友们共同参与。

活动评析

该活动珍视幼儿生活独特价值，选取内容贴近幼儿生活，体现"生活即教育"的理念，让幼儿自然地学习运用礼貌用语和商量的口吻与同伴交往，体验主动交往可以有更多的朋友一起玩的道理。

我是这样长大的（中班）

设计者：王　芳（厦门市瑞景幼儿园）
评析者：黄　芳（厦门市瑞景幼儿园）

活动目标

❉知道自己的成长离不开父母、教师的关爱和付出。

❉体验妈妈怀孕、分娩、抚养自己的辛苦，感受妈妈对自己的爱。

活动准备

∴物质准备：小枕头若干、玩具娃娃、生的蛋。

∵环境创设：利用家长提供的幼儿从小到大的照片，布置幼儿成长照片展。

活动过程

一、参观照片展，分享自己的成长历程。

1. 引导幼儿观看照片，与同伴交流自己的变化。

引导语：小朋友，看看这些照片，想一想现在的自己和小时候的自己相比，有什么变化呢。

2. 组织幼儿集体交流，分享自己的成长过程。

引导语：小朋友，照片看完了，现在我们来与大家分享吧！谁愿意来说说现在的自己和小时候的自己有什么变化呢？

幼答1：我比小时候更胖了。

幼答2：我比小时候更高了。

幼答3：我比小时候更棒了，我会做好多事。

小结：是啊，小朋友每个人都在不断长大，个子长高了，身体变壮了，学到了很多的本领。

二、讨论成长过程中取得的进步，交流成长过程中的趣事。

引导语：小朋友们，在你成长的过程中有哪些进步或有趣的事？请和小组的小朋友说一说。

1. 小组交流。

引导语1：在你的成长过程中学会了哪些本领？哦！你学会了自己穿鞋，是谁教会你这么多本领的？哦，是你奶奶。

引导语2：当你生病的时候是谁在照顾你？哦，是你爸爸妈妈照顾你的。爸爸、妈妈是怎样照顾你的？哦，妈妈切水果给你吃，爸爸熬药给你喝。

2. 集体交流分享。

问题1：在你的成长过程中学会了哪些本领？是谁教你的？

幼答1：我会自己穿鞋子，是妈妈教我穿的。

幼答2：我会唱歌、讲故事，是老师教我的。

幼答3：我会自己穿脱衣服，是奶奶教我的。

幼答4：我小时候不会走路，现在会走路了，是爸爸妈妈教我的。

问题2：当你生病的时候是谁在关心你、照顾你？你能说一件爸爸妈妈照顾你的事情吗？

幼答1：是爸爸妈妈一起照顾我的，他们带我去医院看医生，还喂药给我吃。

幼答2：我生病的时候，爸爸妈妈一直陪在我身边照顾我，整夜都没有睡觉，好辛苦哦。

问题3：大人们都这样关心、爱护我们小朋友，我们应该怎样做呢？

幼答1：我会乖乖的，不让妈妈生气。

幼答2：妈妈生病的时候，我会照顾她。

幼答3：老师累了，我会给她捶捶背。

幼答4：我会帮老师做事情，当老师的好帮手。

小结：小朋友你们很棒，很懂事。你们的成长和爸爸妈妈、老师及其他长辈的关心和帮助是分不开的。所以我们大家要尊敬长辈，关心他们，为他们做一些力所能及的事，特别是妈妈，妈妈从怀上你们的时候，她的肚子就一天比一天大，一天比一天辛苦。

三、分组进行情境表演，体验妈妈的辛苦。

引导语：现在我们一起来体验一下当妈妈的感觉，感受下妈妈照顾宝宝的辛苦！

第一组：提供小枕头若干，让幼儿扮演孕妇，体验妈妈怀孕的辛苦。

引导语：小朋友挺着大肚子走路有什么感觉？试试蹲下去捡东西，又有什么感觉？等等和其他小朋友分享一下你们的感受。

第二组：引导幼儿将生的蛋（鸡蛋、鸭蛋均可）当成宝宝，自己当妈妈，照顾自己的“小宝宝”，体验当妈妈的辛苦。

引导语：蛋宝宝，就像是刚出生的婴儿一样，需要我们爱护，还要小心翼翼地照顾它们哦，等等和其他小朋友一起来分享你们的感受。

第三组：组织幼儿给玩具宝宝洗澡，体验照顾宝宝的辛苦。

引导语：想想平常妈妈是怎样帮你们洗澡的，今天你们也来当妈妈，帮宝宝洗澡，等等和其他小朋友分享你们的感受。

四、分享交流当妈妈的感受。

问题1：现在我们来跟大家分享一下你们的感受吧！扮演孕妇的小朋友，肚子这样大大的，走路方便吗？

幼答1：一点也不好走路，都没办法跑，要很小心地走路。

幼答2：这样走路好累哦。

幼答3：我刚才想捡东西，都蹲不下来，太不方便了。

问题2：谁愿意来说说你是怎么照顾“小宝宝”的？

幼答1：“小宝宝”好脆弱的，我很小心地照顾它。

幼答2：我很怕“小宝宝”受伤，我都轻轻地摸它。

问题3：谁来说说给玩具宝宝洗澡的感受？

幼答1：我轻轻地帮它洗澡。

幼答2：我觉得帮“宝宝”洗澡好累哦！

幼答3：我觉得帮“宝宝”洗澡好辛苦啊！

小结：小朋友，看看妈妈多辛苦啊，十月怀胎把你们生下来，还要天天不分日夜地照顾你们，给你喂吃的，帮你洗澡。当你生病的时候，最伤心、最担心、最辛苦的就是你们的妈妈，所以我们要好好地爱我们的妈妈，不让妈妈不高兴，要听妈妈的话，做个妈妈的好宝宝。

活动评析

本次活动的环节设计看似比较常见，但恰如其分地为活动目标服务，紧扣主题，层层递进地开展，并抓住中班幼儿游戏性较强的特点，设计了情境体验的游戏，让幼儿亲身感受，体会妈妈的辛苦，学会感恩。活动蕴含了老师细腻的心思。

关爱残疾人（大班）

设计者：李　玲（厦门市湖里幼儿园）

评析者：李丽真（厦门市湖里幼儿园）

活动目标

✲知道每年5月第三个周日是助残日。

✲感知、理解残疾人也希望得到别人的尊重与帮助的心情。

✲学习关心弱者和有困难的人，具有同情心。

活动准备

∵经验准备：请家长帮助幼儿了解残疾人顽强拼搏的故事。

∵物质准备：图表、蒙眼布、耳机、绑脚绳子、助残日宣传视频。

活动过程

一、引入“残疾人”的话题，了解助残日。

1. 结合图表，了解残疾人。

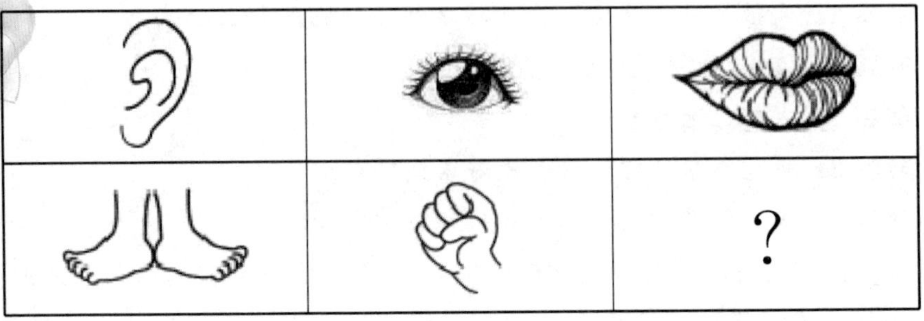

教师：你们知道残疾人与我们有什么不一样？分别是身体的什么部位不一样？

幼答1：盲人或者聋哑人都是残疾人。

幼答2：他们有的是眼睛不能看见了。

幼答3：有的是手脚不能使用了。

2. 观看视频，了解助残日。

教师：请看视频中都有谁，他们遇到了什么事。

幼答1：一个盲人想过斑马线，可是不知道车停下来了没有，一直不敢过，是“小红帽”帮助他安全通过斑马线。

幼答2：还有坐轮椅的姐姐，想上楼去，但是没办法上台阶。很多小朋友都来帮他，最后一个叔叔背起了残疾人姐姐上楼，小朋友们帮忙把轮椅抬上去。

幼答3：一个聋哑人用哑语想问路，但是没人明白她在说什么，很着急。一个志愿者哥哥来帮助她，用哑语为她指路。

小结：我们看到了残疾人在生活中有很多不方便，做事会遇到很多困难，因此全社会的人都会来帮助他们，人们把5月的第三个星期日设为助残日。

二、幼儿观看情境表演，感受身体残疾所带来的不方便。

1. 情境一：盲人姐姐走路磕绊摔倒。

教师：盲人姐姐怎么了，你看到了会怎样做？

幼答1：盲人姐姐好可怜哦！她因为眼睛看不见，走路摔倒了。

幼答2：我们都去帮帮她吧。

2. 情境二：拄拐杖的哥哥没办法捡起地上的钥匙。

教师：谁愿意去帮帮他？

（幼儿一齐上来帮助残疾哥哥捡起钥匙并安慰他。）

幼答1：哥哥，我们来帮你吧！

幼答2：我们扶着你走。

小结：小朋友，你们太棒了，残疾人都很感谢你们的帮助。无论身体哪个地方有缺陷，都是很痛苦、很不方便的，他们需要我们的帮助。

三、幼儿亲自体验残疾的身体所带来的不方便。

1. 教师介绍规则。

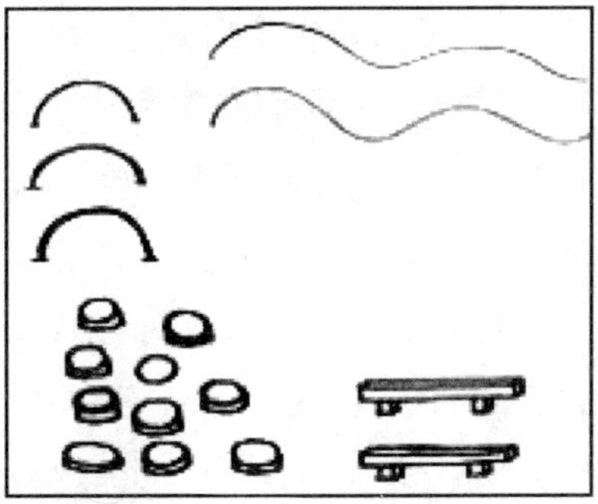

教师：这里有蒙眼布、耳机、绑脚绳子等工具，请小朋友选择扮演图表中不同部位有缺陷的残疾人，从这里的起点走到终点。小朋友开始吧。

2. 幼儿选择扮演并谈感受。

（1）第一轮扮演后，请幼儿说说自己的感受。

教师：你们刚扮演的是什么残疾人？有什么感受？

幼答1：我扮演的是眼睛看不见的盲人，眼前都是黑黑的，只能靠手触摸，很不方便，会很害怕。

幼答2：我扮演的是聋哑人，什么都听不见，也不能说话，好难受哦！

幼答3：脚残疾的人是最可怜的，我刚才扮演的时候，一直都只能用单脚走路，太累了，也不能跑跑跳跳。

小结：小朋友们刚才扮演了残疾人，体验到了残疾人因为身体的残疾带来的很多不方便和困难，感受到了残疾人需要被帮助的心情。

（2）第二轮扮演，再谈感觉。

教师：现在我们分成两组，一组继续扮演残疾人，一组由健全的伙伴来帮助他们走过规定路线；完成之后互换角色一次。

教师：在有小伙伴帮助时，“残疾人”走路线是什么感受呀？

幼答1：我扮演盲人，虽然看不见，但是明明一直牵着我走，我就不害怕了。

幼答2：虽然我只有一只脚走路，但是翔翔一直扶着我走路，一点都不辛苦了。

教师：那交换角色后，又有什么感受呢？

幼答1：刚才我眼睛看不见，很希望有人能帮我，现在我能看见了，也很愿意帮助残疾人。

幼答2：帮助“残疾人”走完路线我好开心哦，我很愿意帮助他们。

幼答3：残疾人真的很需要我们的帮助。

小结：残疾人得到了伙伴的帮助，很顺利地完成了线路，我们都感受到互相帮助的快乐。残疾人再也不会感到害怕和无助，因为有我们这些健康的小伙伴可以代替他的眼睛或者手脚来帮助他们。

四、结合生活实际，总结提升。

1. 交流如何帮助残疾人。

教师：那我们在生活中能怎样帮助他们呢？你曾经帮助过残疾人吗？

幼答1：看到盲人，我们可以问他们要去哪里，带领他们去，还可以帮助他们拿东西。

幼答2：看到坐轮椅的残疾人我们可以帮助他们推轮椅。

2. 小结：我们平日遇到残疾人时要主动帮助他们，这样我们大家都会感到温暖、安全和快乐。我们小朋友也要学会关爱自己，保护自己，多多关心别人，尊重、理解残疾人。

活动评析

本活动的亮点是情境教学法的有效运用。教师运用情境式表演，形象逼真地表演出残疾人现实生活中出现的一些不方便，激发幼儿产生主动关心和帮助残疾人的情感，进而创设了游戏情境，让幼儿亲身体验，感受残疾人因为身体残疾带来不方便，体验到残疾人也希望得到别人的尊重与帮助的心情，在幼儿幼小的心灵中播下爱的种子。

环境保护靠大家（大班）

设计者：叶安妮（厦门市湖里幼儿园）
评析者：黄淑真（厦门市湖里区教师进修学校）

活动目标

✲了解保护环境的重要性。

✲愿意从自己做起，保护生活环境。

活动准备

❖物质准备：（1）视频（我们身边的环境：未分类的垃圾，白鹭洲、小区浇花的喷水等制作成的视频）；（2）幼儿分组进行心智绘图用的纸、笔。

活动过程

一、欣赏视频，引起幼儿对身边环境的关注。

引导语：今天老师给大家带来一些图片，请大家看看图片里发生了什么事情，原因是什么。

二、集体交流，了解环保的重要性。

问题1：你看到了什么？发生了什么事情？有什么感受？

幼答1：我看到我们小区垃圾箱里的垃圾乱放没分类，地上也都是垃圾。

幼答2：湖里的水变黑了，人们从那里经过都捂着鼻子。

问题2：这些垃圾是从哪里来的？乱扔垃圾有什么后果？

幼答1：垃圾都是我们大家制造出来的，如果一直这样下去我们的家都会变成垃圾城。

幼答2：塑料袋越来越多会造成污染，环境脏乱会滋生出很多的细菌，我们人类也容易生病。

问题3：除了我们刚才看到的破坏环境的行为，你还知道哪些污染环境的事情，它会造成什么后果。

幼答1：乱砍树，小鸟们就没有家，

幼答2：小区浇花的水龙头没关，水一直流，这样很浪费水。

幼答3：楼梯的走道上贴了很多的小广告，我们住的小区变得越来越脏。

幼答4：很多动物都被人类杀害拿来吃和卖，动物会越来越少，我们以后就没有动物朋友。

小结：小朋友看得很仔细。视频中一些破坏环境的行为对我们的生活造成很大的影响。我们应该从自己的身边做起，一起来保护我们周围的环境。

三、分组讨论，记录讨论结果与大家分享。

1. 幼儿分组讨论，教师观察引导。

教师：接下来，请小朋友们以小组为单位，分组讨论一下我们应该如何来保护环境，应该怎么做？每一组请一名小朋友把小组讨论的结果用心智绘图的形式记录下来，然后每个组请一名小朋友来介绍你们讨论出的办法。

分组引导语1：你们认为应该怎样来保护环境？哦！你们认为不要把垃圾

扔到湖水里。

分组引导语2：我们应如何保护周围的生活环境？哦！不能在墙壁上乱涂乱画。

2. 每组请一位代表来介绍，教师用心智绘图进行梳理小结。

幼答1：我们这组讨论出保护环境的几个办法：要认识“可回收”和“不可回收”的标志；平时在扔垃圾的时候要先做好垃圾分类；不把垃圾扔到湖水里，不然湖水会变得又脏又臭。

幼答2：爸爸妈妈在去超市买东西的时候，要提醒他们带购物袋，减少塑料袋的使用。

幼答3：提醒自己和周围的人不在树上乱刻，小广告贴在固定的地方。

幼答4：用完水要及时关水龙头，用过的水可以拿来二次利用，例如洗脸水可以拿来浇花、拖地板。

小结：小朋友们刚才都介绍了自己的做法，大家说得很好。保护环境从我们身边的每件小事做起，才能让我们生活的地方、让我们这个地球大家庭变得干净又美丽！

活动评析

一个短短的视频欣赏，激起了千层浪。在这个活动中，教师选择了贴近幼儿生活的常见反面例子，制作成视频，给幼儿强烈的视觉冲击，引发幼儿热烈地交流议论，帮助幼儿形成对周围环境正确的认识，在幼儿幼小的心灵种下了环保意识。教师与幼儿讨论的时候运用了心智绘图的方法，引导幼儿围绕“保护环境从我做起”这个话题展开讨论，梳理出一些幼儿能做的身边事、小事、实事，如垃圾分类、节约用水、不折花、不踩踏草地，做个环保宣传员。这激起幼儿在日常中的环保行动的热情，使活动更具有现实意义。

生活中的标志（大班）

设计者：许　璐（厦门市瑞景幼儿园）
评析者：黄　芳（厦门市瑞景幼儿园）

活动目标

✲认识生活中常见的标志。

✻了解标志在生活中的含义与作用，形成规则意识。

活动准备

∵物质准备：生活中常见标志图片（注意安全、人行横道、担心触电、禁止触摸、厕所安全出口等）；录像“交通安全我知道”；各种标志卡片。

活动过程

一、观看录像，激发幼儿兴趣。

1. 观看录像，激发幼儿的活动兴趣。

引导语：老师今天为小朋友们带来了一段录像，让我们一起看一看。

教师引导幼儿观看录像，就其中的交通安全小故事鼓励幼儿探索根据什么标志过马路。

问题1：录像中你看到了哪些标志？

幼答1：有注意信号灯的标志。

幼答2：有走人行横道的标志。

问题2：这些标志在告诉我们什么？

幼答1：告诉我们要走人行道，注意安全。

幼答2：告诉司机要遵守规则，不能闯红灯。

小结：这些标志叫做交通标志。交通标志给行人、司机提供了指引，提醒人们遵守交通规则、注意安全。

二、相互交流、拓展标志认知。

1. 分组交流，认识标志。

引导语：除了马路上的交通标志，我们的生活中还有哪些地方需要标志？

幼答1：在商场如果我想上厕所了，就要找厕所的标志。

幼答2：在公园里玩，找不到地方就需要标志告诉我们怎么找。

引导语：说得真好，我们在商场、马路上和公园里到处都可以找到标志。每一个标志都有它的含义和作用。老师今天带来了一些图片，我们一起来认识一下吧！

分组引导语1：你觉得这些标志对我们的生活有什么帮助？很好，待会儿和我们一起分享一下。

分组引导语2：你觉得如果生活中没有了标志会变得怎样？会带来很多的麻烦，嗯，回答得真好。

2. 集中交流，了解标志的作用。

引导语：生活中为什么有这么多的标志？它们对我们有什么用？我们一起来说说看标志的用途吧！

幼答1：标志可以提醒我们过马路要注意安全。

幼答2：标志告诉我们要遵守交通规则。

幼答3：我们坐电梯的时候有标志提醒我们手不要去碰电梯门，不然手会被夹到。

幼答4：我们去郊游，河边有标志告诉我们不可以在河里游泳，提醒我们要注意安全。

小结：大家都说得非常好。标志在我们的生活中无处不在，而且每一个标志都有很大的作用，它可以帮助我们解决问题，提醒我们注意安全，是我们生活中的好帮手。

三、游戏巩固，运用标志。

引导语：小朋友认识了那么多的标志，老师来考考你们吧，你们会的就举手抢答，比比看谁回答得又快又好。

教师：我们先来看看第一个场景，小红和爸妈逛商场，要上厕所了，怎样快速找到厕所呢？需要什么标志？

幼答1：找到有两个人的标志。

幼答2：标志上的人有分男的和女的，男人是穿裤子的，女人是穿裙子的。

小结：说得真好，需要找到厕所的标志，回答正确。

教师：我们再来看看第二个场景，小明和爸妈去商场四楼买东西，怎样快速找到电梯口？

幼答1：电梯标志上有一个人在按电钮的图案。

幼答2：还有上下的箭头标志。

小结：非常棒，大家都观察得很仔细，回答完全正确。

教师：我们再来看看最后一个场景，小花和爸妈在商场四楼买玩具。突然听到广播里在说："顾客们，请注意，商场发生火警，请大家不要慌张，赶快有序、安全地离开商场。"这时他们该怎么做？

幼答1：找到出口逃出去。

幼答2：去找有楼梯的标志，不能坐电梯。

小结：你们都回答得非常好。遇到这种情况我们首先不能慌张，要迅速找到商场的安全出口标志，也就是楼梯的标志，从楼梯下去。

四、总结经验，延伸活动。

教师：每种标志都有自己不同的意义，放在适合的场所，才能起到作用。今天你们不仅认识了日常生活中常见的标志、了解了它们的作用，还学会了怎么运用这些标志。希望你们从小就做一个遵守公共秩序、讲文明的孩子！小朋友，你们瞧！在我们的教室里也有各种各样的标志呢，一会儿请每个小朋友选一个标志，我们一起到活动室、幼儿园教学楼内走一走，看一看，寻找它们适当的位置。大家也可以一起讨论我们幼儿园还有哪些地方需要标志，你们也可以在美工区活动的时候为幼儿园设计标志。

活动评析

教师用幼儿非常熟悉的马路上的标志导入，通过识别熟悉的标志来理解标志的语言，导入自然，能引发幼儿兴趣。在分组活动中，充分体现幼儿是学习的主人，引导幼儿自己去观察和发现、寻找各种各样生活中的标志，了解标志在生活中含义与作用。最后，在游戏和延伸活动中学习运用标志，培养幼儿的规则意识。整个活动能积极地调动幼儿的已有经验，通过观察、思考、分享、交流、提升等方式，较好地完成了活动目标。

学当小学生（大班）

设计者：江　瑾（厦门市湖里幼儿园）
评析者：黄淑真（厦门市湖里区教师进修学校）

活动目标

✽拓展和丰富对小学的认识。

✽认识常用文具，并学习有序整理文具。

✽激发向往小学、争当小学生的积极情感。

活动准备

∵物质准备：小学校园照片、视频“小学的一天”；铅笔、橡皮、尺子、垫板、铅笔盒、书包、课本等学习用品。

活动过程

一、看看说说，激发兴趣。

1. 出示一张小学校园照片。

引导语：今天老师带来了一张美丽的照片，让我们一起来欣赏。图上有谁？他们在做什么？

2. 引导幼儿认真观察，大胆说出自己的想法。

问题1：这是什么地方？它是什么样的？

幼答1：这应该是小学吧，与我们幼儿园旁边的××小学很像。

幼答2：有教学楼和大大的操场。

幼答3：操场上还飘扬着国旗。

问题2：图上有谁？他们在做什么？

幼答1：有许多老师和小朋友。

幼答2：操场上有许多小朋友在做运动。

幼答3：教学楼里的小朋友在上课。

教师：小学和幼儿园一样，有许多老师和小朋友，是小学生学习本领的地方。你们已经是大班小朋友了，马上就要毕业进入小学学习，当一名光荣的小学生了。

二、欣赏交流，扩展认识。

1. 分享交流对小学的看法。

问题：你喜欢上小学吗？为什么？

幼答1：我喜欢上小学，因为我觉得像哥哥姐姐那样的小学生很神气。

幼答2：我不愿意离开幼儿园，有点担心和害怕。

教师：上小学表示我们长大了，能学习更多本领了。有点担心和害怕也是正常的，对小学多一些了解和认识，可以帮助我们以后更好地适应小学生活。

2. 欣赏视频：小学的一天。

（1）播放视频，幼儿欣赏。

（2）扩展对小学的认知。

问题1：你看到小学生在做什么？

幼答1：他们有许多时间都在上课。

幼答2：但是每节课之间都有休息的时间，可以下课，下课时可以在操场做游戏。

幼答3：小学也有许多好玩的活动，比如社团活动、少先队活动。

教师：小学生活更加丰富多彩，大家可以学习到更多的本领。

问题2：小学和幼儿园有什么不一样的地方？

幼答1：小学不像幼儿园一样有许多玩具。

幼答2：小学生回家要写作业。

幼答3：小学生的书包里有许多课本。

教师：小学和幼儿园有许多不一样的地方，比如上课时间长了，中午不在学校睡觉了，玩具少了，课本和作业多了等等。

三、认识文具，学习整理。

1. 展示各种文具，幼儿分组参观。

指导要点：提醒幼儿轻拿轻放，爱护文具。

2. 集中交流。

问题：你认识哪种文具，它叫什么名字？有什么作用？

幼答1：我看到了铅笔，铅笔可以写字。

幼答2：有大大的书包，所有的文具都可以放在里面。

幼答3：还有铅笔盒，里面可以装铅笔和橡皮。

教师：小学生需要使用的文具有铅笔、橡皮、尺子、垫板、书包等，它们都是大家学习的好帮手。

3. 学习整理文具。

引导语：让我们一起学当小学生，自己整理文具。请每组小朋友将你们桌上的文具和课本，逐一整理整齐，放进书包，比比哪组整理得又快又好。

（1）幼儿分组活动，教师巡回指导。

指导要点：铅笔、橡皮、尺子要收进铅笔盒；课本要根据大小一本本叠放整齐。

（2）评价幼儿整理情况。

四、小结提升，激发自豪感。

问题：今天我们认识了小学，认识了许多文具，学当了小学生，还自己动手整理了文具，你们有什么感觉？

幼答1：我感觉自己长大了，很像个小学生！

幼答2：我学会了整理文具，我觉得自己很能干！

幼答3：我不再担心害怕，而且开始有点喜欢小学了呢！

小结：小学和幼儿园有着很大的不同，只要我们做好准备，多努力，就会取得好成绩的。让我们在小学的每一天都能学到更多的本领，变得越来越聪明，越来越快乐。

活动评析

活动从欣赏有关小学生活的照片、视频引入，不断拓展幼儿对于小学的认识，从而减少幼儿对小学的陌生感和抗拒感，激发幼儿上小学的愿望。同时还设置了自己整理书包的环节，让幼儿在实际操作中丰富体验，培养幼儿独立自理能力。

夸夸我和我的好朋友（大班）

设计者：郑立新（厦门市湖里幼儿园）
评析者：黄淑真（厦门市湖里区教师进修学校）

活动目标

✽大胆地表达、展示自己的优点，有自信心。

✽学习正确地评价自己与他人，知道朋友的长处，愿意向同伴学习。

活动准备

∵经验准备：每个幼儿找出自己的优点及做过的好事，并以简单标志或符号记录在心形标志牌上。

∵物质准备：制作优点卡使用的各色彩纸、笔、剪刀；音乐《竖起拇指夸一夸》。

∵环境创设：优点展示墙。

活动过程

一、看一看：欣赏“优点展示墙”。

引导语：最近我们班布置了一个“优点展示墙”。大家把自己的优点及做的好事用照片、图画等形式记录下来，贴在了“优点展示墙”上。我们一起来看一看吧！

二、猜一猜：你说大家猜。

问题1：你有什么优点？请大胆地展示出来，让大家猜一猜。

幼答1：有一次我和爸爸妈妈去爬山，满头大汗了，我还继续走。

幼答2：哦，你的优点是会走很远的路，身体好！

幼答3：我觉得应该是不怕累，有毅力。

问题2：你的好朋友有什么优点，想一想，等会儿请你说大家猜。

幼答1：每天我的好朋友来幼儿园都会去看看种植角，有时候把植物搬去晒太阳，有时候给植物浇水。

幼答2：你说的好朋友是玲玲吧，她可爱劳动了，总是把玩具整理得特别好。

幼答3：玲玲是个乐于助人的小朋友。

教师：你们都猜对了，我们一起来夸一夸这些有优点的同学。

幼答1：东东小朋友真勇敢。

幼答2：谢谢玲玲，把植物照顾得那么好，我们班的环境都更美了。

教师：你们真棒，一下子说出那么多小伙伴的优点，而且都猜对了，这其中的秘密能告诉我吗？

幼答3：我跟好朋友经常在一起，所以他做什么好事我都看到了啊。

幼答4：多看，就能发现别人的优点了。

小结：看来只要仔细观察，就能发现别人的优点。

三、找一找：谁为好朋友找的优点多？

教师：刚才我们进行的环节是“你说大家猜”。大家都猜对了，接下来，每个小朋友都找一位好朋友，互相找优点，并用你自己喜欢的方式夸夸他，看看谁为好朋友找到的优点多。

两两幼儿自由组队互相找优点；教师巡视指导，鼓励幼儿大胆表达。

教师：你觉得他有什么有优点呢？你跟他说出来吧！

幼答1：你的小手很巧，小船折得特别好，我给你手上贴了一个贴纸。

幼答2：你也很不错啊，上次折纸我需要一个正方形的纸，你还帮我把长方形的纸裁成正方形的。

教师：当你夸奖别人的时候你是怎么想的？当听到好朋友夸你的时候，你心里又是怎么想的？

幼答1：很高兴啊。

幼答2：别人夸奖的时候要说：“谢谢，我会加油的！”，我妈妈说的。

小结：太棒了，大家都为好朋友们找到很多优点，并且大声地说了出来，把快乐传递。在互相找优点的时候，我们也发现，夸奖别人会增加友情，会让大家共同进步，被别人夸奖的时候会为自己感到骄傲，会很快乐。

四、做一做：制作优点卡。

1. 介绍材料，提出制作要求。

教师：平时你还发现哪个小朋友做了哪些好事，有什么优点是值得我们学习的？这里有许多彩色的卡纸，小朋友们把看到的好朋友的优点画下来制作成优点卡，送给好朋友。

2. 集中分享。

教师：请小朋友介绍一下自己制作的优点卡，说一说为谁做的、他有什么优点、做了什么好事。

幼答1：我制作的优点卡是爱心形的，上面画了我的好朋友正在帮助小班弟弟妹妹喂饭，刚来幼儿园的小班弟弟妹妹还不会自己吃。

幼答2：我画的是明明，他正在跳绳，跳得可好了。我要向他学习跳绳，等运动节的时候要参加跳绳比赛。

小结：每一个小朋友都有自己的优点，平时要互相学习，做个懂礼貌、守纪律、爱学习、团结友爱的好孩子。

五、玩一玩：音乐游戏《竖起大拇指夸一夸》。

引导语：现在我们听着音乐将自己制作的优点卡送给好朋友。

播放音乐《竖起大拇指夸一夸》，幼儿在音乐声中互相赠送优点卡。在音乐结束时，引导幼儿跟好朋友说："谢谢你，好朋友，你是最优秀的。"让好朋友们互相拥抱。

六、谈话小结，延伸活动。

教师：我们会在优点展示墙前布置一个优点展示台，在区域活动、自由活动的时间，大家可以在这里展示自己的优点。

活动评析

这次活动的形式活泼新颖，通过看一看、猜一猜、找一找、制作优点卡和游戏体验等多种形式，引导幼儿积极参与，大胆表达，让幼儿在体验欣赏别人带来的快乐和被别人表扬的快乐情绪情中感得到了升华。活动环节清晰，层层递进，师幼互动积极，目标落到实处。

科学领域

排　序（小班）

设计者：林　珑（厦门市瑞景幼儿园）
评析者：黄　芳（厦门市瑞景幼儿园）

活动目标

✲能用两种颜色按特定的规律排序。

✲观察并尝试说出物体排列的规律。

活动准备

∵物质准备：(1) 演示材料：圣诞袜、小球图片（红色、白色）、苹果图片（红色、黄色）、星星图片（白色、蓝色）、皇冠、魔棒。(2) 操作材料：糖果（红色、黄色）、彩灯（红色、蓝色）、球（红色、白色）。

活动过程

一、情境激趣，发现规律。

1. 以圣诞节分礼物的情境引起幼儿兴趣，律动入场。

引导语：小朋友，告诉你们一个好消息，圣诞节快到了，圣诞老爷爷给你们送来了许多礼物，我们一起去看看吧。

2. 引导幼儿观察礼物（图片）的排列顺序，鼓励幼儿说出礼物排列的规律。

引导语：圣诞袜里藏着什么礼物呢？我们用掌声把它请出来吧。

(1) 第一件礼物（涂上颜色的小球图片）。

问题1：小球有什么漂亮的颜色？

幼答1：红色。

幼答2：有红色、白色。

教师：对，你们看得真仔细，小球有红色，有白色，小球不仅颜色漂亮，而且排队排得也很整齐。

问题2：小球是怎么排队的？

幼答1：红色、白色。

幼答2：一个红色一个白色。

小结：小球真听话，它们是按一个红色一个白色、一个红色一个白色的顺序排队，排得真好。

（2）第二件礼物（涂上颜色的苹果图片）。

问题1：苹果有什么漂亮的颜色？苹果是怎么排队的？

幼答1：红色、黄色。

幼答2：一个红色一个黄色排排队。

小结：你说得很好，苹果是按照一个红色一个黄色、一个红色一个黄色的顺序排队的，下次你说的时候和我这样完整地说，就更好了。我们一起来说一遍。

问题2：猜一猜接下来会是什么颜色。你是怎么知道的？

幼答1：是黄色。

幼答2：红色后面就是黄色。

教师：是的，你们观察得真仔细，苹果是按一个红色、一个黄色、一个红色、一个黄色的顺序排队的，所以一个红色苹果后面是一个黄色的苹果。我们一个一个把它们请出来吧。一个红色、一个黄色、一个红色、一个黄色……苹果全部跳出来了！

（3）第三件礼物（涂上颜色的星星图片）。

问题1：星星有什么漂亮的颜色？星星是怎么排队的？谁能完整地说给大家听？

幼答1：一个白色、一个蓝色。

幼答2：星星是一个白色一个蓝色、一个白色一个蓝色排队的。

教师：你们都发现了，星星是按照一个白色一个蓝色、一个白色一个蓝色的顺序排队的。

问题2：接下来会是什么颜色？我们一起把星星请出来。

幼答：一个白色、一个蓝色，一个白色、一个蓝色……

小结：这三件圣诞礼物都是按照两种颜色的顺序有规律地排队的，有的是按照一个红色一个白色的顺序排队；有的是按照一个红色一个黄色的顺序排队；有的是按照一个白色一个蓝色的顺序排队，又整齐、又漂亮。

3. 尝试寻找并说出身边物体排列顺序的规律。

问题1：小朋友再找找，这里还有哪些东西也是按两种颜色有规律地排队的？

幼答1：栅栏是一个白色一个红色排队的。

幼答2：小雪花片是一个白色一个蓝色排队的。

教师：小朋友的小眼睛真亮，发现了圣诞老爷爷藏在这里的这么多秘密。

二、分组操作，运用规律。

1. 引发幼儿操作的兴趣。

引导语：圣诞老爷爷带来的礼物还有许多，可是时间太赶，来不及完成，我们一起来帮忙，装扮我们的圣诞树！

2. 请幼儿尝试按两种颜色的规律给礼物排序。

（1）介绍材料。

第一组（给小球排排队）：看一看小球是怎么排队的，请按照顺序往下排。

第二组（挂糖果）：看一看糖果是怎么排队的，请按照顺序往下挂，串成一串挂起来。

第三组（摆彩灯）：有两种颜色的彩灯，请按照一个红色一个蓝色或者一个蓝色一个红色的顺序摆彩灯。

（2）提出操作的要求：圣诞老爷爷要求小朋友先看清楚礼物排队的顺序再接着往下排，排完后还要一个一个认真地检查一遍。

（3）观察指导，师幼互动。

小组引导语 1：小球是怎么排队的呢？红色小球后面应该是什么颜色的小球？

小组引导语 2：糖果串得好快啊，你再检查一下，一个红色糖果、一个绿色糖果，都对了吗？真棒！

3. 游戏“快乐魔棒”，分享交流。

（1）出示魔棒，引起兴趣。

引导语：今天老师还带来了一个神奇的宝贝，魔棒魔棒有魔力，念念咒语就可以找到礼物，我们一起来找找礼物吧。

（2）师幼共同边念咒语边找礼物。

教师：魔棒魔棒找找找，魔棒魔棒变变变。

（3）分享交流。

问题 1：这串小球是谁排的，你是怎么给小球排队的？

幼答：小球是一个红色一个白色、一个红色一个白色排队。

问题 2：这串糖果是串的，你是怎么串糖果的？

幼答：我是按一个黄色、一个红色串糖果。

问题 3：彩灯是谁摆的，你是怎么摆彩灯的？

幼答 1：我是按一个红色、一个蓝色的顺序串糖果的。

幼答2：我是按一个蓝色、一个红色的顺序串糖果的。

小结：这些礼物都是按照两种颜色的顺序有规律地排队，既整齐又漂亮，把圣诞树打扮得真美丽。

三、分享礼物，巩固规律。

1. 请幼儿观察并尝试给按规律排队的礼物补上缺少的颜色。

教师：圣诞老爷爷还给我们带来了什么？

幼答：皇冠。

教师：皇冠上的小球少了一个，应该是什么颜色的？为什么？

幼答1：蓝色。

幼答2：蓝色，皇冠上的小球是一个黄色、一个蓝色排队的。

教师：是的，你观察得很仔细，掌声送给你，小皇冠就给你带上了。

教师：圣诞老爷爷还送来了很多圣诞礼物，有手环，有项链，老师把它们放在数学区里，喜欢的小朋友可以在区域活动时，给它们补上缺少的颜色，然后用来装扮自己，在表演区里开个快乐的圣诞PARTY吧。

2. 师幼一起哼唱《铃儿响叮当》，律动离开活动室。

活动评析

本活动采用了情境教学法，结合圣诞节创设了送礼物的情境，通过找圣诞礼物、制作圣诞礼物、装饰圣诞树等游戏，引导幼儿在愉快的活动中观察、学习，并鼓励幼儿大胆表述。活动生动有趣、环节清晰、设计巧妙、关注细节并充满惊喜，让幼儿能保持较高的学习热情，并主动投入活动，积极地观察、操作、分享。活动在幼儿玩中学、学中玩的过程中较好地完成了目标。

学习5以内的数（小班）

设计者：林晨星（厦门市日光幼儿园）
评析者：苏婉蓉（厦门市日光幼儿园）

活动目标

✲能听口令正确按数取物。

✻进一步理解5以内数的实际意义。

✻乐意参加游戏活动，体验游戏快乐。

活动准备

∵物质准备：小熊布偶一个，篮子每人一个；糖果、花、饼干、奶酪若干；卡片3种。（A、B各一张；C人手一张藏在椅子下。A——一面是糖果，一面是5颗糖果；B——一面是花，一面是耳朵；C——一面是5块饼干，另一面是5块奶酪。）

活动过程

一、创设情境，激发兴趣。

教师：宝贝们，今天是小熊的生日，它邀请我们去参加它的生日会，你们想去吗？

幼答：想！

教师：那你想为小熊准备什么生日礼物呢？

幼答1：我送小花给小熊。

幼答2：我准备糖果送给小熊。

幼答3：可以送给小熊棒棒糖。

二、准备礼物，操作练习。

1. 看卡片点数取物。

教师：小熊寄来了卡片，让我们每个人按卡片要求准备礼物呢，赶紧看看是什么东西。

幼答：糖果。

教师：哦，原来小熊喜欢吃糖啊，那我们需要准备几颗糖果呢？

幼答1：4颗。

幼答2：5颗。

师幼互动：个别点数、集体点数卡片糖果数量。

教师：宝贝真棒！现在请每个宝贝都从糖罐里取5粒糖果，排在自己桌上，一边拿一边数，这样才不会错。

师幼互动：幼儿边取糖边点数，教师巡视检查。

教师：宝贝都数好5粒糖了，把5粒糖果收到自己的篮子里，一边收一边再数数是不是5粒糖果哦。

教师：宝贝真能干，我们再看看小熊还喜欢什么礼物。

2. 听声音取物。

教师：请一个宝贝从袋子里摸出卡片，看看第二张卡片上画的是什么。

幼答1：有耳朵。

幼答2：有花。

教师：对了，原来小熊要我们听声音取花哦。

教师：请宝贝仔细听，老师拍几下手，你们就拿几朵花。注意先听完了老师拍手的次数再取花！（拍手3下）

教师：宝贝，你听到了几下掌声呢？

幼答1：2下。

教师：老师再拍一遍，你们仔细听一听哦。（拍手3下）这次你听到了几下？

幼答2：3下。

教师：对了，请宝贝们到花圃里去取3朵花放到篮子里吧。

师幼互动：幼儿取花，教师巡视检查指导，注意要求幼儿按照数量3进行点数。

三、参加生日会，分享礼物。

1. 送礼物去。

教师：宝贝们，礼物准备好了，我们一起出发到小熊家去做客吧。

2. 小熊家做客。

教师：小熊家到了——小熊，祝你生日快乐！

教师（小熊）：谢谢小朋友们！

教师（小熊）：请大家找个位置坐吧。

师幼齐唱《生日歌》为小熊庆祝生日。

3. 看卡片C装礼物。

教师（小熊）：谢谢你们的礼物，谢谢你们！我也准备了礼物要送给你们哦。请你们拿出小椅子下的礼物卡片，上面就是我送给你们的礼物了。仔细数数卡片上礼物的数量，一边数一边把礼物装进篮子里，这样才不会错。

教师巡回指导，幼儿点数礼物装入礼品袋里。

教师：宝贝们真棒，礼物都装好了，我们一起谢谢小熊吧。谢谢小熊！再见！

活动自然结束。

活动评析

教师把学习内容设计为“小熊过生日”的游戏情境，以小熊的角色与幼儿进行互动学习，问题设置富有启发性，注重个别指导，因材施教，整个活动游戏氛围浓厚，师幼关系和谐愉快，寓教于游，寓教于乐，有效激发幼儿参与活动的积极性，不仅较好完成本次活动的目标，而且渗透礼貌的情感教育，体现了教师课程整体观的教育理念。

区分“里”与“外”（小班）

设计者：林　薇（厦门市日光幼儿园）
评析者：王晓虹（厦门市日光幼儿园）

活动目标

✽能正确辨别里、外空间方位。

✽能完整地用“××在××里面（外面）”表述物体所在的方位。

活动准备

∵物质准备：(1) 演示图片：篮子里露出小兔子耳朵，篮子外露出小猫尾巴；盒子里是布娃娃，盒子外是球；盒子里是汽车，盒子外是积木。(2) 分组操作材料：小水果篮人手一个，放在椅子底下；水果玩具若干。

活动过程

一、游戏“小手动一动”，复习对上下方位的辨认。

引导语：小朋友们，我们来做个游戏，看谁的小手最灵巧。准备好了吗？请大家认真听！

教师：手臂向上举，手臂放下来。向上挥挥手，向下拍拍手……（逐渐加快语速，增加难度。）

小结：小朋友的小手都很灵巧，都能按老师说的很快地做出向上和向下的动作！

二、游戏“找找它们藏在哪里”，让幼儿区分并表述里外空间方位。

1. 图片1：小兔、小猫捉迷藏。

问题：小兔和小猫和我们玩捉迷藏的游戏，请小朋友们找一找，小兔在篮子的什么地方，小猫在篮子的什么地方。

幼答1：小兔在里面，小猫在外面。

幼答2：小兔在外面，小猫在里面。

小结：我们让小兔和小猫来告诉我们正确答案："我是小兔，我在篮子的里面。""我是小猫，我在篮子的外面。"

2. 图片2：它们在哪里？

问题1：布娃娃在盒子的什么地方？球在盒子的什么地方？

幼答1：布娃娃在外面，球在里面。

教师：他这样的回答完整吗？谁能用完整的一句话来告诉我们？

幼答2：布娃娃在盒子的里面，球在盒子的外面。

小结：你说得真好听！布娃娃在盒子的里面，球在盒子的外面。

问题2：还有什么在盒子里面？什么在盒子外面？

幼答：汽车在里面，积木在外面。

教师：汽车在什么的里面？积木在什么的外面？

幼答1：汽车在盒子的里面。

幼答2：积木在盒子的外面。

小结：小朋友真棒！今天我们学会了怎么区分里外，在我们的生活中也有很多需要区分里、外的时候。

问题3：谁能说一说我们活动室里面有什么，活动室外面有什么呢？

幼答1：活动室里面有桌子、椅子、钢琴……

幼答2：活动室外面有滑滑梯、树、花……

三、游戏"听指令取放物品"，巩固对里、外空间方位的认识。

引导语：老师在每个小朋友的椅子下放着一个小水果篮和一些水果玩具，请小朋友轻轻地取出小水果篮。当老师说"里面"这个词的时候，请小朋友把水果玩具放进水果篮里；当老师说"外面"这个词的时候，请小朋友把水果玩具放在水果篮外面，并用好听、完整的句子告诉我，你把水果玩具放在篮子的什么地方。

教师：里面（外面）。

幼答：我把水果玩具放在篮子的里（外）边。

四、游戏"捉迷藏"，引导幼儿用"××在××里面（外面）"的句子表述物体方位。

教师：小朋友们，你们想不想玩捉迷藏的游戏？老师先来藏，看看哪个小朋友能最快找到我，并且正确、完整地说出我的位置，游戏开始！

幼答：老师藏在娃娃家里面。

教师：小朋友的眼睛真亮，有很多小朋友一下子就发现我了，我藏在娃娃家的里面。现在请三位小朋友同时藏起来，看谁最快找到他们，并且正确、完整地说出他们的位置，游戏开始！

幼答1：××小朋友藏在美工区里面。

幼答2：××小朋友藏在洗手间里面。

幼答3：××小朋友藏在门外面。

小结："捉迷藏"的游戏真好玩！我们生活中有许多时候需要区分里外，大家可以用今天学到的本领回家之后跟爸爸妈妈一起玩游戏。

活动评析

本活动以游戏贯穿活动始终，非常符合幼儿的年龄特点，让幼儿在轻松愉快的游戏中快乐地进行学习，通过让幼儿直接操作与参与游戏的方式充分调动幼儿的各种感官，达到了所设定的活动目标。环节设计由浅入深，"自身做上下动作"—"辨认物体的里、外方位"—"听里、外方位指令放置物品"—"灵活运用里、外方位词"这四个环节对幼儿的要求由易到难，层层递进，为幼儿的学习与发展提供了有效的支架。

认识"前"与"后"（中班）

设计者：周维维（厦门市同安实验幼儿园）
评析者：郑美兰（厦门市同安实验幼儿园）

活动目标

✲能以自己或客体为中心区分前后方位。

✲能用前后方位词描述物体的相对位置。

✲能按指定的前后方向运动。

活动准备

✣物质准备：(1) 教师装扮成登山归来的样子：胸前挂着望远镜和水壶，后面背着背包和草帽。(2) 课件：森林公共汽车一辆，司机是长颈鹿，上面坐着三只小动物，顺序依次是：小猴子、小狗、小兔子。

✣环境创设：幼儿人手一把椅子，并按“电影院”的座位形式排成三排。

活动过程

一、引导幼儿观察老师，激发兴趣。

引导语：小朋友，请你们仔细观察老师身上的东西，猜一猜我去做什么了。

二、情境引导，学习辨别前与后的方法。

1. 认识自己身体的前、后。

问题 1：看看老师身体的前面和后面分别有什么。

幼答 1：老师身体的前面挂着水壶和望远镜。

幼答 2：老师身体的后面有背包和帽子。

小结：是的，我身体的前面挂着水壶和望远镜，后面背着背包和草帽。老师刚去登山回来，这些都是我登山必带的物品。

问题 2：小朋友们，现在也请你们仔细观察自己身体的前面、后面有什么呢？

幼答 1：我身体的前面有妈妈帮我挂在胸前的小手帕。

幼答 2：我衣服的前面有彩色的纽扣。

幼答 3：我身体的前面有一条拉链，身体的后面有衣服的帽子。

幼答 4：我脑袋的前面有鼻子和眼睛，后面有头发。

小结：原来我们可以通过自己的身体为中心来分辨前和后。

2. 以自身为中心认识前、后。

问题：今天老师把小朋友的座位排得像电影院一样，现在请大家找个位置坐下，并与小伙伴数一数、说一说你坐第几排，你的前面坐着谁，后面坐着谁。

幼答 1：我坐在第三排，我的前面坐着东东，后面坐着红红。

幼答 2：我坐在第二排。我的前面是第一排的小朋友，后面是第三排的小朋友。

教师：你们数得真清楚，看得很仔细。前后除了有小伙伴外，请大家再找一找，你的前后分别有什么物品。

幼答1：我的前面有黑板。

幼答2：我的后面有一扇门。

幼答3：饮水机在我们的前面。

小结：今天我们学会了第一样本领，就是可以以自己为中心，来辨别在你前面、后面的人或物品。

3. 以客体为中心认识前、后。

问题：你们看（播放课件），森林公共汽车开来了。驾驶室里坐着长颈鹿司机，后面还坐着三名乘客，小狗的前面坐着谁？后面坐着谁？

幼答1：小狗的前面坐着小猴子，后面坐着小白兔。

幼答2：小猴子在小狗的前面，小兔子在小狗的后面。

教师：噢，原来小猴子在前面。那小猴子的前后分别是谁？

幼答3：小猴子的前面是司机，后面是小狗。

幼答4：小猴子在司机的后面。

教师：小猴子在后面？你们刚才不是说小猴子在前面吗？

幼答5：刚才说小猴子在前面，是在小兔子的前面，是和小兔子比的，但现在小猴子在后面，是和长颈鹿司机比的。

教师：说得真好。原来前与后的位置也不是固定的，要看跟谁比。

小结：今天，我们还学会了第二样本领，就是帮助他人辨别前与后。我们除了可以以自己为中心来辨别前和后，还可以以别人为中心来分辨前与后。

三、游戏比较，巩固认知。

1. 三人抢椅子。

提出活动要求：三个人一组，音乐停后，抢椅子坐下，请中间的幼儿进行观察判断。

教师：刚才大家都玩了游戏，现在请中间的小朋友来和我们分享。

幼答：我坐在中间，小明坐在我的前面，小强坐在我的后面。

教师：我们也请其他组的小朋友来帮助这组的小朋友辨别前与后。

幼答：小明坐在前面，小强坐在后面。小雄坐在他们的中间。

教师：说得真完整。刚才是小雄以自己为中心来分辨前后的伙伴，现在是我们来帮小雄分辨前后的伙伴。

2. 听口令行动。

(1) 组织幼儿听口令行动。

引导语：现在我们来玩听口令行动的游戏，我来当发令员，小朋友们来当小士兵。

(2) 观察指导，师幼互动。

引导语1：请男孩们站到我的前面去，女孩子们请站到我的后面，大家都站对了吗？我来检查一下。错了的小朋友可要停玩一次游戏。

引导语2：现在请大家排成两行，男孩子在前面，女孩子在后面……

引导语3：请大家向前一步走，向后退两步……

幼儿听口令，根据指令游戏，教师观察指导。

四、谈话小结，活动延伸。

教师：今天我们学会了分辨前与后的本领，生活中我们还会经常运用这个本领。回家后，邀请你的爸爸妈妈一起来完成《亲子手册》中的练习，请给前面的楼房涂上红颜色，给后面的楼房涂上黄颜色，完成后我们再带到幼儿园来和大家一起交流分享吧。

活动评析

生活既是教育，“认识前与后”不能以简单的说教方式来教给幼儿。本活动以生活经验入手，融入情境，环环相扣，层层递进，教会幼儿去发现，在发现中学习，在学习中领悟。本次活动的亮点是教师把深奥、不易弄清楚的科学概念都融入在一个个环节中，在潜移默化中让幼儿自己去发现，幼儿在不经意间已将该技能掌握。

学习5以内的序数（中班）

设计者：汪剑华（厦门市日光幼儿园）
评析者：苏婉蓉（厦门市日光幼儿园）

活动目标

✽感知5以内的序数。

✽体验从左或从右不同起点序数的有趣变化。

✽乐意接受挑战任务，体验成功的快乐。

活动准备

∵物质准备：(1) 教师演示教具：《寻宝》地图1张、宝石1颗；汽车喇叭声、轮船汽笛声的录音；课件（藏宝图1、藏宝图2）。(2) 幼儿使用的材料：红、黄、方向盘、车票、船票、提示卡（标有不同箭号和数字）；(3) 分组操作材料：①动物找家：图片、动物小图卡；②动物坐车：动物小图卡、胶水；③花儿朵朵：图片、笔；④红苹果树：图片、笔。

活动过程

一、提出任务，激发兴趣。

引导语：在一个神秘小岛上埋藏着许多宝藏，这张就是寻宝地图，我们如何才能找到宝藏？

幼答1：要到小岛去。

幼答2：要找到果树林和山洞。

教师：是的，寻宝图告诉我们，宝藏就在小岛上果树林的山洞内，寻宝路上会有许多挑战，你们能接受考验吗？

幼答：能。

教师：那让我们带着寻宝图一起去寻宝吧。

二、问题引导，感知体验。

问题1：小明说他的位子已经有人坐了，为什么呢？你们能帮忙解决吗？

幼答：小明上错车了，他的车票是红色，应该上红色的车子。

小结：是的，车票颜色、数字不同，代表不同车子的不同位子，请大家对号上车，对号入座。

(大家随着汽车喇叭声乘车出发。)

问题2：船票有什么记号？代表什么意思？

幼答1：有箭号，有数字。

幼答2：箭号就是代表要从那个方向开始数。

小结：真棒！船票上有箭号和数字，大家要仔细看清楚箭号方向，找座位要从箭头方向开始数数，这样大家才会找到准确的位子。

(大家随着汽笛声乘船上岛。)

三、岛屿探路，提升感知。

利用课件提问。

问题1：宝藏在这些果树林的山洞内，请你们根据提示卡找到一棵后面有山洞的果树，你是怎么找到的？

小结：哇！真有意思，不管从左还是从右数数，序数不一样但都会找到那棵后面有山洞的果树哦。

问题2：藏有宝藏的山洞找到了，你能说出它的所在位置吗？

（要求从不同方向进行表述。）

小结：小朋友真棒！你们从不同方向说出了山洞正确的位置，这下子我们可以放心进入山洞了。

四、接受挑战，完成任务。

1. 介绍挑战任务。

教师（守岛人）：要想拿到宝物，必须帮助我完成几项任务，你们愿意接受挑战吗？

幼答：愿意。

2. 介绍分组材料，提出要求。

（1）动物找家：按箭头方向和小动物身上的数字，把小动物送回家。

（2）动物坐车：仔细看看小动物身上箭头方向和数字，然后把小动物送上车。

（3）花儿朵朵：按箭头方向和数字要求在图上找出花儿的正确位置，并在花朵下面打个钩。

（4）红苹果树：按照要求把苹果树的正确序号填写进格子里。

幼儿操作，教师检查指导。

引导语：你们的任务都完成了吗？完成任务的小朋友请打开图片上的答案卡，自己核对，有错误马上修改。

五、验证结果，获取宝物。

教师：我们都顺利完成任务了，把我们得到的宝物带回幼儿园，和其他朋友一起分享吧。

活动评析

序数在我们生活中无处不在，在活动中教师首先通过与生活息息相关的乘船游戏让幼儿初步感知序数的存在，而后以寻宝为挑战任务，引导幼儿继续发现方向不同序数发生有趣的变化。活动中教师把主动权交到幼儿手中，学习氛围民主活泼，最后分组练习的材料具有挑战性，幼儿能主动参与操作探究，经验获得提升。

10以内相邻两数的关系（中班）

设计者：张佳佳（厦门市日光幼儿园）
评析者：苏婉蓉（厦门市日光幼儿园）

活动目标

✻感知10以内相邻两数之间多1少1的关系。

✻尝试用添上1或去掉1的方法使两组数量不一样的东西变成一样多。

✻愿意和大家分享自己的发现。

活动准备

∵物质准备：（1）演示教具：足球比赛视频；蓝队和黄队的计分板；“最佳球员”大统计表一份；数字卡片若干。（2）分组操作材料：“最佳球员”统计表人手一份、笔人手一支；“我为裁判配送太阳帽”礼物袋、篮子、太阳帽图片；“我为黄队送球衣”礼物袋、篮子、球衣图片；“我为蓝队送饮料”礼物袋、篮子、饮料图片。

活动过程

一、情境导入，观看球赛。

引导语：精彩球赛马上就要开始了，请小朋友迅速入场，安静坐好，观看比赛。

二、观看比赛，感知两数关系。

教师：上半场比赛结束了，现在比分是多少？

幼答1：3∶2。

教师：谁赢了？为什么？

幼答1：黄队赢，他们的得分是3。

幼答2：因为蓝队只进了2个球，黄队比蓝队多进了1个球。

小结：你们说得对，3比2多1；2比3少1，所以黄队赢了。

教师：下半场的比赛又开始了！请大家继续观看球队比赛。

教师：比赛结束了，最后哪队获胜？为什么？

幼答1：蓝队赢，他们比黄队多进了1个球。

幼答 2：黄队输，他们比蓝队少进 1 个球。

小结：你们是最棒的计分员，5 比 4 多 1。4 比 5 少 1，所以结果是蓝队获胜。

三、统票练习，巩固认知。

教师：球赛结束了，小动物请我们帮忙统计最佳球员的票数，你们愿意吗？

幼答：愿意。

教师出示动物图卡和统计表，介绍统票方法。

问题 1：小兔有几票？

幼答：5 票。

问题 2：老虎比小兔少 1 票，老虎是几票？你是怎么知道老虎的票数的？

幼答 1：4 票。

幼答 2：因为 4 比 5 少 1。所以老虎得了 4 票。

教师：说得真好，那小兔比老虎多几票？

幼答：1 票。

教师 ：是的，5 比 4 多 1。小兔比老虎多得 1 票。

问题 3：小熊比小兔多得 1 票，小熊是几票？

幼答：小熊有 6 票。

问题 4：现在小兔、老虎、小熊票数各是多少？谁是最佳球员？为什么？

幼答 1：小熊最多票，所以小熊是最佳球员。

幼答 2：老虎票数最少的，小兔票数不多也不少。

小结：你们算得真准确，小兔得了 5 票，老虎比小兔少 1 票它得了 4 票，小熊比小兔多 1 票是 6 票，票数最多，所以最佳球员是小熊，我们一起为小熊颁奖吧。

四、配送礼物，学习方法。

1. 交代任务。

教师：球赛真精彩，老师为运动员都准备了礼物，可是送货员太匆忙，袋里的礼物数量搞错了，你们可以帮忙重新整理吗？

幼答：可以。

2. 分组操作，感知练习。

提出操作要求：自由分组，每人从篮子拿出一袋礼物袋，检查礼物袋上的数字和所装的礼物数量是否一样，如不一样，想方法把它变成一样。

A 组：为裁判配送太阳帽。

B组：为黄队配送球衣。

C组：为蓝队配送饮料。

3. 观察指导，师幼互动。

A组为裁判配送太阳帽。（引导语：礼物袋数字和太阳帽数量一样吗？多多少？少多少？用什么方法配齐礼物数？）

B组为黄队配送球衣。（引导语：礼物袋上数字是几？球衣数量是几？是的，5添上1是6，7去掉1是6，对了，真棒！）

C组蓝队配送饮料。（引导语：礼物袋上的数字和饮料数量不一样，你是怎样配齐礼物数？对了，可以用添上1或者去掉1的办法配齐礼物数量，真是聪明的配货员。）

4. 完成操作，送出礼物。

小结：你们这群小小配货员真棒，懂得用添上1或去掉1的方法把礼物袋上的数字和礼物的数量变成一样多。现在礼物准备好了，我们一起出发去送礼物吧！（活动自然结束。）

活动评析

教师对活动内容分析透彻，对于活动难点把握到位，每个环节紧紧围绕活动目标服务，活动时间分配合理恰当，各环节由浅入深层层导入，多媒体的运用大大激发幼儿学习积极性，小组活动时间为幼儿提供了自由交流分享学习的机会。活动过程中，教师语言简洁明了，问题设置富有启发性，师幼互动热烈和谐，课堂教学中充分体现幼儿主体和教师主导的作用，顺利完成了目标。

按规律排序（中班）

设计者：吴玉芳（厦门市日光幼儿园）
评析者：王晓虹（厦门市日光幼儿园）

活动目标

✲大胆地观察、寻找物体排序的规律。

✲尝试按照物体的特征进行有创造性地规律排序。

✲乐意动手进行排序并用语言表述。

活动准备

❖物质准备：（1）小兔商店里的布置：按大小排序的彩球；按红黄蓝三种颜色排序的花带；按三角形、正方形、圆形三种形状排序的彩旗。（2）分组操作材料：大小不同的两种珠子、穿项链用的绳子；红黄蓝三种颜色的花朵、串手链用的绳子；红色三角形、绿色长方形、黄色正方形的装饰片、腰带底板。

活动过程

一、创设情境，激发幼儿兴趣。

引导语：小兔子开了一家商店，邀请我们去参观，我们一起去看看吧。

二、仔细观察，归纳经验。

问题1：小兔子的商店布置得真漂亮，你们看见了什么？

幼答1：挂了很多东西。

幼答2：有彩球还有花朵。

小结：商店里布置了许多彩球、花带和彩旗。

问题2：彩球、花带和彩旗有什么特别的地方？

幼答1：彩球的大小不一样。

幼答2：这一条彩球是按照一粒大、一粒小、一粒大、一粒小的规律排队的。

教师：原来彩球是按照大小的规律来排序的。

问题3：其他的装饰有什么特别的地方吗？

幼答1：花带上的花朵也是有按规律排序的。

幼答2：花带上的花是按红色的花、黄色的花、蓝色的花来排队的。

幼答3：还有彩旗是按照三角形、正方形、圆形的规律来排序的。

教师：原来花带上的花是按照颜色的规律来排序的，彩旗是按照形状规律来排序的。

小结：你们的眼睛真亮，这些装饰里藏的小秘密都被你们发现了。我们再一起来看一看：彩球是按照大小的规律排序的，花朵是按照红黄蓝三种颜色的规律来排序的，彩旗是按照三角形、正方形、圆形的形状规律来排序的。

三、操作排序，巩固创新。

1. 介绍分组材料，提出要求。

（1）穿项链：有大小不同的珠子，穿项链的绳子，请按照规律来穿项链。

（2）串手链：有红、黄、蓝三种颜色的小花，串手链的绳子，请按照规律来串手链。

（3）装饰腰带：由红色正方形、绿色长方形、黄色三角形，请按照规律来装饰腰带。

2. 观察指导，师幼互动。

（1）ABAB 的顺序排序：珠子有什么不一样？可以怎么排序？

（2）ABC 的顺序排序：篮子里的花有哪些颜色？可以怎么排序？

（3）AAB 或 ABB 或 BBC 或 BCC 等顺序排序：篮子里的装饰图片有什么颜色、什么形状？除了不同的材料一个跟着一个排序之外还能有什么不一样的排法？

3. 幼儿交流，分享作品。

引导语：谁来说说你是选择什么材料、按什么规律来做礼物的？

幼答 1：我选择了珠子，按照一粒大一粒小的规律来排序做成项链的。（教师表扬幼儿叙述详细、完整。）

幼答 2：我选择了花朵，花朵有三个颜色红色、黄色和蓝色，是按照红色、黄色、蓝色三种颜色规律来排序的。（教师表扬幼儿说得清楚，并纠正礼物中排序的小差错。）

幼答 3：我也一样选择花朵，但是却是按照黄色、蓝色和红色三种颜色规律来排序的。（教师表扬幼儿说得清楚且排序正确、漂亮。）

幼答 4：我是选择腰带进行装饰的，和前面的同伴不一样，我喜欢红色和黄色，所以是按照两个红色正方形、一个黄色三角形，两个红色正方形、一个黄色三角形的规律来排序的。（教师表扬幼儿的想法创新。）

四、谈话小结。

教师：生活中还有许多漂亮的东西也是按照规律排序的，请宝贝们仔细观察，并记录在学习单上，带来幼儿园和同伴一起交流、分享。

活动评析

该活动紧扣活动目标创设适宜的情境，引导幼儿自主观察、发现各种排列规律，并鼓励幼儿大胆创新。同时通过提供层次不同的、具有开放性的操作材料，让幼儿在动手操作中巩固认知，提升经验，真正做到了让幼儿在玩中学、在玩中成长。

昨天、今天、明天（中班）

设计者：陈秀梅（厦门市同安区实验幼儿园）
评析者：郑美兰（厦门市同安区实验幼儿园）

活动目标

✻理解“昨天”“今天”“明天”的含义。

✻正确运用时间词汇进行讲述。

活动准备

∵物质准备：（1）演示材料：人物手偶一个；时间图示。（2）分组操作材料：存在时间关系的、正确排列的系列图片；存在时间关系的、随意摆放的系列图片；时间图示小卡片。

活动过程

一、导入故事，激发兴趣。

1. 出示人物手偶，提出听故事要求。

引导语：嗨！大家好！我叫东东。今天我给大家讲一个故事，故事的名字叫《昨天、今天、明天》，请小朋友们认真听听，故事里的昨天、今天和明天，“我”在做什么。

二、讲述故事，交流故事内容。

问题1：刚才故事里说昨天东东做了什么事？

幼答：昨天东东和妈妈在花园里种了许多的花和树。

问题2：今天东东要做什么事？

幼答：今天东东要打电话给好朋友。

问题3：明天东东想做什么事？

幼答：明天东东要和好朋友一起欣赏美丽的花园。

小结：哦，小朋友听得很认真，真棒！老师把掌声送给你们。是的，故事里说：昨天东东和妈妈在花园里种了许多的花和树。今天东东要打电话给好朋友。明天东东要和好朋友一起欣赏美丽的花园。

三、交流讨论，加深理解。

1. 出示昨天、今天、明天的图示，组织幼儿讨论。

引导语：老师这儿有三张图，昨天、今天和明天，它们分别表示了不同的时间。哪个表示已经过去的时间？哪个表示现在的时间？哪个表示还没有到来的时间？

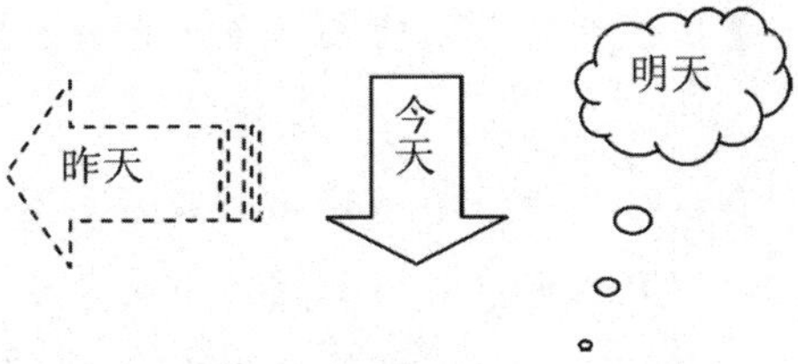

幼答1：符号朝左边的表示已经过去了，所以是昨天。

幼答2：我觉得符号朝下好像是现在的，所以应该表示今天。

幼答3：白云是在天上飞的，那么应该表示还没有到来的明天。

小结：昨天表示已经过去的时间，今天表示现在的时间，明天表示还没有到来的时间。小朋友在说话的时候，要注意正确使用这三个词，不然，别人就会听不明白了。

四、尝试表达，正确运用。

1. 示范讲述。

(1) 提出讲述要求：谁愿意来说一说你的昨天、今天和明天发生了或者将要发生哪些事情？

(2) 请个别能力强的幼儿，结合自己的生活经验，运用“昨天”“今天”“明天”这三个词进行示范讲述。

幼答1：昨天妈妈送给我一本《汤姆和小兔》的书，今天我在幼儿园和小朋友一起看《汤姆和小兔》的故事书，明天我还要带一本新书来幼儿园和小朋友一起看。

幼答2：昨天我和爸爸妈妈一起到野山谷公园的酒店，今天我们一起快乐地爬山，明天我们就要回家了。

2. 分组讲述。

(1) 介绍材料，提出要求。

小组引导语1：这些按顺序排列好的图卡，请你们看看图卡说说昨天、今天、明天各发生了什么事情。

小组引导语2：这些没按时间顺序排列的图卡，你们要先想一想，按照昨天、今天、明天的顺序摆一摆并说一说。

小组引导语3：这是一些时间的图示卡，请你们运用时间图示卡和好朋友讲讲你昨天、今天、明天发生了或者将发生哪些事情。

3. 幼儿分享讲述体验。

幼答1：图片上昨天小兔和妈妈一起到菜园里除草，今天小兔和妈妈一起到菜园里拔萝卜，明天小兔和妈妈要邀请大朋友来家里品尝萝卜大餐。

幼答2：我和明明先把图卡摆了摆，我们发现了昨天小山羊和好朋友一起到森林托儿所给弟弟妹妹讲故事，今天他们在幼儿园一起动手制作美丽的小花，明天他们准备把制作的小花拿到森林托儿所送给弟弟妹妹。

幼答3：昨天我和爸爸妈妈一起爬山，今天我画了一张和爸爸妈妈爬山的画送给了好朋友，明天我要和好朋友还有老师一起去爬山锻炼身体。

4. 小结：时间过去了，就不可能再回来。所以小朋友们要学会合理安排时间，珍惜时间。接下来，老师准备了一些纸和笔，请小朋友在区域中用你们最喜欢的方式把昨天、今天最美好的事情、明天即将做的事情记录下来并和好朋友一起分享。

5. 活动延伸，迁移经验。

教师：请小朋友回家和爸妈一起制作时间计划表，并根据时间表的时间进行相应的活动。小朋友们在日常生活中要注意观察自己一天当中最美好的事情，并用绘画的形式记录，在区域活动中和小伙伴们分享。

活动资料

昨天、今天、明天（故事）

清晨，一阵叽叽喳喳的鸟叫声把我吵醒了。我伸伸懒腰、揉揉眼睛，往窗外一看，哟！花园里真热闹呀！蜜蜂、蝴蝶、小鸟全都飞来了。这是怎么回事呢？哦！想起来了，昨天我和妈妈一起在花园里种了许多的花和树，一定是美丽的花、翠绿的树把小动物们吸引来了。我要邀请好朋友们明天一起欣赏美丽的花园！想到这儿，我赶紧一骨碌爬起床，给好朋友们打电话去了。

活动评析

教育价值的实现有赖于师幼双主体的默契与互动。本活动中，教师重视有效的师幼互动，一起认识“昨天”“今天”“明天”这三个不同的时间段。活动环节设计合理，能尊重幼儿的主体地位，以幼儿自主探究为主，让幼儿自己去探索、发现；能按幼儿认知发展水平设计一堂课，先认知，后分类操作，再提升，最后延伸拓展，让每个幼儿在轻松、愉快的氛围中参与数学活动的学习，给了每个幼儿参与、表达、表现的机会，基本实现预设的目标。

5以内数的分解组成（大班）

设计者：祁力红（厦门市民立幼儿园）
评析者：黄朝菁（厦门市民立幼儿园）

活动目标

✽能将数量在5以内的数分成两份，感知总数与部分数之间的关系。

✽尝试用数字、分合号记录分合结果，并用语言进行描述。

✽积极参与操作活动，乐意与同伴分享操作体验。

活动准备

∴物质准备：（1）集体操作材料：操作表、记录表、糖果五颗、笔（人手一份）。（2）分组操作材料：分类盒、纽扣、分解组成记录表；圆点房子图、笔；纽扣若干。

活动过程

一、创设情境，激趣引入。

教师：今天小猫来到我们班做客，仔细听听，小猫叫了几声，喵喵喵喵喵。

幼答：小猫叫了5声。

教师：小猫给每位小朋友带来了糖果礼物。数一数每位小朋友桌上的糖果是几颗。

幼答：5颗糖果。

教师：我们要完成小猫的任务，才能得到糖果哦！对了，小猫为每位小朋友带来了5颗糖。

二、探索5的分解组成。

1. 介绍操作材料。

引导语：每位小朋友的桌上都有两张表格，一张是操作表，一张是记录表。看，这是操作表，在操作表的上方，小猫拿着一个大大的筐子，请小朋友们先取5颗糖放在这个大筐子里，一定要数对哦，这是总数。然后将5颗糖分成两部分，分别放入操作表下方的两个糖果罐里，5颗糖要全部放入两个糖果罐里，一颗也不能剩下。数一数，每个糖果罐里一共有几颗糖，试一试，一共有几种分法，每种分法都要不一样。每分一次糖果，就把结果写在记录表里。看，这就是记录表。记录表上方的大格子要写上总数5，中间这是分合号，上面靠拢，下面分开。底下这两个格子分别写上两个罐子里糖果的数量，左边有几颗，右边有几颗。比一比，谁分得又快又好。

2. 幼儿操作，教师巡回指导。

（1）只能将糖果分成两部分，而且要全部分完。

（2）注意做好记录。

（3）分法不能重复。

3. 幼儿分享操作结果。

教师：把5颗糖分成两部分，可以怎么分？

幼答1：我把5颗糖果装装在两个糖果罐里，一个3颗，一个分2颗。

幼答2：还可以一个装1颗，一个装4颗。

4. 小结提升分解结果。

（1）引导语：让我们来看看，小朋友们通过自己的操作发现把5分成两部分可以怎么分，一起说一说。5可以分成1和4，1和4和起来是5。5可以分成2和3，2和3合起来是5。5可以分成3和2，3和2合起来是5。5可以分成4和1，4和1合起来是5。

（2）教师：数一数一共有几种分法。对了，一共有4种分法。看看你的记录表，把漏掉的补上，把不对的改正过来。

5. 讨论发现分解组成中的互换、互补规律。

问题：看看分合式的左边和右边，你发现了什么秘密？

幼答1：分合式左边的数一个比一个多，分合式右边的数一个比一个少。

幼答2：1和4、4和1，它们只是交换了一下位置，其实两个数是一样的。3和2、2和3也是这样的。

小结：分合式左边的数逐一增多，分合式右边的数逐一减少，这叫互补规律。交换一下分合式左右两边的数，就会出现一种新的分法，这叫互换规律。

三、幼儿分组操作，拓展经验，巩固延伸。

1. 介绍分组操作材料。

第一组材料是：分类盒、纽扣、分解组成记录表，请将5颗纽扣分别放进两个分类盒，看看得到的结果与分糖果是不是一样的。

第二组材料是：圆点房子图和笔，请根据圆点的颜色，在右边写上相应的分合式。

第三组材料是：5颗纽扣。两个幼儿一组，玩猜纽扣的游戏，幼儿轮流抓一把纽扣握在手里，请另一位幼儿根据剩下的纽扣，猜猜握在手里的纽扣有几颗。

2. 幼儿分组操作，教师巡回指导。

（1）分纽扣。（每分一次，就要记录一次，如果能够按顺序，那就更棒了！）

（2）圆点房子。（数一数白色圆点有几个、黑色圆点有几个，把它们记录下来。）

（3）猜一猜。（根据分合式和所看到的纽扣数量，想一想对方手里握着的应该是几颗纽扣。）

3. 分享操作结果。

教师：你刚才操作了哪种材料？结果怎样？

幼答1：我刚才玩了“分纽扣”游戏，我发现把5颗纽扣分成两部分，得到的结果和分5颗糖果是一样的。

幼答2：我刚才玩了“猜一猜”游戏。我发现桌上还有4颗纽扣，我就想：5可以分成4和1，对方的手里肯定只有1颗纽扣。用这样的方法每次都能猜对。

教师：大家都很棒！能把所学的本领用到游戏中。老师会将材料投放在数学区，大家可以换一种材料继续玩一玩。

活动评析

此活动体现了玩中学的理念，让幼儿通过多次操作，感知理解5以内数的分解组成。教师问题设计明确，操作要求清楚；善于鼓励幼儿在操作探索中自主发现其中的秘密，避免说教。两次操作逐步递进，层次清晰，达成活动目标。

层级分类（大班）

设计者：祁力红（厦门市民立幼儿园）
评析者：黄朝菁（厦门市民立幼儿园）

活动目标

❇尝试根据不同的标准对图形进行层级分类，并设计分类标志。

❇用清晰的语言积极与同伴交流操作结果。

❇乐意观察、比较图形之间的异同点。

活动准备

∵物质准备：（1）演示材料：信封、图形照片、层级分类图（幼儿人手一份）。（2）幼儿操作材料：一筐大小、颜色不同的正方形和三角形、层级分类图、图形挂饰。

活动过程

一、创设情境，激趣引入。

1. 出示图形国王的来信。

引导语：小朋友，看！这是什么？对了，这是一封信，是图形王国的国王给全体小朋友寄来的信。让我们打开来看一看，信里都说了些什么。

2. 介绍信的内容。

教师：小朋友，听说你们很聪明，喜欢动脑筋。今天，让我出题来考考你们。首先，我把一些图形的照片寄给你们，请你们看一看、说一说这些图形的名字叫什么，他们有什么特点。然后请你们根据分类图，按照不同的标准，把这些图形进行分类，试试看，可以怎么分，有没有不一样的分法。别忘了，把你们想出来的方法用回信的方式告诉我哦。

二、辨认图形特征，进行层级分类操作。

1. 观察比较图形。

问题1：照片上都有哪些图形？它们有什么不一样的地方？

幼答：照片上有正方形、三角形。

教师：这些图形各有什么特点？

幼答1：正方形有四条边、四个角。四条边一样长，四个角一样大。

幼答2：三角形有三条边、三个角。

问题2：除了形状不一样，这些图形还有什么不一样？

幼答1：大小不一样。

教师：是的，这些图形有的大，有的小。还有需要补充的吗？

幼答2：颜色不一样，有红色的、蓝色的、黄色的。

教师：是的，这些图形它们的形状、颜色、大小都不一样。我们要在分类图上把它们分一分。

2. 认识分类图。

提问：看，这就是分类图。分类图是什么样的？

幼答1：有很多大小不一样的格子。

幼答2：这些格子之间有分合号。

小结：这张分类图上面的格子最大，中间的格子不大不小，下面的格子最小。格子之间都有个分合号。我们学过了，分合号是上面靠拢、下面分开的。每个分合号的旁边还有个小括号，这是让你们画分类标记的地方。

3. 提出操作要求。

引导语：请小朋友先把所有参与分类的图形摆放在最上面的大格子里。想一想，这些图形有什么不一样的地方，进行第一次分类，把它们分别摆放在中间这两个不大不小格子里，在旁边的括号里画上你的分类标志。找一找，每个中格子里的图形还有什么不一样的地方，把它们进行第二次分类，分别摆放在底下的两个小格子里，在旁边的括号里在画上你的分类标志。

4. 幼儿操作，教师巡回指导。

引导语：要把筐子里所有的图形都先摆在大格子里。别忘了在旁边的括号里，画上分类标志哦！

5. 分享操作结果。

教师：你是用什么方法在分类图上进行图形分类的？

幼答1：我第一次先根据形状的不同，把三角形和正方形分成两类；第二次再根据颜色的不同，把三角形分成蓝色三角形和红色三角形，正方形分成红色正方形和蓝色正方形。

教师：有没有其他不一样的分法呢？

幼答2：我第一次先根据图形大小的不同把它们分成两类，第二次再根据颜色的不同把大图形分成红色和蓝色两类，把小图形也分成红色、蓝色两类。

小结：今天，小朋友们都很棒！通过自己的操作，知道了我们可以根据图形的形状、大小、颜色等的不同，将图形不断进行分类，而且有许多种分法。待会儿，老师把小朋友们的分类图拍下来，把照片寄给图形国王，我想他一定会很高兴的。图形国王还为每位小朋友准备了一份礼物，礼物就藏在小朋友们的椅子底下，请把它取出来。这个礼物就是图形挂饰。

三、游戏：图形找朋友。

1. 观察和交流自己的图形挂饰。

引导语：请你和旁边的小朋友说一说你的挂饰是什么形状的、什么颜色的，比一比你的图形是大的还是小的。

幼答1：我的图形挂饰是一个大的红色三角形。

幼答2：我的图形挂饰是一个小的蓝色正方形。

2. 介绍游戏玩法。

引导语：接下来，让我们一边拍手，一边根据老师演唱的歌曲提示找朋友，比比谁找得又快又对。

教师：找呀找呀找朋友，根据颜色找朋友，敬个礼呀，握握手呀，相同颜色的拉成圈。

幼答1：我们是红色的圈圈。

幼答2：我们是绿色的圈圈。

教师：相同颜色的圈还要再分成更小的圈哦！请根据老师的歌曲提示再找一次朋友。找呀找呀找朋友，根据形状找朋友，敬个礼呀，握握手呀，相同形状的拉成圈。我们通过两次找朋友游戏，帮图形找到了自己的朋友，看看，你的圈圈里站的是什么图形朋友。

幼答1：我们是红色的三角形圈圈。

幼答2：我们是绿色的正方形圈圈。

3. 评价幼儿游戏表现。

4. 鼓励幼儿在生活中寻找更多的图形，和图形做游戏。

引导语：在我们的生活中还有许许多多的图形，让我们到教室外面再去找找图形，和他们一起做游戏吧！

活动评析

该活动通过图形国王的来信，巧妙地向幼儿展示了所要进行分类的图形，引导幼儿观察分类图，了解层级分类的要求，并通过提问指导，帮助幼儿把握层级分类的核心，学会做分类标志；最后通过游戏的形式，实现巩固提高。

认识球体（大班）

设计者：祁力红（厦门市民立幼儿园）
评析者：黄朝菁（厦门市民立幼儿园）

活动目标

✼初步认识球体的名称和主要特征。

✼感知球体与其他形状的异同。

✼乐意参与比较探究。

活动准备

∵物质准备：（1）装有积木的袋子人手一个；球体、圆柱体、正方体、长方体积木人手各一个；（2）加工球体的材料：正方形纸、半球体，各种积塑、破损玩具等。

活动过程

一、创设情境，激趣引入。

引导语：今天我们要一起到智慧宫玩闯关游戏，比比谁在游戏中的表现最棒！

二、第一关游戏：摸箱。

1. 提出摸箱的要求。

引导语：每个人都有一个小袋子，袋子里装着许多形状不同的积木。请你们摸一摸、想一想，这是什么形状的积木、它有什么特点；然后把这块积木取出来，看看和你猜想的是不是一样。

2. 幼儿摸箱，教师巡回指导。

引导语：一个一个摸，想好了才能取出来。取出来的积木形状和你想的一样吗？为什么？

3. 分享交流。

提问：你摸到了什么形状的积木？它有什么特点？

幼答1：我摸到了一粒球，它圆滚滚的，一摸就猜出来了。

幼答2：我摸到了一个正方体积木，它有尖尖的角，六个面一样大。

小结：今天老师为大家提供了球体、圆柱体、正方体、长方体等形状的积木。每一种形状的积木都有它自己的特点，我们只要用心想象，就可以根据触摸的感觉，判断出积木的形状。

三、第二关游戏：谁会滚？

1. 猜测会滚动的积木形状。

提问：在这些形状的积木里，谁会滚？

幼答1：球体会滚。

幼答2：圆柱体也会滚。

幼答3：不会，圆柱体不会滚，它是立着的。

教师：到底谁会滚？谁不会滚？它们是怎样滚的？让我们一起动手试一试。

2. 幼儿探索比较。

引导语：（1）改变积木的方向，试试能滚吗？（2）朝各种不同的方向，试试能滚吗？

3. 分享交流。

问题1：你是怎么滚的？发现了什么秘密？

幼答1：我把圆柱体倒下来，发现圆柱体也会滚。

幼答2：可是只能朝着一个固定的方向滚。

幼答3：对，圆柱体不像球体那样，随意朝哪个方向都能滚。

幼答4：正方体和长方体是滚不起来的。

教师：是的，球体朝哪个方向都能滚，圆柱体只能朝一个方向滚。正方体和长方体滚不动，这是为什么呢？

问题2：比一比这些形状的积木有什么特点？

幼答1：圆的才会滚。

教师：可为什么球体和圆柱体滚起来不一样呢？

幼答2：因为球体整个都圆滚滚的，可是圆柱体不是。

小结：球体无论哪个面都是圆的，所以可以朝任何一个方向滚。圆柱体只有两个面是圆的，所以只能朝一个方向滚。

四、第三关游戏：球体和圆柱体谁叠得高？

1. 猜想。

教师：用球体和圆柱体叠叠高，谁能叠得比较高？

幼答1：比较大的叠得比较高。

幼答2：一样高吧！

教师：究竟是怎样的呢？我们要试一试才知道。

2. 男女生分组比赛。

（1）规则要求：男生用球体、女生用圆柱体，在相同时间内，比比谁叠得高。然后互相交换材料，再次比赛。

（2）幼儿比赛，教师巡回指导。

（3）分享交流。

教师：两次比赛的结果如何？

幼答1：都是用圆柱体叠高的那一组赢了。

教师：为什么？

幼答2：因为用球体根本就叠不高，圆溜溜的，一叠上去就滚下来了。

小结：我们通过比赛，再一次发现了球体的秘密：圆溜溜的，无论从哪个方向看，都是圆的。

五、第四关游戏：球体游戏。

1. 介绍游戏材料。

第一组材料：各种积塑，请把它拼成一个完成的球体。

第二组材料：各种大小不一的半球，请找到相应的另一半，把它拼成一个完整的球体。

第三组材料：正方形纸，请用折纸的方法把它折成一个纸球。

2. 幼儿操作，教师巡回指导。

3. 分享交流：

教师：你操作了什么材料？有什么发现？

幼答1：做好的球如果放在桌上，很容易就滚走了。

幼答2：一张正方形能折成一个球，真是太神奇了。

教师：球体还有什么秘密？它在生活中有什么运用？我们回家后一起找一找，再带来和大家一起分享。

活动评析

该活动以闯关的游戏引入，适合大班幼儿的年龄特点。每一关的内容都紧扣活动目标，从外形的比较—滚动的比较—叠高的比较—球体游戏的比较等多方面，让幼儿深切感受球体的特点，于潜移默化中达成活动目标。

自然测量（大班）

设计者：祁力红（厦门市民立幼儿园）
评析者：林　卉（厦门市民立幼儿园）

活动目标

✽学习自然测量和记录的方法。

✽尝试在生活中进行测量。

✽乐意参与测量活动，发现测量的秘密，体验测量的乐趣。

活动准备

∵物质准备：木棒、笔、吸管等物品；测量表（如下图）。

测量内容	测量工具	测量结果

活动过程

一、问题引入，激发兴趣。

引导语：刚才老师遇到了园长妈妈。园长妈妈说，想给咱们班的桌子做个桌垫，可是不知道咱们的桌子有多大。怎么办呢？东东说可以来量一量，真是个好办法。那今天咱们就一起来当个小小测量师，帮助园长妈妈量一量桌子吧。

二、寻找测量工具，示范测量方法。

1. 观察桌子，寻找测量工具。

问题1：咱们班桌子的桌面是什么形状的？要怎样量？

幼答1：桌面是长方形的。

教师：长方形有什么特点？

幼答2：长方形有四条边、四个角，而且相对的两条边一样长。

教师：我们要怎样量长方形的桌子呢？

幼答3：我们要长边量一量、短边量一量，长边短边都要量。

问题2：应该用什么工具来量？没有尺子的时候怎么办？

幼答1：用其他和尺子类似的东西来代替。

幼答2：用笔，班级里就有。

小结：我们可以用班级里有的木棒、笔和吸管等作为测量工具量量长方形桌子的边，而且要长边量一量、短边量一量。

2. 请几位幼儿尝试进行测量。

引导语：为什么用同一种测量工具测量同一条桌子的边，几位小朋友得出来的测量结果是不一样的呢？正确的测量方法应该是什么样的？

3. 示范测量和记录的方法，提出测量要求。

引导语：（教师边演示边说）量的时候，首先记得一定要从桌子边的起点开始量，看，就像这样，笔头对着起点，在笔尾做个记号，接着笔头对着记号，再量一次，边量边数，你一共量了几次，把结果写在记录表上。（展示测量表）看，这就是记录表。第一列是测量的内容，桌子的长边和短边；第二列是测量的工具：木棒、笔和吸管；第三列是测量结果，一共量了几次就把结果写在相应的格子里。每一种材料都要试一试、量一量，看看测量的结果是怎样的。

三、幼儿分组测量，教师巡回指导。

1. 观察指导，师幼互动。

引导语：(1) 一定要用正确的方法进行测量，要不测量出来的结果就不准确了。(2) 别忘了将测量的结果及时记录下来。(3) 有的小朋友发现，最后一次测量时，测量物与桌子剩余的边不一样长，这时候应该怎样记录才准确呢？要动动脑筋，想想办法哦！

2. 幼儿分享测量结果。

引导语：大家在测量的时候发现了什么秘密或者遇到了什么困难，让我们一起来分享一下。

幼答1：我们用笔量桌子的长边，量到最后发现笔比桌子多出了一截，我们就在记录表里用一个加号做记号来表示。

幼答2：我们发现用木棒、笔和吸管量桌子的同一条长边，所需要测量的次数是不一样的，这是为什么呢？

教师：比一比三种测量工具，你们发现了什么秘密？

幼答3：这三种测量工具的长度不一样，有的长，有的短。

小结：用不同的工具测量同一长度，得到的测量结果是不一样的。工具长、数量少；工具短，数量多。

四、拓展延伸。

教师：当我们没有尺子，也没有木棒、笔等物品的时候，还可以用什么材料作为测量工具？

幼答1：我们的手或者脚也可以成为测量工具。

幼答2：妈妈说有经验的人用目测的方法也可以，但是测出来的结果可能不太准确。

小结：今天我们所使用的测量工具都是日常生活中的一些物品，这种测量方法叫做自然测量。此外，我们还可以用目测的方法、使用专门的测量工具等方法来进行测量。生活中许多地方都需要用到测量，我们可以更多地去尝试和发现测量的秘密和乐趣。

活动评析

该活动以班级的桌子为测量物，以班级常见的笔、木棒、吸管等作为测量工具，体现了生活中的数学的理念。一开始进行测量时，教师先请个别幼儿进行尝试，让幼儿自己发现问题，然后再进行正确测量方法的示范，体现了以幼儿为本的理念，教师又提供多种不同材料让幼儿进行自然测量，并结合幼儿的操作情况进行总结提升，紧扣活动目标，效果好。

面积守恒（大班）

设计者：陈　丹（厦门市日光幼儿园）
评析者：苏婉蓉（厦门市日光幼儿园）

活动目标

✽尝试不受摆放方式、形状变化等因素的干扰，正确判断物体大小。

✽学习运用重叠比较、还原、计数等方法进行验证，初步感受面积的守恒。

✽乐意与同伴合作解决问题。

活动准备

∵物质准备：（1）演示教具：课件、录音；一大一小透明礼品袋；一样大的正方形展板两块；“宝盒”（上贴有图案）和“宝石”。（2）分组操作材料：组合图形卡；三角形纸张若干；与“宝盒”图案一致的图卡、几何图形积木每组一份。

活动过程

一、创设情境，导入问题。

1. 教师：魔仙女王邀请我们到“魔仙城堡”玩，我们一起出发吧！

2. 教师：你们听……发生什么事？原来是美琪和美雪都得到了一份魔法礼物，这是美雪的，这是美琪的。（教师将一块正方形展板放进大袋，另一块等大的正方形展板分割成四份放进小袋。）她们就是因为这份礼物的大小而争吵的。小朋友，你们说两份礼物一样大吗？为什么？

附图 1：魔幻礼物

礼物 1

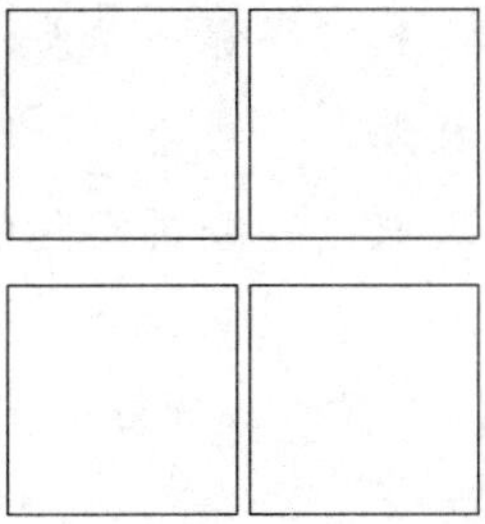

礼物 2

幼答1：不一样大。

幼答2：一样大。

教师：看来答案不一样，请小朋友上来比一比吧！

3. 小结：分割后的每块图形变小了，但还原后还是和原来的图形一样大，所以这两份礼物一样大。

二、接受挑战，感受面积守恒。

1. 关卡1。

教师：大家只有踩着小路上一样大的图形才能顺利到达密室，拿到宝石。小路上有什么图形？你们觉得这些图形一样大吗？为什么？

附图2：小路上的四个图形

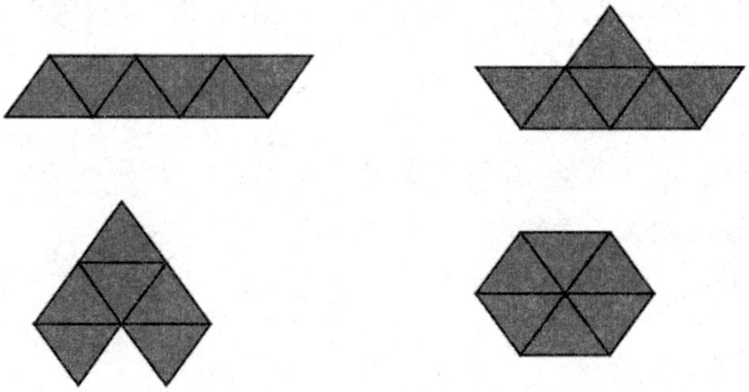

幼答1：不一样大……

幼答2：小船图和长条形一样大……

教师：既然答案都不一样，桌上有图形卡，就请小朋友两人合作，比一比这些图形一样大吗。我还为你们准备了一样大的三角形，如果需要，你们可以使用。

幼儿操作比较，师幼互动：

(1) 你认为这些图形一样大吗？为什么？

幼答：我觉得都一样大，因为每个图形都是由六个三角形组成的，所以它们都一样大。

(2) 大家已经经过实际的比较，有了自己的答案，谁愿意把自己的结果告诉大家？

幼答1：我觉得一样大，我把小船图上的六个三角形放到六边形上，发现一样大。

幼答2：我把图形都变成了长长的一串形状，发现它们一样大。

（3）教师借助幻灯演示验证结果并小结。

小结：六块一样大的三角形，不管怎么组合排放，它们的大小都是一样的。

2. 关卡 2。

教师：现在我们可以放心踩着这些图形到达密室了。到达密室后，宝石就锁在这个宝盒里，每个小组必须打开一把锁，宝盒就会开启。

教师：这是一个神奇的宝盒，如果小组能在几何图形积木中准确地找到与宝盒图案一样大小的图形，并把图案拼出来，那么其中一把锁就会打开。

附图 3：“宝盒”上的图案

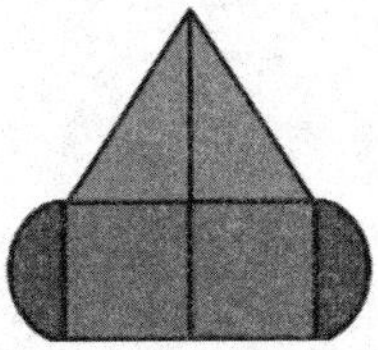

（1）教师出示操作材料，提出要求：这些是图卡，桌上有几何图形积木，请小朋友仔细辨认，找出正确的图形，然后把它拼出来。开始动手吧，看看哪组动作最快。小组完成挑战任务后，请立即举手，我们一起解开密码锁。

（2）幼儿分组，小组合作解锁。

A 组图卡：

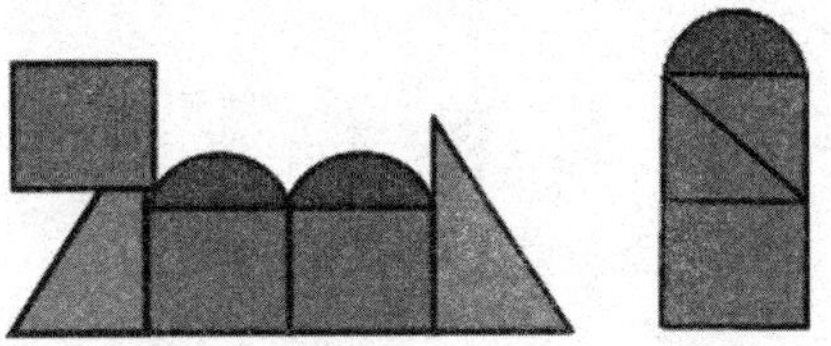

B 组图卡：

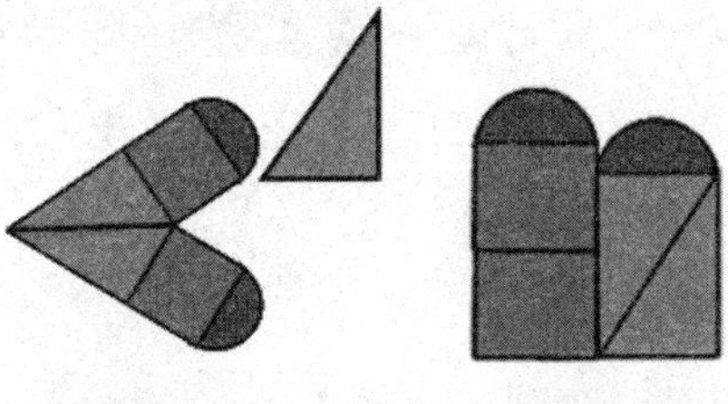

C 组图卡：

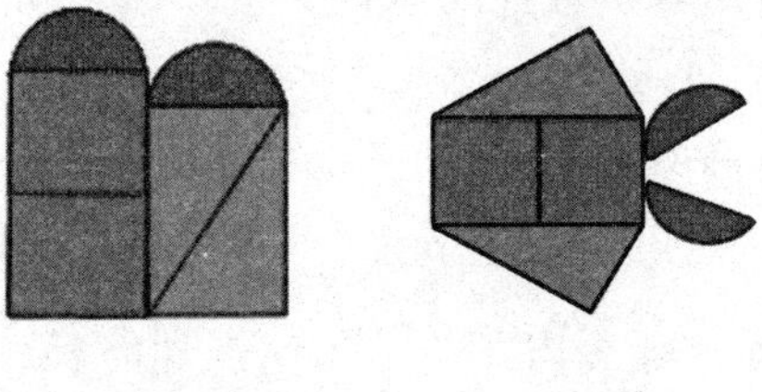

D 组图卡：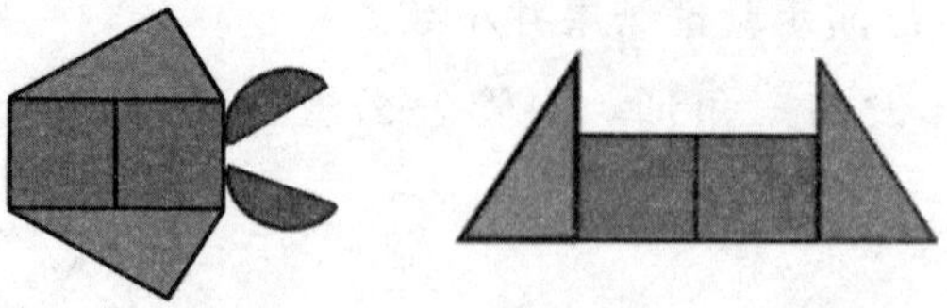

(3) 教师观看幼儿操作结果，根据正确图案一一解锁。

小结：小朋友真厉害，不管图形怎样变换，你们都能迅速、准确地找到一样大小的图形。现在密码锁已经解开了，宝石就藏在宝盒里，小朋友把它拿出来吧。（师幼一起打开“宝盒”，分享“宝石”。）宝石好珍贵，现在把它们送到班级好好保管吧。

活动评析

教师以幼儿熟悉而又喜欢的动画片《魔仙城堡》为线索，设计由浅入深的闯关游戏来突破本次活动的重难点。教师在活动中注意提供机会，引导幼儿大胆进行猜测，而后运用图片、声音、动画等多种媒体方式进行答案的验证，有效刺激幼儿参与活动、积极探究的欲望。在游戏过程中幼儿通过不断积累、提升经验，发现了物体的大小是不受摆放方式、形状变化等因素的影响，初步感受了面积的守恒。

认识时钟（大班）

设计者：黄琪彬（厦门市日光幼儿园）
评析者：王晓虹（厦门市日光幼儿园）

活动目标

✲感知钟面结构，了解时针、分针的运转关系。

✲学习辨认整点。

✲知道时间与生活作息的关系。

活动准备

∵物质准备：(1) 课件：钟表店；两个不同的坏时钟，一个缺指针，一个缺数字；时针、分针赛跑动画；作息时间表。(2) 分组操作材料：①报时拨钟：小时钟、学习单；②时钟分类：时间卡、盒子、货架；③时间排序：时间卡、排序条；④作息表：学习单、笔。

活动过程

一、创设情境，制造悬念。

引导语：听说钟表店开张了，可是钟表店老板新进的一批时钟好像出了一点小问题，请小朋友帮忙检查这些时钟，仔细观察并把找到的问题记下来。

二、问题引导，认识钟面。

1. 问题1：哪个小朋友找到了有问题的时钟？

幼答1：我找到了，有面时钟缺了数字。

幼答2：我也看到了，这个时钟缺了数字6。

教师：请小朋友把缺数字的时钟拿出来，我们一起来看看这个时钟到底出了什么问题。你们是怎么知道它缺少数字6的？

幼答1：因为时钟上面有数字1、2、3……12，就是少了6。

幼答2：这些数字是从1到12顺时针排成一个圆圈。

小结：每个时钟的钟面上都有数字，从1到12按顺时针方向排列，这些数字可以告诉我们准确的时间。请小朋友把数字6找出来补上去。

2. 问题2：除了缺数字的时钟，你们还找到哪些有问题的时钟呢？

幼答：还有少了指针的时钟。

教师：请小朋友把缺指针的时钟拿出来，你们说这个时钟缺了几根指针呢？

幼答：2根。

教师：这两根指针一样吗？

幼答1：不一样。

幼答2：一根长一根短。

教师：你们知道长针叫什么名字、短针叫什么名字吗？

幼答1：长针叫分针。

幼答2：短针叫时针。

小结：小朋友们观察得真仔细，每个时钟的钟面上都有数字，从1到12按顺时针方向排列；还有两根指针，长针叫分针，短针叫时针。请小朋友把分针和时针找出来补上去。

三、观察比较，认识整点。

1. 播放课件“时针、分针赛跑动画”，了解时针、分针的运转关系。

教师：时针和分针最喜欢玩赛跑的游戏，瞧！现在它们同时站在了起点，也就是时针和分针都在数字12的位置，你们猜猜谁跑得快呢，我们一起来看一看。

幼答1：分针跑得快。

幼答2：分针跑了一圈，时针才走了一点点。

小结：分针跑了一圈，从12跑到12，时针才走了一格数字，从数字12走到1。

教师：如果分针再跑一圈，时针会从哪里跑到哪里呢？

幼答：从1点走一格到2点。

总体小结：今天我们发现了时针和分针的秘密——分针长，时针短，天天竞走大家看；分针走一圈，时针走一格。

2. 结合作息时间表比较、发现整点的规律。

教师：看这几张图，小朋友都在干什么？

幼答1：医生妈妈给小朋友们晨检。

幼答2：我们在玩区域活动。

幼答3：吃午饭。

教师：晨间检查、区域活动和吃午饭分别是在几点钟的时候进行的？

幼答1：8点钟小朋友晨检。

幼答2：10点钟小朋友到区域玩。

幼答3：11点钟小朋友吃午饭。

教师：好，我们把这个时间记录到作息表中。你们在这张表格上，发现长针和短针什么地方相同？什么地方不同？

幼答1：分针都是在数字12。

幼答2：时针的数字不同。

小结：整点时，分针都指在数字12，时针指向数字几就是几点整。

四、分组操作，巩固认知。

1. 介绍材料，提出要求。

第一组任务：报时拨钟。提供一些小时钟和记录单，请两个幼儿合作，一个报时，一个拨钟，并记录在学习单上。

第二组任务：时钟分类。请幼儿找到时间卡上对应的时间组合起来，并把它们放入指定的盒子当中。

第三组任务：时间排序。请幼儿将这些时间卡按照时间的顺序从1点到12点排序，看看哪个排得又快又好。

第四组任务：作息表。请幼儿画一张属于自己的作息表，先看看左边格子里的时间，想想在这个时间里自己在干什么，再把它画下来。

2. 观察指导，师幼互动。

引导语：

(1) 报时拨钟：他播报的时间是9点钟，你要怎么记录呢？时针和分针要画在什么位置？

(2) 时钟分类：这是几点呢？应该对应哪个时钟？真棒！10点钟的时间卡就放在10点钟的盒子里。

(3) 时间排序：你这么排序对吗？你看5点钟的时间卡应该放在哪？对了，放在4点钟后面而不是放在6点钟后面，快改过来吧。

(4) 作息表：想想看，你8点的时候在干什么呢，那快画下来吧。

五、分享交流，小结延伸。

教师：谁愿意介绍一下你完成的任务？我们一起来看看他做对了吗。

幼答1：我们玩的是报时拨钟的游戏，小明拨错了两次，我教他以后他就对了。

幼答2：我发现我们这组时钟有的分错了。

教师：请你们一起把分错的找出来，放到相应的盒子里。老师会将这些材料放在科学区，小朋友们在平时区域活动的时间可以继续选择不同的材料来操作。现在我们一起去户外玩玩“老狼老狼几点钟”的游戏吧。

活动评析

本活动教学方法和形式有利于幼儿进行主动探究学习。从活动开始纠错的设计，以及对“长、短针赛跑”“一日作息时间”的猜想，到后面的分组操作活动，教师创设情境、抛出问题，引发幼儿通过观察、操作、思考，进行主动探究学习。每个环节的设计，教师都能保证比较合适的“站位”，给予幼儿比较自由的学习空间，有效地突破活动重难点。教师采用了层层递进的方式，有效地降低了幼儿的认知难度，使幼儿对整点的认识逐步清晰；借助生动的课件动画、利用表格式的记录方式，很好地解决了时钟与分钟运转关系及整点时针与分针分布规律这两个难点。

生活中的数字（大班）

设计者：黄　芳（厦门市莲龙幼儿园）
评析者：张琼珊（厦门市思明区教师进修学校）

活动目标

✲寻找生活中的数字，初步了解数字在不同物品中所表示的含义。

✲感知数字在生活中的应用，知道生活离不开数字。

活动准备

∵经验准备：（1）活动前请家长与幼儿一起寻找生活中有数字的物品，初步了解这些数字所代表的含义。（2）幼儿已经知道家庭电话号码。

∵物质准备：（1）与家长一起收集的有关数字的物品，如日历、时钟、计算器、温度计、尺子、鞋子、食品袋等。（2）拍摄带有数字的物品的照片，制作幻灯片。（3）写有数字的纸条若干，“中奖”贴纸若干。（4）教师电话号码卡一张，幼儿空白电话号码卡一张，铅笔人手一支。

活动过程

一、介绍自己带来的物品，发现生活中的数字。

引导语：前几天，大家都从家里带来了一样上面有数字的物品，我们一起来说一说，你的物品是什么，上面的数字有什么用。

1. 引导幼儿介绍自己所带物品上的数字和用途。

（1）请个别幼儿介绍自己带来的物品。

幼答1：我带的是一个计算器，计算器上面有数字按钮，按一下就会有数字。

幼答2：我带的是一把尺子，上面有1234567……它可以用来量东西。

幼答3：我带的是一双舞蹈鞋，舞蹈鞋下面有数字，如果你想知道鞋子有多大，就可以看一下数字。

幼答4：我带的是一个温度计，看温度计上的数字，就会知道今天是几度。

幼答5：我带的是棉花糖，袋子上有很多数字，上面有生产日期，妈妈去超市买东西的时候都会看，它可以告诉我们食品有没有过期。

教师：我也带来了一样东西，看看是什么。（书。）书上哪里有数字？这个数字叫做页码，它有什么用？

幼答：书上的页码可以提醒我们现在看到第几页了，你想看第几页也可以直接翻到数字几，会比较快。

（2）两两结伴介绍自己物品。

教师：我发现每个小朋友都带来了一样物品，请你们从椅子下把它拿出来，和旁边的小朋友说说你带的是什么，上面的数字有什么用。

2. 说说生活中其他带有数字的物品。

教师：我们可以收集到这么多上面有数字的物品，看来生活中有数字的物品真多！那么除了这些物品，你还在什么地方见过这些数字？

幼答1：我在汽车上看见了，后面的牌照上有数字，每辆车上都有车牌号。

幼答2：电脑键盘上也有数字，可以用它来打数字。

幼答3：信封上也有号码，上面有邮政编码。

幼答4：时钟上也有数字，可以告诉我们现在几点钟。

幼答5：遥控器上也有数字，按数字29就是少儿动画频道。

二、观看幻灯片，了解生活中数字的重要性。

教师：有了这些数字可真方便，我前几天和你们一样也找了许多数字，我还给把它们拍下来了，现在让我们一起来看一看、说一说哪些地方有数字。

1. 图片一（马路上不超过40码的标志、红绿灯、公交车站牌、门牌号）。

教师：这张图片上，你们看到了什么？

幼答1：马路上有一个不能超过40码的标志，告诉司机不能超速，如果超速有危险的。

幼答2：红绿灯上也有数字会一闪一闪的，5—4—3—2—1，车子和人就可以通行了。

幼答3：我看到了房子前面有一个牌子，上面有号码，是门牌号码。

教师：你们知道这个门牌号所在的地方是哪儿吗？（幼儿园。）

幼答4：公交车前面有数字2，表示是2路车，要坐2路车的乘客就可以上车了。

2. 图片二（汽车仪表盘、广告牌）。

教师：这张图片上哪里有数字？

幼答1：这是汽车的仪表盘，提示司机没有油了要去加汽油，还可以看汽车的速度，要是太快了就要刹车。

幼答2：广告牌也有数字，是电话号码。

教师：广告牌上写着“有困难找民警”，电话号码是多少？(110。)

3. 图片三（超市里：超市指路牌，标价牌120元、150元，收银台价格牌）。

教师：超市里也有许多数字，我们一起找找，说说你看到了什么。

幼答1：超市里有3个数字——1、2、3，表示1号收银台、2号收银台、3号收银台。

幼答2：还有价格牌，120元、150元，有了这个数字，爸爸妈妈就知道要买的东西是多少钱了。

幼答3：还有用来算钱的收银台，上边的数字是80.00元，用来告诉爸爸妈妈刚才买的东西值多少钱。

4. 图片四（餐厅里：桌牌、菜单价格、营业时间）。

教师：这是哪里？吃饭的餐厅里哪儿有数字？有什么用？

幼答1：桌上有数字5，表示是第5桌，让营业员把菜送到第5桌，这样就不会错了。

幼答2：点菜的菜单上有价格，你喜欢吃哪个菜就能看到哪个菜的价格，很方便。

幼答3：黄色的牌上有数字“10：00—22：00”，告诉客人他们上班的时间是几点到几点，超过这个时间就不营业了。

三、了解数字与人们生活的关系。

教师：数字在我们生活中是很重要的，如果没有数字会发生什么事呢？

幼答1：如果时钟没有数字，人们就不知道现在几点了，上班会迟到的，不知道什么时候该上课、什么时候吃饭睡觉了。

幼答2：如果电梯没有数字，人们就不知道现在到几层了。

幼答3：如果没有数字，电话就不能打了。

四、玩抽奖游戏，体验数字的有趣。

教师：如果没有数字，我们的生活会很不方便，生活当中数字不仅很重要，还很有趣呢！它会和我们玩游戏，你们想玩吗？我这里有许多纸条，每人拿一张，待会我们要和数字玩游戏呢！拿到纸条的小朋友可以轻轻打开看看，轻声地读读上面的内容。

教师：你们的纸条上有什么呢？有哪几个数字？（5、8、4、7、2。）一共有几个数字？（5个。）

1. 请幼儿按从大到小的顺序给数字排排队。

2. 排列数字，玩抽奖游戏。

教师：每个小朋友的纸条上都有这5个数字，现在就要用这5个数字编成一个号码，如果你的数字和我一样，就中奖了，可以在纸条上贴上一张“中奖”贴纸。

（1）以8开头排列数字，产生第一个号码（87452）。

教师：谁和我的数字是一样的？看看你们的纸上有没有87452，中奖的小朋友请举手。

（2）以5开头排列数字，产生第二个号码（58247）。

教师：我编出的号码是多少？（58247。）谁中奖了？

（3）以2开头排列数字，产生第三个号码（24587）。

教师：这次的号码是多少？（24587。）谁中奖了？

（4）请一个幼儿排列数字，产生新的中奖号码。

五、设计电话号码，运用数字解决问题。

1. 认识教师的电话号码。

教师：你们觉得数字有趣吗？在生活当中还有很多关于数字的物品，你们还可以去找一找，如果找到了就可以给我打电话，你们知道我的电话号码是多少吗？我把电话号码拿出来给大家看看：189××××××××。

2. 记录自己的电话号码。

教师：如果我发现了生活中的数字，我也可以打电话告诉大家，你们可以告诉我你们的电话吗？我已经给你们准备好了一张空白的电话号码卡，请你们在卡上写上自己家里的电话号码，以后我们就可以互相联系了！

幼儿用铅笔在号码卡上写电话号码。

活动评析

幼儿的生活经验有限，教师从幼儿的角度出发，选择与幼儿息息相关的、常见的、幼儿能理解的材料来进行教学，从幼儿的生活经验和熟悉的事物入手再进行扩展，从发现数字再到了解数字的作用，层层递进地进行。教师从“生活”的角度去预设活动，注重引导幼儿去发现周围的数字；以“发现”的角度引导幼儿参与，体验发现的快乐。

蛋宝宝浮起来（小班）

设计者：邹　婧（厦门市东浦幼儿园）
评析者：饶红梅（厦门市东浦幼儿园）

活动目标

✽感知蛋在清水和盐水中发生的不同现象，知道蛋在盐水里能浮起来。

✽乐于参加实验操作活动，具有探索的兴趣，初步学会用简单的语言表达交流探索的过程。

活动准备

∵物质准备：鹌鹑蛋（幼儿人手一个）；不同颜色标记的实验杯、盐、勺子若干。

活动过程

一、谈话引入：我和蛋宝宝交朋友。

1. 观察鹌鹑蛋，感知鹌鹑蛋的特征。

教师：谁认识它？请小朋友看一看、摸一摸鹌鹑蛋长什么样子，闻一闻鹌鹑蛋有什么味道。

幼答1：鹌鹑蛋看起来是小小的。

幼答2：鹌鹑蛋摸起来滑滑的，看起来有黑色和白色的花纹。

幼答3：蛋宝宝闻起来香香的，有鸡蛋的味道。

小结：这是鹌鹑蛋，蛋宝宝看起来小小的，蛋壳上有黑白相间的花纹，摸起来很光滑，闻起来有鸡蛋的香味。

2. 和蛋宝宝做游泳游戏，初步感知沉浮。

(1) 问题1：小朋友们会游泳吗？你们在游泳的时候，身体会怎么样呢？

幼答1：在游泳的时候，我们会沉下去。

幼答2：在游泳的时候，我可以带游泳圈，会浮起来。

（2）问题2：今天蛋宝宝也想和我们一起学游泳，小朋友们猜一猜蛋宝宝在学游泳的时候，会沉下去还是浮起来呢。

幼儿举手投票。

（3）教师：今天老师带来了两个标志牌，我们一起来和蛋宝宝学游泳，好吗？

教师通过沉浮游戏，让幼儿认识沉浮标志。出示向上的箭头时，幼儿做浮起来的动作；出示向下箭头时，幼儿做沉下去的动作。

二、实验操作：感知蛋在清水和盐水中发生的不同现象，知道蛋在盐水里能浮起来。

1. 猜想并动手尝试：鹌鹑蛋放在清水里是沉下去还是浮起来呢？怎样才能让蛋宝宝浮起来？

（1）幼儿将蛋宝宝投放到有蓝色标记的水里，观察蛋宝宝的沉浮。

（2）教师与幼儿讨论：怎样才能让蛋宝宝浮起来？

2. 比较、观察为什么红颜色标记的杯子里的鹌鹑蛋会浮起来，而绿颜色标记的杯子里的鹌鹑蛋会沉下去。

（1）教师出示有红色标记和有绿色标记的杯子，让幼儿观察：蛋宝宝在这两个杯子里有什么不同？

（2）教师与幼儿讨论：为什么蛋宝宝在红色标记的杯子里会浮起来，在绿色标记的杯子里会沉下去？

3. 幼儿动手操作，感知蛋在盐水里能浮起来。

（1）介绍材料，提出活动要求。

提问：这里有红色标记的杯子和绿色标记的杯子，请小朋友先尝一尝这两杯水有什么不一样。

幼答：红色标记的杯子里是盐水，绿色标记的杯子里是白开水。

教师：今天老师给每个小朋友准备了一碗盐、一个小勺子，请小朋友们用小勺装盐巴，再用小勺搅一搅，让蛋宝宝在蓝色标记的杯子里浮起来。小朋友注意，要把盐放在蓝色标记的杯子里。

（2）幼儿自由探索，想办法让蛋宝宝浮起来。

（3）鼓励成功让蛋宝宝浮起来的幼儿去帮助同伴，体验成功的乐趣。

三、集中谈话，分享经验。

教师：请你来介绍你是怎么让蛋宝宝成功浮起来的。

幼答1：我是今天的第一名，我是把盐倒进蓝色标记的杯子里以后，不停地搅拌，让蛋宝宝浮起来的。

幼答2：要加很多的盐，蛋宝宝才能浮起来。

小结：原来，要让蛋宝宝在蓝色标记的杯子里浮起来，要加很多的盐，不停地搅拌，才能成功。

四、提出问题，经验迁移。

教师：请小朋友回家和爸爸妈妈试一试，鸡蛋、鸭蛋能在盐水里浮起来吗？

活动评析

在活动中，教师紧紧抓住幼儿好奇、喜欢探究的心理，将游戏和实验贯穿始终，通过游戏激发幼儿兴趣，继而引发幼儿去模仿、猜想、实验、判断、验证等，鼓励幼儿主动发现问题，体验事物的变化，初步感受实验的魅力。

动物的活动方式（小班）

设计者：蔡晓玉（厦门市同安实验幼儿园）
评析者：郑美兰（厦门市同安实验幼儿园）

活动目标

✲发现动物的活动方式是多种多样的。

✲尝试用肢体动作模仿动物的活动方式。

✲乐于参与游戏，体验游戏的乐趣。

活动准备

∵经验准备：请家长带幼儿去动物园观察动物。

∵物质准备：魔术帽、魔术服装、魔术棒；小黑板三块；动物图片人手一张；音乐三段。

活动过程

一、魔术师入场，激发兴趣。

1. 教师扮演魔术师，变出动物卡片。

引导语：小朋友们好！今天我带来一个非常精彩的魔术表演，你们想看吗？好，看仔细啦！帽子里面有东西吗？变变变，看，这是什么？

2. 引导幼儿学一学卡片上动物的活动方式。

引导语：

(1) 小鸟是怎么活动的呢？怎么飞？在哪里飞？大家一起变成小鸟飞一飞。

幼答1：小鸟会飞。在天空飞。（双手张开，上下摆动。）

幼答2：我看到小鸟在地上跳。

(2) 小兔是怎么活动的呢？怎么跳？在哪里跳？大家一起变成小兔跳一跳。

幼答1：小兔子一蹦一跳真可爱！（双手放耳边，跳几下。）

幼答2：小兔子在草地上跳！

(3) 蜗牛是怎么活动的呢？怎么爬？在哪里爬？大家一起变成蜗牛爬一爬。

幼答1：蜗牛背着小房子爬，在叶子上爬。

幼答2：蜗牛也可以在地板上爬。（趴到地上爬。）

(4) 小鱼是怎么活动的呢？怎么游？在哪里游？大家一起变成小鱼游一游。

幼答1：小鱼在水里游来游去，这样游。（双手合十，在胸前扭动。）

幼答2：小鱼也可以这样游泳。（一手在前，一手在后，左右摆动。）

幼答3：还可以这样游，这样就有两条小鱼了！（双手并拢，做转手腕动作。）

3. 小结：小动物们的活动方式都不一样，它们有的会飞，有的会跳，有的会游，还有的会爬……

二、送小动物回家。

1. 魔术师再次表演魔术，变出人手一张动物卡片。

引导语：刚才的魔术表演好看吗？还想再看吗？好，这回的魔术变得不一样了。注意看咯！嘛嘛哔哔轰！有变出东西吗？其实，东西已经跑到小朋友的椅子后面了，赶快去瞧瞧是什么吧！

2. 引导幼儿将小动物送回家。

引导语：瞧，这儿有三块黑板，我把它们变成了天空、草地和大海，它们都是小动物的家，请小朋友根据小动物的活动方式，把小动物送回家吧！

3. 引导幼儿观察黑板上的小动物，发现特别的地方。

（1）引导语：你们都把小动物送回家了。我们一起来看看送对了吗。你们有没发现什么特别的地方？（没有。）奇怪，鳄鱼怎么又在海里又在草地上？

幼答1：因为鳄鱼有脚，可以在地上爬。

幼答2：鳄鱼会游泳，也可以在水里游。

幼答3：对，青蛙也是，青蛙有脚，可以在地上跳，它会游泳，也可以在水里游！

幼答4：小鸟也有脚，所以小鸟也能在地板上走！

小结：青蛙和鳄鱼可以在水里游，小鸟可以在天上飞，因为它们都长有脚，所以也能在陆地上行走。

（2）引导语：蛇没有脚为什么能在草地上爬呢？

幼答1：不知道。

幼答2：我知道了！它身上滑滑的，像溜冰一样！

小结：其实，蛇身上有像鱼鳞一样的鳞片，它是靠身上的鳞片和地面摩擦来爬行的。

4. 小结：有些动物既能在天上飞，又能在地上行走，但主要是在空中飞行，像小鸟。有些动物既可以在地上行走，也可以在水里游，像鳄鱼、青蛙。有些动物没有脚也能在地上行走，像蛇，它是靠身上的鳞片与地面摩擦来行走的。有一些小动物只能在地面行走，像老虎、兔子、斑马。还有一些小动物只能在水里游，像小鱼。动物们的活动方式真是多种多样呀！

三、听音乐，做模仿游戏。

引导语：魔术表演又要开始啦！这回是听魔力音乐哦，有三段音乐，分别代表天空、大海和草地。当代表天空的音乐响起来时，魔术师说“变”，小朋友就变成在天空飞行的小动物飞起来；当代表大海的音乐响起来时，小朋友就变成在海里活动的小动物；当草地的音乐响起来时，小朋友就变成在草地活动的小动物。好，我们在天空活动，变……我们在草地上活动，变……我们在水里活动，变……

四、听指令，做相应动作。

引导语：这回，魔术表演变得不一样啦！待会儿，魔术师会通过神奇的咒语，把小朋友变成木头人。当魔术师点到木头人的头，并说“变小鸟”时，这些被点到头的木头人就变成小鸟进行活动；当魔术师说“变乌龟”时，木头人就变成乌龟爬一爬。听清楚了吗？

五、活动结束。

引导语：今天的魔术表演到此结束，非常感谢小朋友的参与！下次再见！

活动评析

本活动以魔术游戏贯穿始终，符合幼儿的年龄特点，充分调动了幼儿的主动性和积极性。教师通过一个个精彩的魔术表演，让幼儿循序渐进地了解和掌握动物的活动方式，在玩中学、在学中玩。幼儿玩得专注、投入，活动气氛愉快。

动物怎样睡觉？（中班）

设计者：叶　琦（厦门市第十幼儿园）

评析者：张琼珊（厦门市思明区教师进修学校）

活动目标

✲了解几种小动物的睡觉姿势。

✲在游戏中能模仿不同动物的睡眠方式。

✲萌发探究动物奥秘的兴趣，关爱小动物。

活动准备

∵物质准备：（1）家长协助收集的有关动物睡觉姿势的图片等资料。（2）故事课件、动物睡觉的图片和录像。（3）常见动物头饰、歌曲录音。

活动过程

一、歌曲《我爱我的小动物》导入。

教师：刚才小朋友学了小动物的叫声，有好多小动物在叫。你们知道小动物是怎样睡觉的吗？

幼 1：小猫在窝里躺着睡觉。

幼 2：小兔子蹲着睡觉。

小结：哦，是不是像小朋友说的这些动物是这样睡觉的呢？有一只猴小弟不知道该怎样睡觉才舒服，就到处去向别人学习睡觉，结果闹出了许多的笑话，让我们一起来看看猴小弟会向谁学睡觉呢。

二、观看故事课件，了解动物的睡眠方式。

1. 播放故事课件“猴小弟学睡觉”。

2. 提问动物的睡眠方式。

教师：小猴向谁学睡觉了？××动物是怎样睡觉的？你能模仿一下它是怎样睡觉的吗？

幼答1：小猴向小狗学睡觉，小狗是这样趴在地上睡觉的。

幼答2：小猴向小鱼学睡觉，小鱼是睁着眼睛一动不动地在水里睡觉的。

小结：哦，原来小动物的睡觉方式都不一样呢！

教师：小猴向这些小动物学睡觉，它有睡着吗？为什么？

幼答1：没有，它学小马，睡着了，就摔下了。

幼答2：学小鱼，睡着了，但是眼睛闭上了。

小结：小猴学了很多动物的睡觉姿势，都觉得不舒服，都没有睡着。

教师：最后小猴向谁学习睡觉，是怎么睡的？

幼答1：最后，它像猴妈妈学习，很舒服地睡着了。

幼答2：小猴学妈妈，睡觉时把头藏在两腿之间，两臂紧抱树干，像一个球一样地睡觉。

小结：小猴绝大多数的时间都生活在树上，所以它们把头藏在两腿之间，两臂紧抱树干，像一个球一样地睡觉是最舒服、最安全的。

三、分组活动，了解更多动物的睡眠方式。

引导语：我们还认识很多动物朋友，你们想知道它们都是怎样睡觉的吗？今天老师还准备了一些图片和录像，你们可以和同伴一起看一看、说一说什么动物是怎么睡觉的。

1. 录像组幼儿自由交流。

幼答1：你瞧，录像上说蝙蝠是倒立着睡觉呢，一听到敌人的声音就飞走了，真强。

幼答2：小松鼠缩着腿，盖着大尾巴睡觉呢，很舒服，不怕冷。

教师随机倾听并小结：对啊，真是有趣，你听得真认真，看得真仔细。

2. 图片组幼儿自由交流。

幼答1：看，刺猬睡觉，卷成一团。

幼答2：是啊，你瞧，蛇也是卷成一团睡觉的。

教师：动物睡觉姿势多种多样，真有趣！

3. 集中交流分享。

教师：刚才你们在分组活动中还看到哪些动物，它们是怎么睡觉的？

幼答1：驴是站着睡的，和马一样。

幼答2：小兔子和狗是趴着睡觉的。

小结：（出示幻灯图片）原来每种动物都有自己独特的睡觉方式，因为小鱼没有眼睑，所以它睡觉的时候是在水里睁着眼睛睡觉的；小狗耳朵很灵敏，它为了保护自己，耳朵紧贴在地面上，趴在地上睡觉，地上有什么脚步声或危险的动静，它一听见就醒了，赶紧逃走；小马是站着睡觉的，有危险来，可以马上跑走；蝙蝠睡觉时是倒挂着，一有危险，它就马上飞走……小动物们真聪明，睡觉的姿势不仅让自己能舒服地休息，同时还能保护自己，不让自己受到伤害。

四、游戏“狡猾的狐狸”。

1. 介绍游戏玩法，提出游戏要求。

教师：小朋友真棒！了解到了几种动物的睡觉姿势，现在我们一起来做个游戏，看看谁学小动物睡觉学得最像。一会儿，老师来扮演狐狸，全班小朋友带上自己喜欢的动物头饰，听音乐模仿小动物的走路和叫声，音乐一停，就表示天黑了，“小动物”马上做睡觉的姿势，不能动，谁做错了睡觉的姿势或者动了，就要被狐狸拖进狐狸洞里。听明白了吗？

幼答1：明白了，我想当小猴子。

幼答2：我当小马，站着睡觉。

教师：好，大家都去选一个动物头饰，开始游戏吧！

2. 师幼共同游戏若干遍。

小结：小朋友刚才模仿小动物睡觉学得真好，××小朋友模仿小马站着睡，××小朋友模仿小狗趴着睡，一动也不动，真棒！以后户外活动时，咱们再继续玩。

活动评析

该活动选材贴近幼儿生活经验，从认识身边小动物的睡觉姿势到大自然中常见动物的睡觉姿势，由近及远，层层推进，重视幼儿在游戏中的体验与升华，符合幼儿的学习特点与发展规律，收到良好的教育效果。

物体的沉浮（中班）

设计者：黄　芳（厦门市莲龙幼儿园）
评析者：张琼珊（厦门市思明区教师进修学校）

活动目标

✲感知物体在水中的沉浮现象，发现有些物体容易浮、有些物体容易沉。

✲学会用简单的图标来表示物体的沉浮。

✲尝试探索调节物体沉浮的方法。

活动准备

∵物质准备：乒乓球和石头各一个，沉浮标记图各一张，物体沉浮视频一段、播放器；记录表、笔人手一份；透明水箱每组一个，盖上盖子的空瓶子、泡沫、小积木、橡皮泥、螺丝、塑料瓶盖、钥匙、陶瓷小碗等若干。

活动过程

一、猜想乒乓球与石头的沉浮。

1. 教师：今天我带来了两样东西，看看是什么。（乒乓球和石头。）请你们猜一猜，如果这两件物体放入水中，它们会怎么样呢。你们都认为乒乓球会漂在水面上，石头会沉入水底，到底是不是这样呢？我们来试试看。

小结：像乒乓球这样漂在水面上的现象叫做浮，像石头这样沉在水底的现象叫做沉。

2. 出示沉浮标记图。

教师：我这里有两个标记，看看它们是什么样的。

幼答：一个是向上的箭头，一个是向下的箭头。

教师：它们可以分别表示浮和沉，你们觉得哪个箭头表示浮比较合适？向上的箭头。那么向下的箭头就表示沉。一会儿我们用这两个标记来玩猜一猜的游戏。

二、幼儿操作，观察记录物体的沉浮现象。

1. 介绍实验材料和记录表。

教师：在这个筐子里有许多的材料，我们一起来看一看它们是什么。

幼答：有盖上盖子的空瓶子、泡沫、小积木、橡皮泥、螺丝、塑料瓶盖、钥匙、陶瓷小碗……

教师：这些材料如果放到水里，它们是沉还是浮呢？这有一张记录表，我们一起来猜一猜，把猜想的结果记录在这个带问号的猜想栏里。

2. 幼儿猜想，集体交流并记录。

物品	空瓶子	泡沫	小积木	橡皮泥	螺丝	钥匙	陶瓷小碗
?	↑	↑	↑	↑↓	↓	↓	↑↓
√							

3. 幼儿实验，教师巡回指导。

教师：这是你们猜想的结果，想不想动手实验，得出正确的结果呢？每一组的桌子上都有一个透明的大水槽，每个人都有一筐材料，请你把它们轻轻地放到水里，仔细观察哪些物体会浮在水面，哪些物体会沉入水里。在做实验的时候，请卷起袖子，不要把水洒在桌面上。开始吧！

4. 分享交流实验结果。

讨论：你们都做完实验了，谁来说一说你们的观察结果呢？

幼答 1：空瓶子、泡沫、小积木都是漂浮在水面上的。

幼答 2：橡皮泥、螺丝、钥匙、小碗是沉到水里的。

教师：你们同意吗？和猜想的结果是一样的吗？

小结：对了，通过实验我们发现，不同的物体在水里的沉浮情况是不一样的，像空瓶子、泡沫、小积木浮在水面上的现象叫做浮，像钥匙、橡皮泥、小石头在水中的现象叫做沉。

三、尝试探索调节物体沉浮的方法。

1. 幼儿尝试一：轻重与沉浮。

教师：现在我们要动脑筋想想办法，怎么样让浮起来的东西沉入水底。这个是你们刚才做实验的空瓶子，怎么样让它沉入水底？请你们卷起袖子，去试一试。

讨论：许多小朋友都想到了办法，谁来说一说？你是用什么方法让它沉下去的？

幼答：把盖子打开，在瓶子里装满水，它就沉下去了。

思考：这个办法真好，可是你们想一想，为什么同一个塑料瓶放在水里，不装水时，浮在水面上，而装满了水时，它会沉到水底下。

幼答：不装水时，塑料瓶很轻，所以就浮起来；装满水时，它比较重，所以就沉下去了。

小结：对了，你们真聪明，要改变一样物体的沉和浮，我们可以借助其他的东西改变它们的重量。轻的时候它容易浮起来，变重时它容易沉下去。

2. 幼儿尝试二：形状与沉浮。

教师：刚才我们想办法让浮起来的物体沉下去，现在我们再来挑战一下，怎样让沉下去的物体浮起来。这是刚才我们做实验的橡皮泥，怎么样让它浮在水面上？请你们再去试一试。

讨论：好的，你们都有好办法了，谁愿意来分享一下，你是用什么方法让它浮起来的？

幼答1：把橡皮泥做成了船的形状，它就浮在水面上。

幼答2：把橡皮泥做成了小碗的形状，它也会浮在水面上。

小结：要改变橡皮泥的沉和浮，把它形状变成一艘小船，它就浮起来了。今天我们做了很多的实验，知道了不同的物体在水里的沉浮情况是不一样的，有的容易浮，有的容易沉。同一件物体，在不同的情况下，有时会沉，有时会浮。

四、观看视频，了解沉与浮在生活中的应用。

1. 幼儿交流生活经验。

教师：我们人类很聪明，利用沉与浮的原理，创造发明了很多的东西，你们想一想，在我们的生活中，有哪些物体是利用沉与浮的原理制成的。

幼答：有游泳用的救生圈，有轮船，还有潜水艇……

2. 观看视频，拓展经验。

播放救生圈、潜水艇、轮船等的视频。

小结：沉浮现象与人们的生活密不可分，人类能利用沉浮原理做许多事情。希望小朋友从小学好本领，长大当科学家，发明新的东西，为人们做更多事情。

活动评析

该活动从幼儿的学习特点出发，通过多次的实验操作，让幼儿获得对物体沉与浮的感性经验，充分体现了幼儿是学习的主人和教师对幼儿“前科学概念”的尊重。第三个环节设计，让幼儿探索改变物体沉浮的方法，呈现了教学的“阶梯序”。活动一环紧扣一环，步步推进，落实目标。

面粉变面团（中班）

设计者：杨婷婷（厦门市同安实验幼儿园）
评析者：梁瑗玲（厦门市同安实验幼儿园）

活动目标

✲感知面粉的特性。

✲初步学会和面，能将干面粉变成面团。

活动准备

∵物质准备：（1）面粉、水、盘子、勺子、透明水杯、袖套、围裙、抹布；太干、太稀、水分适中的面团各一团。（2）分组操作材料：面粉、水、盘子、勺子、透明水杯、袖套、围裙、抹布人手一份；各种面点模具。

活动过程

一、利用各种感官感知面粉。

1. 教师：（出示面粉）咦，这些是什么呀？我们一起看看、摸摸，猜猜这是什么。

幼答1：这是做馒头的面粉。

幼答2：这是做包子的面粉。

教师：是的，这是面粉。

2. 引导幼儿通过看一看、摸一摸、闻一闻、吹一吹的方式感知面粉的特征。

3. 集体交流，了解面粉的特性。

（1）引导幼儿用语言描述面粉的特性。

幼答1：颜色白白的。

幼答2：没有味道。

幼答3：轻轻一吹就飞起来了。

(2) 小结：面粉是白色的、粉状的、轻的。

二、学习干面粉变面团的方法，重点观察水和面粉的比例。

1. 讨论制作面团的方法。

(1) 教师：面粉可以做什么呢？

幼答1：可以做面包。

幼答2：可以做馒头。

幼答3：可以做包子。

教师：做面包、馒头前要先把干面粉变成什么呢？

幼答：要先把它变成一团团的。

教师：是的，要先把面粉变成面团。怎样把干面粉变成面团呢？

幼答：我知道，可以加水。

教师：真聪明，是的，可以加水。

(2) 出示三份和好的面团（太干、太稀、水分适中的面团各一团），让幼儿猜测哪份面团做出来的面好吃。

幼答1：我觉得干干的做出来好吃。

幼答2：我觉得不干也不稀的做出来好吃。

教师：和面团是要讲比例的，就是面粉和水的比例，水分适中的面团做出来的面最好吃，太干和太稀的面团做出来的面就不好吃了。

(3) 鼓励幼儿猜想：一勺面粉需要倒多少水才能和好面团呢？

幼答1：我知道，舀一汤匙的面粉加一杯的水，这样刚刚好。

幼答2：不是，是两汤匙的面粉加一杯的水，才刚刚好。

教师：那让我们一起来看看一汤匙的面粉要多少水呢。

2. 现场试验，寻找出合适的水和面粉的比例，如一勺面粉加一杯水等。

三、尝试和面，探索干面粉变面团的方法。

1. 教师：现在，我们已经知道了水分适中的面团才能做出好吃的面包、馒头来。刚才老师已经尝试制作了，现在轮到小朋友们来试一试了，但是开始之前我们要注意一些要求。

提出操作要求：(1) 将面粉倒入盘中，用手指挖成井状，在“井”中慢慢倒入水，一定要按照比例操作。(2) 要及时揉捏面团。(3) 和好的面团要既能成团，又不粘手。(4) 保持桌面、身上的整洁。

2. 幼儿操作，教师指导。

教师：（1）你用了几勺面粉？需要倒几杯水？（2）你的面团太干了，为什么会这样呢？怎么办？（3）你的面团太稀了，为什么会这样呢？怎么办？

3. 检验与交流。

引导语：你的面团和好了吗？你用了几勺面粉和水？

幼答1：我用了三勺面粉和一杯水，觉得太少了，就又加了一点点水。

幼答2：我用了两勺面粉和一杯水。

幼答3：我用一勺面粉和半杯的水，觉得太稀了，就又加了一些面粉。

四、制作小点心，感受成功的乐趣。

1. 教师：许多好吃的东西都是用面团做成的，今天我们也来当个中华小厨师，制作好吃的东西好吗？

2. 鼓励幼儿操作，可选择模具制作，也可自己大胆想象捏制，教师给予适当的指导。

教师：瞧，老师手里拿的是什么东西？

幼答：像小动物形状的盘子。

教师：这是面点模具。小朋友可以选择模具进行制作，做出好看的面点哦。

3. 鼓励幼儿向同伴展示自制的小点心，感受成功的快乐。

幼答1：我做的是小白兔。

幼答2：我做的是一架飞机。

幼答3：我做的是愤怒的小鸟。

小结：小朋友们都很厉害，做出了各种各样很可爱的东西。等一下将你做的面点放在盘子里，我们请厨房的叔叔阿姨帮我们烹饪一下。

活动评析

本次活动，教师通过实物展示法、感知法、示范法、操作探究法、作品展示法等多种方法，让幼儿运用看、听、想、学、做等多种方式参与，做中学，学中做，为幼儿创造一个宽松、愉快的学习氛围，取得较好的活动效果。

汽车展览会（中班）

设计者：祁力红（厦门市民立幼儿园）
评析者：黄朝菁（厦门市民立幼儿园）

活动目标

✲观察了解生活中常见车辆的外形特征、基本结构和用途。

✲积极参与有关汽车的话题讨论。

活动准备

∵物质准备：方向盘、律动音乐。

∵环境创设：用幼儿带来的各种玩具汽车，布置成汽车展览会。

活动过程

一、律动：开汽车。

1. 激发兴趣。

教师手持方向盘：嘀嘀叭叭，看！什么来了？

幼答：小汽车来了。

教师：请小朋友们坐上我的小汽车，一起去参观汽车展览会吧！

2. 教师跟随音乐，引导幼儿“开汽车”律动进场。

二、参观汽车展览会。

1. 提出参观要求。

引导语：汽车展览馆到了，让我们一起去看看，汽车展览会上都有些什么汽车，它们是什么样的，和旁边的小伙伴互相说一说，待会儿和大家一起分享。

2. 幼儿自由参观汽车展览会，教师巡回指导。

指导要点：

(1) 看一看、比一比各种汽车的异同。

(2) 说一说汽车的名字和用途。

3. 讨论交流。

（1）问题1：你看到了什么汽车？

幼答1：我看到了公共汽车。

幼答2：还有警车和消防车。

幼答3：挖土机和推土机也出现了。

幼答4：大吊车也有哦！

小结：公共汽车、警车、消防车、救护车、挖土机、推土机、大吊车、压路机等都是汽车的一种。

（2）问题2：这些车有哪些一样地方？

幼答1：它们都有轮子，大多数有4个轮子，有的轮子数量更多一些。

幼答2：它们都有方向盘，可以控制汽车方向。

幼答3：还要有车门。

幼答4：每一辆汽车都有自己的车牌号。

小结：每种汽车虽然各不相同，但它们都有些一样的地方，比如有轮子、方向盘、车门、发动机、车牌等。

（3）问题3：这些车有什么不一样的本领？有什么特别的地方？

幼答1：公共汽车是用来载人的，一次可以载许多人。

幼答2：警车是用来抓坏人的。消防车是用来救火的。救护车是用来救人的。

幼答3：压路机前边有个圆圆的滚筒，可以把水泥地压平。

幼答4：我最喜欢大吊车了，因为它有长长的吊臂，可以把东西运到高高的地方。

小结：汽车是多种多样的，有的可以用来载人，有的可以用来运送货物，有的是工程车，还有的有特殊用途。

三、汽车的小秘密。

1. 提出活动要求。

引导语：你还知道哪些关于汽车的小秘密，和小伙伴们一起分享吧！

2. 幼儿分组交流，教师巡回指导。

指导要点：

（1）鼓励幼儿大胆与同伴交流。

（2）引导幼儿清楚地表达。

3. 分享交流。

提问：你还知道哪些关于汽车的小秘密？

幼答1：我认识许多汽车的标志，比如奥迪是四个圆圈，大众是一个圆形中间有一个字母W。

幼答2：汽车的轮胎上有花纹，那是为了防止汽车打滑。

幼答3：厦门的车牌号是闽D开头的。

小结：关于汽车的秘密还有许多，大家回家后可以与爸爸妈妈一同收集更多的资料，带来幼儿园与大家一起分享。

活动评析

该活动通过创设“汽车展览会”的活动情境，引导幼儿通过观察、讨论，结合已有经验，积极交流。问题设计富有启发性，师幼互动过程较好地呈现出来。教师善于总结提升，拓展幼儿的视野。

有趣的磁铁（中班）

设计者：谢冰琳（厦门市嘉华幼儿园）
评析者：张琼珊（厦门市思明区教师进修学校）

活动目标

✽感知磁铁吸铁、同极相斥、异极相吸的特性。

✽乐于探究，并能大胆讲述自己的发现。

活动准备

∵物质准备：演示用的磁铁；回形针、铁珠、铁夹子、纸杯、塑料玩具、木头积木；贴有圆形磁铁的汽车；“有趣的磁铁”大记录表一张；幼儿人手一个条形磁铁；贴有圆形磁铁的灰太狼、红太狼图片若干；贴有圆形磁铁的小羊图片若干（分放在四个容器里）。

活动过程

一、出示磁铁，激发兴趣。

引导语：今天老师带来了一个有趣的东西，你们看是什么。你见过磁铁吗？你知道它有什么本领吗？

二、分组操作，感受特性。

引导语：老师为每个小朋友准备了一个条形磁铁，小朋友们可以拿着磁铁到每一桌去玩一玩，看一看磁铁有什么秘密。

引导幼儿自主操作，探究磁铁能吸铁、同极相斥、异极相吸的特性。

1. 分组操作。

（1）第一组：找朋友。

桌上摆放6个筐，里面分别装有回形针、铁夹子、铁珠、木头积木、纸杯、塑料玩具。

引导语：谁是磁铁的好朋友，被磁铁紧紧地吸住了呢？你能帮我找出磁铁的好朋友吗？哦，是回形针被紧紧吸住了；哦，铁珠是磁铁的好朋友。

（2）第二组：会跑的汽车。

桌上散放若干背面粘有圆形磁铁的汽车。

引导语：把磁铁靠近小汽车，有什么发现呢？哦，你的小汽车转起来了；哦，小汽车被吸住了。

2. 分享交流：你们发现了什么？（出示记录表，教师边说边记录。）

幼答1：我的磁铁能吸住铁珠还有夹子。

幼答2：我的能吸住一串回形针。

幼答3：木块吸不住。

幼答4：磁铁靠近小汽车会转起来了，还有的小汽车会被吸住。

小结：原来磁铁能吸住像回形针、夹子一样的铁制品。磁铁跟磁铁之间，有时可以像一对好朋友那样紧紧地吸在一起，有时却互相推开。

三、闯关游戏，感受乐趣。

引导语：羊村发生了一件事情。原来小羊被灰太狼抓走了，狡猾的灰太狼设置了三道关口，要救出小羊就必须通过这三道关口，现在要用你们手上的神秘武器——磁铁，救出小羊。

1. 第一关：扫除障碍。

介绍游戏规则：第一关，我们要扫除障碍。你们看看地上有什么。请小朋友把能被磁铁吸住的东西放在蓝色的筐里，把不能被磁铁吸住的东西放在绿色筐里。出发！

2. 第二关：消灭敌人。

介绍游戏规则：第二关我们要消灭敌人。红太狼和灰太狼头上有什么？

红太狼、灰太狼很狡猾，我们的武器——磁铁靠近时，有时它们会跑掉。你有什么好办法，能一下子就抓住红太狼和灰太狼呢？只要通过这一关，我们就可以进入狼堡了。

3. 第三关：突破狼堡。

介绍游戏规则：可恶的灰太狼把小羊们分别关在了四个容器里面，准备吃掉它们，我们怎么才能救出小羊们呢？请你们互相合作，利用你手上的法宝救出小羊，只能用神秘武器——磁铁，不能直接用手，以免小羊受伤。

四、经验迁移，回归生活。

磁铁的作用可大了，生活中还有许多东西也用了磁铁，让我们回去找一找吧！

活动评析

整个活动中，教师的作用并不大，只是一个支持者与引导者。首先，幼儿生活在多姿多彩的世界里，常常有事物、现象使他们感动、惊讶，这时候教师要惊讶幼儿的惊讶，作为一个支持者，提供丰富的材料供幼儿探索操作，从中获得发现。《纲要》中也强调，要提供丰富的可操作的材料，为每个幼儿都能运用多种感官、多种方式进行探索提供活动的条件。因此，教师要努力使幼儿置身于能产生探索行为的环境中，及时提供丰富的、操作性强的、符合幼儿探索需要的材料，引发和支持幼儿积极主动地与材料相互作用。其次，当幼儿在操作过程中获得一些零散经验时，教师需要充当一个引导者，帮助幼儿梳理知识经验，形成完整的框架。总之，科学活动重在培养幼儿自主探究的精神，教师只起到支持与引导的作用。

中国丝绸（大班）

设计者：胡晨密（厦门市海沧区新绿幼儿园）
评析者：祁力红（厦门市民立幼儿园）

活动目标

✲初步了解丝绸的特征、来源和用途。

✼大胆与同伴分享交流自己收集的资料。

✼知道丝绸之路，激发民族自豪感。

活动准备

∵物质准备：活动前幼儿家长收集的关于丝绸的图片和故事资料；各种布料；视频《丝绸之路》。

活动过程

一、看一看，摸一摸。

1. 交流讨论。

引导语：你们知道我们平时穿着的衣服是用什么材料做成的吗？

幼答1：棉布可以做衣服。

幼答2：冬天的毛衣是用毛线织成的。

幼答3：我妈妈有一件裙子是丝绸做的，穿起来可漂亮了。

教师：做衣服的材料有许多，其中有一种叫丝绸，是我们中国人发明的。

2. 看看摸摸。

（1）提出操作要求。

引导语：今天老师带来了许多布料，请你们看一看、摸一摸、比一比，说说丝绸有什么特点。

（2）幼儿操作比较，教师巡回指导。

引导语：

①看一看：丝绸是什么样的？

②摸一摸：丝绸有什么感觉？

③比一比：丝绸和其他布料比，有什么特点？

（3）分享交流。

幼答1：丝绸有很多颜色，很漂亮。

幼答2：丝绸摸起来滑滑的，很舒服。

小结：丝绸最大的特点是很柔软，很透气，穿在身上很舒服。

二、贴一贴，说一说。

1. 提出“丝绸分享会”的交流要求。

引导语：活动前，我们请每个小朋友与自己的爸爸妈妈收集了许多关于丝绸的图片和故事资料，待会儿请大家把收集到的资料展示在展板上，并和身边的小伙伴说一说。

2. 幼儿布置“丝绸分享会”，教师巡回指导。

引导语：

(1) 你收集到的这张图片说明了什么？想好了，待会儿向大家介绍。

(2) 把介绍相同内容的资料放在一起，这样就更方便大家欣赏了。

3. 交流介绍。

(1) 问题1：通过收集的资料和大家共同布置的“丝绸分享会”，你知道丝绸是怎样做出来的吗？

幼答1：丝绸是用蚕宝宝吐出来的丝做出来的。

幼答2：而且需要许多许多的丝。

小结：丝绸是用蚕丝做成的，轻柔、薄、透气滑爽，既环保健康又舒适美丽。

(2) 问题2：丝绸除了可以做衣服，还可以做什么？

幼答1：我带来了一条丝巾，围在脖子上可舒服了。

幼答2：我看到了一把丝绸做的扇子，很漂亮！

小结：丝绸是我们中国的特产，丝绸做的衣服、围巾、艺术品等受到世界各国朋友的喜爱。

三、看一看，想一想。

引导语：丝绸是我们中国历史上最早的发明之一，为了把我们的发明传播到其他国家，我们中国古代有一条著名的丝绸之路，让我们一起来看看。

1. 欣赏视频《丝绸之路》。

2. 分享交流：丝绸之路是什么样的？你看完之后有什么想法？

幼答1：我们中国人真厉害，不仅发明了这么好的东西，而且还把好东西与其他国家的人民一同分享。

幼答2：丝绸之路很长、很艰辛，我们古代的劳动人民真勇敢。

小结：除了丝绸，我们中国还有许多的发明和特产，大家可以与爸爸妈妈一同去收集更多的资料，了解我们祖国更多的美。

活动评析

教师不仅提供实物，让幼儿亲身感受丝绸的特点，同时注意拓展活动的外延，让幼儿在活动前与爸爸妈妈共同收集相关的资料，调动幼儿参与的积极性，丰富幼儿讨论、交流的内容。活动最后通过视频欣赏，向幼儿展示了祖国文化的博大精深，使活动内涵更加丰富。

电话展览会（大班）

设计者：陈晶晶（厦门市同安区阳翟幼儿园）
评析者：祁力红（厦门市民立幼儿园）

活动目标

✽能观察、探索日常生活中常用的各种电话，了解电话的种类、结构和功能。

✽知道电话的发明者，感受电话给人们生活带来的方便，萌发对发明家的崇敬之情。

活动准备

∵物质准备：贝尔发明电话的视频，播放器。

∵环境创设：电话展览会。

活动过程

一、参观展览会，认识各种电话。

1. 提出参观要求。

教师：今天，我们班举办了一场“电话展览会”。请大家去看一看展览会里都有哪些电话机，摸一摸它们是什么样的，比一比它们有什么不同，待会儿和大家一起分享。

2. 幼儿参观，教师巡回指导。

引导语：

（1）你见过这种电话机吗？它有什么特点？

（2）你喜欢哪种电话机？为什么？

3. 分享交流。

（1）问题1：你在展览会上看到了哪种电话机？它是什么样的？

幼答1：我看到了一台和我们家客厅里一样的电话机。它有一个底座，话筒架在底座上，用一条线连接着。

幼答2：我看到了许多手机，和爸爸妈妈出门的时候用的一样。

小结：我们通常把在家里使用的电话机叫座机。这种电话机大多需要连接着电话线，通常摆放在一个固定位置。爸爸妈妈出门时使用的电话机我们通常统称为手机，它可以随身携带，使用时比较方便。

（2）问题2：哪些电话机是座机？它们分别是什么样的？

幼答1：我看到有一台座机上面的数字键盘是圆形的，转一下圆形转盘，会“吱吱”地响。

教师：这是一种比较古老的电话座机，每播一个数字都需要转一下转盘。

幼答2：我看到一台米老鼠造型的座机，可漂亮了。

幼答3：我发现座机都比较大。

小结：座机是摆放在家里使用的，座机的外形各不相同，有的造型非常漂亮。

（3）问题3：哪些电话机是手机？它们分别是什么样的？

幼答1：我看到一台翻盖手机，要拨打电话时需要把盖子打开。

幼答2：我看到一台滑盖手机，它的盖子是一推就开的。

幼答3：我看到一台和妈妈一样的手机，妈妈说这叫触屏手机，是靠触摸屏幕来操作的。

幼答4：我看到一台手机，和奶奶用的一样，它的数字按键非常大，方便老人家看清楚。

小结：手机一般都比较小巧，没有电话线，方便携带。随着科技的发展，手机的类型也是越来越多。

二、交流讨论，了解电话的作用。

1. 了解电话的通话功能。

教师：虽然电话机各种各样，但是它们都有一个共同的作用是什么？

幼答：打电话。

教师：电话机打电话，离不开哪些部件？

幼答1：要有键盘，才能拨电话号码。

幼答2：要有听筒，这样才能听见别人说话。

幼答3：还要有话筒，这样别人才能听见我们说话。

幼答4：还要有电话信号，我们家电话信号不好的时候，妈妈就听不清打电话的人在说些什么了。

小结：你们说得都很棒。每一部电话都要有话筒、听筒、拨号键盘等。要能通电话，还要通过电话信号网络。

2. 了解电话的其他功能。

教师：电话机除了打电话的功能，还有哪些其他功能？

幼答1：能拍照，每次出去玩，妈妈都用手机帮我拍照。

幼答2：能上网。

幼答3：手机还有闹钟功能，早晨叫我起床。

幼答4：手机还可以听音乐呢！

小结：现在科技越来越发达了，为了方便人们的使用，电话机的功能越来越丰富了。

三、欣赏视频，了解电话发明者。

引导语：电话在我们生活中的作用越来越重要，可是你们知道，最早发明电话机的科学家是谁吗？让我们一起来看看视频。

1. 欣赏贝尔发明电话的介绍视频。

2. 交流讨论。

提问：看了贝尔发明电话的故事，你有什么想法？

幼答1：贝尔发明电话遇到了许多困难，但是他都没有被困难吓倒。

幼答2：贝尔发明电话花费了很长的时间。

幼答3：我长大以后也要像贝尔一样，做一名伟大的科学家。

小结：科学家们不怕苦难，认真研究，各种科技发明给我们的生活带来各种便利，让我们的生活变得更加美好。我们要以科学家为榜样，好好学习，掌握科技，以后也为社会做贡献。

活动评析

教师运用电话展览会的情境，结合幼儿已有的生活经验，引导幼儿进一步认识、了解电话，并通过有效的问题引导和讨论交流，帮助幼儿进行归类整理，梳理提升，达到了较好的效果。

各种各样的镜子（大班）

设计者：赖　思（厦门市同安区馨贝昉幼儿园）
评析者：杨美吉（厦门市同安区馨贝昉幼儿园）

活动目标

✲探索和发现平面镜、凸透镜、凹透镜的不同特点。

✽感知镜子与镜面成像的关系。

✽乐于与同伴交流自己的发现。

活动准备

∵物质准备：平面镜、凸透镜、凹透镜若干（分别贴上1号、2号、3号标签）；记录表和笔；每组一篮观察物，如小动物模型、娃娃、玩具等；“镜子总动员”多媒体课件。

“各种各样的镜子”操作记录表

	成像结果	镜子特点
1号镜子		
2号镜子		
2号镜子		

活动过程

一、展示材料，引发猜想。

1. 展示材料。

引导语：今天老师为每个小朋友准备了三种有趣的镜子。为了方便大家区别，老师给它们分别贴上了标签：1号镜子、2号镜子和3号镜子。请你们猜一猜，用这三种不同的镜子照同一件东西，例如照照我们自己，结果是什么样的。

2. 大胆猜想。

幼答1：镜子不都是一样的吗？我照镜子的时候，能在镜子里看到一个一模一样的自己。

幼答2：我到科技馆照过哈哈镜，用哈哈镜照出来的自己有的大、有的小，可好玩了。

教师：到底这三种有趣的镜子有什么秘密？用它们照照自己，结果会怎么样呢？让我们去玩一玩、看一看。

二、自由探索，记录结果。

1. 提出操作要求。

引导语：先取出1号镜子，分别照一照自己和篮子里的小动物、娃娃等各种物品，看看照出来的结果是什么样的，把结果画在记录表的第二列。然后再用同样的方法试试2号镜子和3号镜子。

2. 幼儿操作，教师巡回指导。

引导语：

(1) 要用同一面镜子照照不同的物品，看看照出来结果是一样的吗。

(2) 三种镜子都要照一照、试一试。

(3) 设计一种记录符号，让人一看就能明白是什么意思。

3. 分享交流。

(1) 问题1：你们发现用这三种镜子照同一样东西，结果怎么样？

幼答1：我用1号镜子照了篮子里的各种物品，发现没有任何变化，物品是什么样的，镜子里照出来的就是什么样的。

幼答2：我用3号镜子照了自己，发现镜子里的自己变得好小好小。我觉得好神奇，又用3号镜子照了各种玩具，发现它们在镜子里全都变小了。

幼答3：2号镜子和3号镜子刚好相反，2号镜子里的东西都变得好大好大。

(2) 问题2：你们在记录表里用什么样的符号来表示这三种镜子的不同呢？

幼答1：我在记录表里用一个好大好大的圆来表示用2号镜子看，东西变大了；用好小好小的圆来表示用3号镜子看，东西变小了。

幼答2：我用两个向外的箭号，表示用2号镜子看，东西变大了；用两个向里的箭号，表示用3号镜子看，东西变小了。

小结：我们通过自己的操作都发现——用1号镜子看，物品不会变；用2号镜子看，物品会变大；用3号镜子看，物品会变小。

三、再次探索，发现不同。

1. 讨论：为什么用不同的镜子看到的东西不一样呢？

幼答1：也许镜子里藏着什么秘密。

幼答2：难道这些镜子不一样？

2. 提出再次探索的要求。

引导语：仔细看一看、摸一摸、比一比每种镜子的中间和边上有什么不同，把你发现的结果画在记录表里。

3. 幼儿探索，教师巡回指导。

引导语：

(1) 仔细摸摸每一面镜子的中间和边缘，它们的厚薄一样吗？

(2) 记录的时候注意对应，别把三种镜子混在一起了。

4. 交流讨论。

提问：这三种镜子有什么不一样？

幼答1：1号镜子的中间和边缘一样厚，看到的东西不变。

幼答2：2号镜子中间厚、边缘薄，看到的东西会变大。

幼答3：3号镜子中间薄，边缘厚，看到的东西会变小。

小结：我们发现，1号镜子中间和边缘一样厚，看到的东西不变，我们把这种镜子叫平面镜。2号镜子中间厚、边缘薄，看到的东西会变大，我们把这种镜子叫凸透镜。3号镜子中间薄、边缘厚，看到的东西会变小，我们把这种镜子叫凹透镜。正因为这三种镜子的厚薄不一样，所以用它们看到的东西会不一样。

四、观看课件，拓展认知。

1. 提问：各种不同的镜子真奇妙，你知道它们在我们生活中各有什么作用吗？

幼答1：我知道放大镜，它是用凸透镜做的，用它看东西，东西会变大。

幼答2：还有显微镜，也是有放大的作用。

幼答3：我们家的洗脸台前有一面平面镜，每天我都对着它照照自己，干干净净地来上学。

幼答4：我听妈妈说过，她的近视眼镜是凹透镜。

2. 观看课件。

引导语：你们说得都很棒！各种镜子在生活中究竟都有哪些作用呢？让我们看看影片里是怎么说的。

3. 小结：生活中还有各种各样的镜子，不同的镜子在生活中有各种不同的作用。大家可以再去找一找、看一看，带来幼儿园一同分享。

活动评析

活动过程看似质朴简单，但却清晰明了地引导幼儿探究和发现了各种镜子的秘密。首先，教师给三种镜子做了标签，省却了不必要的麻烦，有利于幼儿的观察和讲述。其次，教师抓住幼儿的兴趣点，先观察用这些镜子照物品的结果，再探究原因——为什么会这样呢？原来三种镜子中间与边缘的厚薄有异同，符合幼儿的认知特点。第三，与生活紧密结合，将各种镜子在生活中的运用通过讨论、观看课件等方式予以呈现。活动环节清晰，层层递进，达到突出重点、突破难点的目的。

多变的天气（大班）

设计者：张子芸（厦门市民立幼儿园）
评析者：黄朝菁（厦门市民立幼儿园）

活动目标

✽感受多种天气，了解天气的多变性。

✽关注天气变化，知道天气与人们生活的关系紧密。

✽积极参与关于天气的讨论，与同伴交流自己的想法。

活动准备

∵经验准备：幼儿关注每日的天气，了解常见的气象标志，并学会记录。

∵物质准备：（1）上个月幼儿的天气记录表。（2）气象课件：全国的气象图、天气与人们生活的录像。（3）幼儿分组材料：气象标志每组一套。

活动过程

一、回顾天气记录，引入话题讨论。

1. 出示上个月班级的天气记录表，引导幼儿观察。

教师：小朋友，这是什么？（天气记录表。）上个月，参与记录的小朋友举一下手。哦，值日生轮流记录。从这张表上，老师知道你们都能关注天气了。

2. 启发幼儿说一说上个月的天气。

教师：上个月里的天气有变化吗？都有些什么天气？这个月里的天气有变化吗？（出示气象标志，引导幼儿复习已认识的气象标志：晴、多云、阴、雨。）

二、观察气象图，感受多变天气。

1. 出示全国气象图，引导幼儿观察，相互交流自己了解的气象。

教师：刚才小朋友们说的都是咱们这里的天气，那么全国的其他城市天气会和我们这里一样吗？有什么办法可以知道呢？

幼答：看天气预报。

2. 分享交流。

教师：厦门在图上哪里？厦门的天气怎样？其他城市的天气和我们这里一样吗？你还看到了什么不同的天气？（随机出示气象标志：雪、雾、雷阵雨、台风。）

3. 引导幼儿简单了解气温的变化。

教师：除了不同的气象标志，你还在图上看到了什么？

幼答：数字。

教师：对了，那是气温。这一天厦门的气温是多少？

幼答：15～25℃。

教师：怎么会有这样的变化呢？

幼答1：就是这一天里有时冷一些，有时热一些。

幼答2：妈妈说一般是早晚比较凉，中午的时候温度升高了。

4. 小结：天气情况有多种多样，除了咱们这里常见的天气外，还有雪、雾、雷阵雨、台风等很多种天气情况。天气是时刻发生变化的。

三、联系生活实际，了解天气与人们生活的关系。

1. 引导幼儿分组谈谈天气与人们生活的关系，教师参与小组讨论。

教师：天气喜欢变化，可调皮了，它的变化跟我们的生活有什么关系吗？

幼答1：天气凉了就要加衣服，热了就把衣服脱了放在书包里。

幼答2：下雨天没带伞，就会着凉。有时候下雨后出太阳，雨伞还能变遮阳伞。

2. 组织集中交流。

问题1：你喜欢哪种天气？这种天气给人们带来了什么好处？这种天气里人们可以做些什么事情？

幼答1：休息天如果天气好，爸爸妈妈会带我去公园划船、溜旱冰。

幼答2：我喜欢有风的天气，可以去放风筝。

幼答3：我爸爸喜欢下雨天，因为这样他就不用去洗车了。

小结：看来，小朋友们都有自己喜欢的天气，因为可以做自己喜欢的事情。

问题2：一些比较恶劣的天气会给人们带来哪些影响呢？

幼答1：下太大雨了，路都不好走，我们家小区门口会积水，爷爷得抱我回家。

幼答2：下大雨，车库、隧道还会积水，车子都坏了，我在电视上看到的。

问题3：那咱们厦门常有的台风天气呢？

幼答1：幼儿园、小学、中学都不要上课。

幼答2：船都得开回岸边，等台风过去了才出去。

3. 借助课件，幼儿直观欣赏画面，进一步感受天气与人们生活的紧密关系。

引导语：老师今天还带来了一段录像，我们来看看多变的天气给我们人们生活带来的快乐和忧伤。

（雪：打雪仗，雪封山，雪灾等雾天影响视线、造成交通堵塞；台风：破坏建筑物；暴雨：农作物受损等。）

4. 小结：天气的变化与人们的生活关系密切，世界上万物生长需要多样的气候条件，但是持续长时间的过冷、过热、过旱、过涝都会给人类造成危害，所以，我们要多关注天气预报，提早做好准备。

四、分组活动，尝试播报天气预报。

1. 为每组幼儿提供一组气象标志卡，引导幼儿与同伴商量选择一种气象，并进行小组播报。

教师：老师这里为小朋友们准备了不同的气象标志卡，请小朋友们选一种气象图标，向身边的小伙伴们说一说天气，当一回小小天气播报员。

2. 幼儿分组活动，教师参与讨论，帮助幼儿拓展经验。

教师：你播报的是什么天气？这种天气里要注意些什么呢？

3. 小小气象站，每组选一位气象播报员，集中播报天气预报。

4. 小结：大家都表现得很好，希望大家今后继续关注天气预报，完成天气记录（气象、气温）。

活动评析

活动从交流幼儿日常记录的天气情况入手，在幼儿发现一个月的天气有变化时，引导幼儿关注全国不同地区的不同气象；除了气象还关注气温，进而联系到多变的天气与人类生活的关系。活动贵在引导幼儿关注生活，学会根据天气做出相应的、适当的调节，使我们的生活过得更加安全、美好。

有趣的弹性（大班）

设计者：陈超（厦门市侨福城小金星幼儿园）
评析者：石明（小金星教育集团厦门管理中心）

活动目标

✲通过探索，发现有些物体具有弹性，了解弹性的特点。

✲对弹性现象有好奇心，乐于动手尝试，并会正确记录操作结果。

活动准备

∵经验准备：幼儿已有表格记录的经验。

∵物质准备：（1）弹性物品：皮筋、气球、皮球、弹簧、海绵、袜子、弹弓、尼龙布等。（2）非弹性物品：包装带、积塑、积木、橡皮泥、卡纸、小石头、棉布等。（3）人手一份记录表、笔。

活动过程

一、玩一玩，激发探索的兴趣。

1. 引导幼儿观察桌上各种物品。

引导语：今天老师带来了许多有趣的东西，请你们玩一玩、压一压、拍一拍、拉一拉、吹一吹、捏一捏，看看它们有什么特别的地方。

2. 幼儿自由尝试，动手玩一玩，看看物品外形有什么变化。

二、说一说，发现弹性的特征。

1. 教师：你玩的物品叫什么？你是怎么玩的？你玩的东西发生了什么变化？

幼答1：我拉了拉皮筋，皮筋变长了。

幼答2：我拍了拍皮球，皮球跳起来了，我拍了很多下。

幼答3：我捏了捏海绵，海绵变小了，我放手，它又变大了。

幼答4：我玩了气球，气球吹一下会变大。

幼答5：我玩了积木，我用积木搭房子。

教师：你用力捏积木，积木有什么变化吗？

幼答：没有。

2. 教师：为什么有的物品能变长、变短、变大或变小，然后又恢复成原样，而有的东西不会？

幼答1：因为积木很硬。

幼答2：因为海绵很软。

幼答3：因为吹气球时气球里有空气，空气放出来气球又变小了。

3. 小结：像弹簧、橡皮筋、气球这些东西，我们用力压、拉或吹，它们会变短、变长或变大，可是一松开手，它们就恢复了原来的样子。这是因为它们都有一项特殊的本领——弹性。像积木、包装带、积塑这些东西，用力后不会变形或者用力后变形了，但是松开手后不能恢复到原来的样子，这是因为它们基本没有弹性。

三、试一试，判断物品是否有弹性，并用“√”“×”做好记录。

引导语：在活动室四周的桌子上有许多材料，请你们动手试一试，找出有弹性的物品，在记录表上给有弹性的物品画上“√”，没有弹性的物品画上“×”。

1. 引导幼儿边操作边观察，用各种方法大胆尝试，及时记录自己的发现。

教师：你拿的是什么？

幼答：弹簧。

教师：你怎么玩？有什么变化？

幼答：我拉一拉，它变长了；放手不拉，它又变回来了。

教师：弹簧有弹性吗？要用什么符号记录？

幼答：弹簧有弹性，要画“√”。

2. 请幼儿上台向大家介绍自己的发现和判断，集体交流探索的结果。

教师：小朋友们，你们刚才玩了哪些物品？有什么发现？谁愿意上来向大家介绍自己的发现？

幼答1：我刚才发现了弹簧、袜子、海绵、皮球是有弹性的，我发现积木、石头是没有弹性的。

幼答2：我发现有的布有弹性，有的布没弹性。

幼答3：我发现纸、塑料积木没有弹性，海绵、弹簧有弹性。

四、找一找，扩散思维，丰富生活经验。

教师：弹性的东西在我们的生活中有许多许多，请小朋友动动脑筋，想一想，找一找，在我们的周围还有哪些东西也是有弹性的。

幼答1：蹦跳床、轮胎。

幼答2：沙发。

幼答3：床……

小结：弹性的物品在生活中无所不在，如按动型圆珠笔、小朋友们喜欢的蹦蹦床，以及人们利用弹性材料制作的乐器，如手风琴等。

活动评析

本次活动，教师注意坚持以幼儿为主、教师为辅，以及操作在先、总结在后的原则，让幼儿自己先动手玩一玩、试一试，在操作中发现问题，鼓励幼儿大胆地表达自己的探索结果，并与大家一起交流。教师在幼儿操作、了解的基础上加以小结，并再次引导幼儿操作、做好记录，巩固幼儿的认知，让幼儿在玩中学，体验探索科学现象的乐趣。

空中客车——飞机（大班）

设计者：袁　军（厦门市思明区艺术幼儿园）
评析者：周志英（厦门市思明区艺术幼儿园）

活动目标

✽初步了解常见的飞机。

✽认知空中客车——飞机的外形特征、结构和用途。

✽激发对飞机等现代科技产品的喜爱之情和探究欲望。

活动准备

∴经验准备：(1) 活动前请幼儿自由观察各种飞机图片、照片。(2) 请坐过飞机的幼儿向全班幼儿介绍乘坐飞机的过程和感受。

∴物质准备：(1) 师幼共同收集的各种飞机的图片和玩具。(2) 教育挂图《飞机》。

活动过程

一、各种各样的飞机。

1. 谈话引入。

引导语：今天，老师带来了许多飞机图片，请大家去看一看，和小伙伴说一说，图片上都有什么飞机，它们各有什么用途。

2. 幼儿自由观赏各种飞机图片。

指导要点：

(1) 说出各种飞机的名称。

(2) 比较和观察各种飞机的异同。

3. 组织幼儿交流。

(1) 问题1：你看到了哪些飞机？

幼答1：有战斗机和轰炸机。

幼答2：我看到了直升机。

幼答3：还有我出去玩时坐的大飞机。

小结：飞机有各种各样的，如战斗机、直升机、轰炸机、民航飞机等。

(2) 问题2：这些飞机各有什么用途？

幼答1：战斗机和轰炸机是打仗的时候打敌人用的。

幼答2：直升机可以载人，但是载的人很少。

幼答3：民航飞机可以载许多人，我和爸爸妈妈出去旅行时乘坐的就是民航飞机。

小结：每种飞机的用途是各不相同的，有的用来打仗侦察，有的用来载人，还有的用来载货。

二、空中客车什么样？

1. 讨论：谁是空中客车？

教师：我们刚才观赏的各种飞机，谁能称得上是空中客车？

幼答1：客车是载人的，我觉得空中客车应该是在空中载人的。

幼答2：民航飞机一次可以载许多人，所以空中客车应该是民航飞机。

小结：是的，民航飞机又称作是空中客车，它可以快速安全地将人们从一个地方送到另一个地方，就像地上的客车一样，但是比地上的客车还快、还先进。

2. 认识空中客车。

(1) 问题1：空中客车的外部是什么样的？

幼答1：空中客车很大。

幼答2：有一对大大的翅膀和尾翼。

幼答3：还有轮子，但是轮子小小的。

(2) 问题2：空中客车的内部又是什么样的？

幼答1：空中客车的里面也很大，有许多的座位供人们乘坐。

幼答2：空中客车也要有人驾驶。

幼答3：还有窗户，可以让人欣赏空中的风景。

小结：空中客车很大，有一对大大的翅膀、尾翼、轮子以及指示灯等。飞机里面有驾驶室和可供人们乘坐的机舱。

三、乘坐空中客车。

1. 交流：你坐过空中客车吗？有什么感觉？

幼答1：当飞机起飞的时候，我感觉人也跟着斜着身体往上飞了。

幼答2：乘坐飞机时要系好安全带。

幼答3：飞机上有空姐为大家服务。

幼答4：在飞机上可以看到云朵，还可以吃到好吃的快餐，享用各种饮料。

小结：空中客车——飞机是一种先进的交通工具，为了保障大家的安全，乘坐飞机时有许多注意事项，大家以后可以向爸爸妈妈了解更多关于乘坐飞机的知识。

2. 游戏：乘坐空中客车。

(1) 引导幼儿分别扮演机长、乘务人员、乘客等角色，开展乘坐飞机游戏。

指导要点：

①履行所扮演角色的职责。

②学会分工合作。

(2) 组织幼儿交流游戏体验。

教师：你刚才扮演了空中客车上的谁？感觉怎么样？

幼答1：我扮演了机长，开着飞机，感觉可神气了！

幼答2：我是空姐，为大家提供服务。

幼答3：我是乘客，觉得坐飞机可舒服了！

教师：希望大家长大以后发明更先进的交通工具，为大家的出行带来更多的便利。

活动评析

教师从各种各样的飞机入手，引导幼儿通过观察、比较与分析，了解飞机的种类有许多，它们的用途各不相同。接着着重引导幼儿认识民航飞机，认识其主要结构特征和用途，感受空中客车的作用。活动最后通过游戏及经验交流，进一步激发幼儿对现代科技产品的热爱，完成了活动目标。

会黏的水（大班）

设计者：祁力红（厦门市民立幼儿园）
评析者：黄朝菁（厦门市民立幼儿园）

活动目标

✲初步感知水的黏附力现象，体验科学游戏的乐趣。

✲能运用符号做观察记录，并用完整的语言表达自己的操作过程与结果。

✲提高自主探索、解决问题的能力，进一步感知水在生活中的作用。

活动准备

∵经验准备：初步了解水的特点、水的三态，知道人类生活离不开水。

∵物质准备：（1）学具：①第一次：每桌一盆水，每人一块塑料板、一张塑料笑脸娃娃卡片、一支滴管。②第二次：蓝色积木、一块钱硬币、钥匙、树叶、泡沫块、黄布等分别放在盘子里，相应配上粉色、橙色记录纸各一张，笔等。（2）教具：学具一套、猜测记录表、操作梳理图、展示板两块（上贴“√”“×”等标志）、录音机、音乐带。

活动过程

一、设疑激趣，猜想水的魔力。

1. 提出疑问。

教师：（神秘地）今天，老师带来了一样礼物。看！这是什么呀？

幼儿：笑脸娃娃。

教师：这是一张用塑料做成的笑脸娃娃卡片。老师想把笑脸娃娃粘在黑板上，让大家都可以看见它。你有什么好办法呢？

幼答1：透明胶。

幼答2：双面胶。

幼答3：502胶水。

2. 引发猜想。

教师：老师没有胶布、胶水等材料，只有水和滴管，可以把塑料笑脸娃娃粘在黑板上吗？

幼儿七嘴八舌地，有的说能，有的说不能。

教师：有的小朋友觉得用水可以把笑脸娃娃粘在黑板上，有的小朋友觉得不行。到底行不行呢？让我们自己动手试一试。

二、游戏“把卡片粘在塑料板上”。

1. 讲解操作步骤和方法。

引导语：每人一根滴管、一张塑料笑脸娃娃卡片、一张塑料板。每桌一盆水，大家一起使用。用滴管滴水，让笑脸娃娃粘在塑料板上。听到信号后放好材料回到位子上，和旁边的小朋友说说，你的笑脸娃娃粘在塑料板上了吗，你是怎么做的。

2. 幼儿自主开展探究游戏活动，互相交流自己的实验过程与结果。

引导语：

（1）笑脸娃娃有没有粘在塑料板上，要把塑料板竖起来看看才知道哦！

（2）塑料板上的水是不是滴得越多越好呢？

3. 集中分享，交流经验。

（1）引导语：你成功地将塑料笑脸娃娃粘在塑料板上了吗？你是怎么做的？

（2）以图片演示的方式引导幼儿大胆表达。

（3）梳理经验：取一支滴管，轻轻捏住。把滴管的口伸到水槽里，轻轻松开捏住的手指，水就进入滴管里了。用滴管在塑料板上轻轻滴上水，把笑脸娃娃放在水滴上，轻轻压一压。竖起笑脸娃娃看一看有没有粘住。

（4）请一个幼儿帮教师将塑料笑脸娃娃粘在黑板上。

三、游戏“粘住的与粘不住的”。

1. 介绍操作材料，引导幼儿猜想。

教师：老师有一个疑问，如果咱们把塑料娃娃换成其他的东西，水也能把它们粘住吗？这儿有一张图，我们一起来看看。（展示猜测记录表。）这只手表示用来做实验的是什么材料，这个问号表示用水是否可以把它粘在塑料板上。比如说，这是什么？

幼答：一块钱硬币。

教师：你们觉得用水可以把一块钱硬币粘在塑料板上吗？

幼答1：可以！

幼答2：不可以！

教师：有的幼儿觉得可以，有的幼儿觉得不可以。那我们用不同的标记把大家的猜想记下来。可以用“√”表示，不可以用“×”表示。因为大家有不同的意见，因此在一块钱硬币后面的格子里，我们要贴上两个标记“√”和“×”。

……

教师：用水可以把积木粘在塑料板上吗？

幼答：（异口同声）可以。

教师：这回大家的意见都这么一致，那我们就只要贴上“√”标记，可是到底是不是我们猜测的这样，待会儿大家要去试一试才知道。

2. 讲解操作活动要求。

引导语：

（1）前面的桌子上有很多种材料，每种材料旁都有相应的记录表，请先选择一种材料和它的记录表回到自己的桌子上做实验。

（2）用滴管在塑料板上滴上水，试试你所选择的材料粘在塑料板上了吗。

（3）做完一次实验，将结果记录在记录表上，并写上号数，将记录表按粘住的与粘不住的分别贴在展示板上后，还可以选择其他的材料继续做实验、记录、张贴。

（4）听到信号，回到座位上和其他小朋友说说：你用什么材料做实验？水能将它粘在塑料板上吗？

3. 幼儿进行探索游戏，教师指导。

引导语：

（1）可以根据自己的猜想自主选择材料。

（2）用较完整的语言和旁边的小伙伴说说自己的猜测和探究结果。

（3）别忘了进行探索记录。

4. 集中交流，引导幼儿看记录表分析并验证。

教师：你刚才用哪些材料做实验，结果怎么样？

幼答1：我用布做实验，发现用水粘得住。

幼答2：我用硬币做实验，发现用水粘不住。

小结：在老师提供的材料里，树叶、泡沫块、布比较轻，滴上水后，可以粘在塑料板上。积木、硬币、钥匙比较重，滴上水后，不能粘在塑料板上。

四、拓展经验。

引导语：水还能粘住哪些东西？水还有什么本领？请大家继续在生活中试一试、比一比。

活动评析

该活动通过层层递进的探究环节，引导幼儿感知水是具有黏附力的。第一次探究提供单一材料，强调操作的顺序和方法，并注意经验的梳理提升；第二次探究提供多样材料，鼓励幼儿猜想之后再验证，强调不同材料的不同操作结果，并引导幼儿记录交流。活动环节清晰，富有意境。

艺术领域

小鸟和大象（中班）

设计者：庄灵珊（厦门市同安实验幼儿园）
评析者：梁媛玲（厦门市同安实验幼儿园）

活动目标

✽感知三段式乐曲的结构。

✽会用大象、小鸟的动作表现不同的音乐风格。

✽体验与伙伴合作游戏的快乐，学会遵守游戏规则。

活动准备

∵物质准备：小鸟和大象头饰；音乐《小鸟和大象》、播放器等。

∵环境创设：在活动室内创设树、小河等游戏背景。

活动过程

一、律动引入，激发兴趣。

引导语：小朋友们，今天森林可热闹啦，我们一起学小鸟飞到树林去看一看吧！

二、欣赏音乐，感知音乐。

1. 完整欣赏音乐。

引导语：今天老师带来了一首有关小鸟和大象的曲子，请你们听听看这首曲子分成几段，哪一段音乐表现小鸟，哪一段表现大象。

（1）播放完整音乐，幼儿欣赏。

（2）问题1：这首曲子分成几段？

幼答：这首曲子分成了三段。

（3）问题2：你觉得哪一段音乐表现小鸟？你从哪里听出来呢？

幼答1：我觉得第一段表现的是小鸟，因为这一段里有小鸟的叫声。

幼答2：我感觉这一段好像小鸟在唱歌。

（4）问题3：哪一段表现大象呢？为什么？

幼答1：我觉得第二段表现的是大象。

幼答2：我觉得这一段音乐听起来有点像大象在走路的声音。

2. 分段欣赏。

引导语：我们先听第一段音乐，小朋友可以闭上眼睛，一边听音乐，一边想象小鸟在干什么。

(1) 欣赏第一段（小鸟）音乐。

提问：听了这段音乐，你觉得小鸟在干什么?

幼答1：我猜小鸟在唱歌。

幼答2：我觉得小鸟一边在天空中飞翔，一边在唱歌。

幼答3：我觉得小鸟在整理羽毛。

教师：你能用动作表现出来吗?（鼓励幼儿大胆想象和用动作表现。）

小结：这段音乐很欢快，好像小鸟们在天空中自由飞翔。

(2) 欣赏第二段（大象）音乐。

引导语：现在让我们听听第二段音乐，请小朋友闭上眼睛仔细听，听听看这段音乐和刚才那段表现小鸟的音乐有什么不一样。

问题1：这段音乐和刚才那段表现小鸟的音乐有什么不一样?

幼答：这段音乐速度比较慢。

问题2：猜一猜大象在做什么。

幼答1：我猜大象在走路。

幼答2：我猜大象在河边洗澡。

教师：你能用动作表现大象吗?（鼓励幼儿大胆想象和用动作表现。）

小结：这段音乐比较低沉、缓慢，好像大象笨重地走到河边散步、喝水。

(3) 欣赏第三段音乐。

问题1：第三段音乐听起来怎么样?

幼答：这一段听起来很欢快。

问题2：猜一猜小鸟和大象在干什么。

幼答1：我猜小鸟和大象在做游戏。

幼答2：我觉得小鸟和大象它们在跳舞。

(4) 小结：第三段音乐很欢快、活泼，好像小鸟和大象一起开心地游戏。

3. 再次完整欣赏音乐，鼓励幼儿尝试用大象、小鸟的动作表现不同的音乐风格。

三、游戏体验，表现音乐。

1. 简要介绍游戏玩法。

引导语：今天，老师准备了一个好玩的游戏，请一部分小朋友当小鸟，一部分小朋友当大象。

介绍游戏玩法：小鸟出场时，大象请坐在位子上不动；大象出场时，小鸟请继续在树林里飞，表演的动作要大胆并有节奏。

2. 幼儿自选喜欢的角色头饰在音乐伴奏下游戏，鼓励幼儿用大象、小鸟的动作表现不同的音乐风格。

3. 互换角色，再次游戏。

四、结束活动。

引导语：小朋友们回家后可以跟爸爸妈妈一起来玩这个“小鸟和大象”的游戏。

活动评析

本次活动以游戏贯穿始终，有效激发幼儿的学习兴趣。在欣赏乐曲的过程中，教师采用了“整—分—整”的方法，让幼儿感知三段式乐曲的结构，在每次分段欣赏完后，鼓励幼儿大胆想象，用动作表现出来，激发幼儿的创造性思维。整个活动中幼儿的学习兴趣都很浓厚，都能够积极参与活动。

小老鼠打电话（中班）

设计者：蔡秀娟（厦门市同安实验幼儿园）
评析者：郑美兰（厦门市同安实验幼儿园）

活动目标

✽能借助图谱理解歌词、记忆歌词。

✽初步学会唱歌，并能有节奏地说唱打电话的对话。

✽感知歌曲诙谐的风格，体验分角色歌唱的愉快。

活动准备

∴物质准备：小老鼠打电话的图片、歌曲图谱、猫的头饰、歌曲音乐。

活动过程

一、猜谜导入，引出小老鼠，激发幼儿学习兴趣。

1. 猜谜：今天，老师给大家猜一个谜语——两撇小胡子，尖嘴小牙齿。

贼头又贼脑，喜欢偷油吃。是谁呀？

2. 继续猜想：今天，小老鼠一个人在家，真没意思，小朋友们猜一猜小老鼠会做什么呢。

3. 出示小老鼠打电话的图片，引出歌曲。

引导语：瞧，小老鼠想打电话，他是怎么打电话的？老师唱一首歌来告诉你们吧。

二、范唱歌曲，引导幼儿仔细倾听，欣赏歌曲。

1. 范唱歌曲。

2. 提问，引导幼儿说说对歌曲的印象。

问题：这首歌好听吗？你记得歌曲里唱了什么？

幼答1：打电话。

幼答2：小老鼠打电话。

幼答3：找朋友过家家。

幼答4：电话打错了。

3. 引导幼儿再次欣赏歌曲。

引导语：小老鼠会给谁打电话呀？我们再听一遍好吗？

三、出示图谱，引导幼儿借助图谱理解、记忆歌词。

1. 出示图谱，并结合图谱再次范唱歌曲。

引导语：这首歌真好听，接下来，老师看这图谱再唱一遍。请小朋友边听边看图，听一听、看一看老师唱的和图谱画的一样吗。

2. 结合图谱，引导幼儿学习歌词：小老鼠打电话，找个朋友过家家。

提问：小老鼠打电话，怎么打？（引导幼儿看图谱“间奏部分”，模仿按电话按键的动作打节拍。）

幼答：嘟嘟嘟，按着数字一个一个打。

提问：给他的好朋友打电话干什么呢？

幼答：一起玩过家家。

3. 结合图谱中第三行，引导幼儿学习歌词：电话本儿手中拿，5432678。

提问：小老鼠手中拿的是什么？他拨打的号码是多少呢？

幼答：电话本，5432678。

4. 出示图谱第五、第六行，学习打电话的对白：喂，喂，你好呀，请你快到我的家。

提问：嘟——电话通了，小老鼠说什么呢？

幼答：喂，喂，你好呀，请你快到我的家。

提问：接电话的朋友又会怎么回答呢？一起来听听。

幼答：好，好，知道啦，马上就到你的家。

5. 引导幼儿模仿打电话游戏。

教师扮小老鼠：喂，喂，你好呀，请你快到我的家。

幼答：好，好，知道啦，马上就到你的家。

小结：小老鼠打电话真有礼貌，我们平时打电话也应该这样先说“喂，你好”。今天小朋友扮演有礼貌的小老鼠，送给自己掌声吧！

四、引导幼儿学习歌曲第二段，揭示幽默的结局。

1. 情境表演。

教师：小老鼠在家等了一会儿，朋友终于来了。（听开门“吱——”“喵——”“嘭！”的声音。）

2. 提问：会是谁呢？还听到了什么声音？

幼答：是猫，听到了“吱——”“嘭！”。

教师：“吱——”“嘭！”是什么声音？它们有什么不一样呢？

幼答1：“吱——”是轻轻地开门。

幼答2：“嘭！”是重重地关门。

3. 集体模仿开门、猫叫、关门的场景，表演出老鼠失望、害怕的样子。

教师：请和老师一起用动作和声音来模仿老鼠给猫开门的场景吧。

4. 播放音乐，结合图谱学习歌词：朋友怎么会是他？原来号码打错了。

教师：小朋友听一听，小老鼠的好朋友怎么会是猫呢？

师幼一起说：朋友怎么会是他？原来号码打错了。

教师：刚才小老鼠打电话时打给谁了？

幼答：猫。

教师：猫在电话里是怎么说的？

幼答：好，好，知道啦，马上就到你的家。

教师：老师当猫，请小朋友当老鼠，我们再说一遍对话吧！

（教师戴上猫头饰，幼儿模仿老鼠与猫的对话。）

幼儿扮小老鼠：喂，喂，你好呀，请你快到我的家。

教师扮演猫：好，好，知道啦，马上就到你的家。

教师：请小朋友们看图谱完整念一遍歌词。

小结：哎呀，原来是号码打错了，真是一只粗心的小老鼠。我们在生活中做任何事情都要认真、细心，不能粗心大意。

五、引导幼儿学习演唱歌曲。

1. 播放歌曲，幼儿完整欣赏歌曲。

2. 师幼一起演唱歌曲，并引导幼儿看懂图谱中间奏和前奏的表示符号，鼓励幼儿用各种动作来表演间奏和前奏部分。

教师：小朋友看，这些黑点像什么？（电话上的按键。）请你们注意，它表示歌曲的前奏和间奏部分，也就是没有歌词的地方，我们就用这些小黑点来代替，可以点点头、拍拍手。一起来唱一遍！

3. 再次表演和演唱歌曲，引导幼儿倾听并富有表情地演唱，表现出小老鼠开心和害怕的模样。

教师：我们一起看图谱演唱歌曲吧，请你们唱歌时努力表现出小老鼠开心和害怕的样子。

小结：小朋友唱得真棒，掌声送给自己。老师把图谱和头饰放到音乐区，小朋友可以在音乐区表演唱这首好听的歌。

活动资料

小老鼠打电话（歌曲）

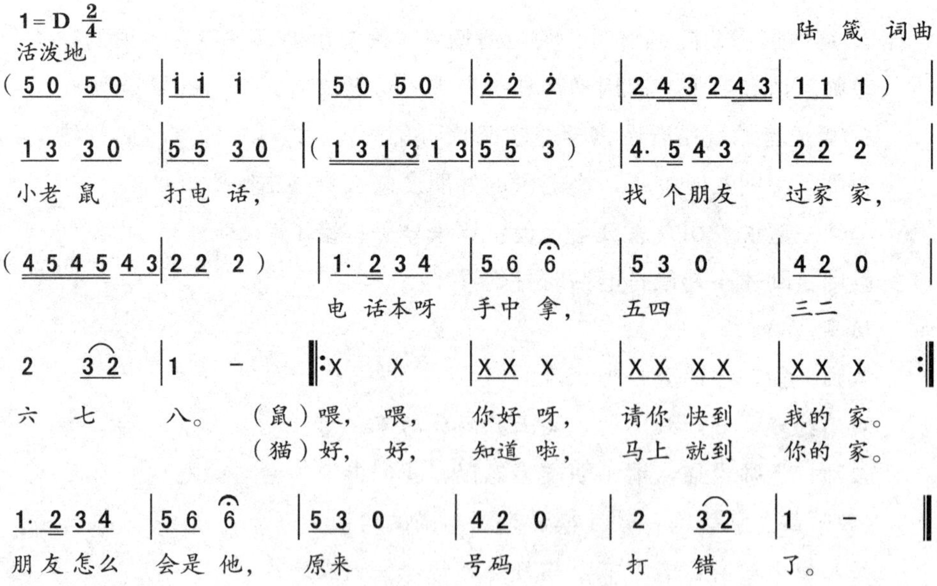

小老鼠打电话（图谱）

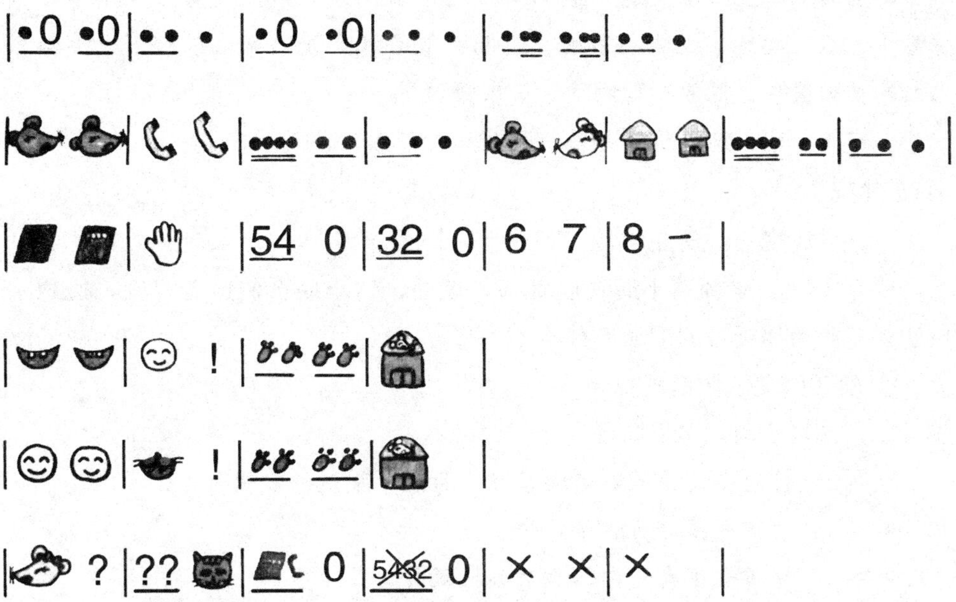

活动评析

本次活动以游戏的形式贯穿始终，通过图谱学习、情境表演、师幼互动等生动有趣的形式，让幼儿在轻松愉快中感受歌曲旋律，体验音乐游戏的乐趣。整个片段教学设计环节清晰、完整，师幼互动展现具体，教学重点突出。

天 黑 黑（中班）

设计者：林星群（厦门市东浦幼儿园）
评析者：饶红梅（厦门市东浦幼儿园）

活动目标

✲欣赏歌曲《天黑黑》，初步感受闽南语童谣的特点。

✲初步感受闽南童谣诙谐有趣、节奏欢快、旋律朗朗上口的风格。

✲理解闽南童谣《天黑黑》所表达的内容，体验表演的乐趣。

活动准备

❖物质准备：演示图谱；歌词卡片（按歌词逐句画：天黑黑下雨、爷爷拿锄头、爷爷锄地、泥鳅、爷爷、奶奶、爷爷和奶奶吵架、锅破了、笑脸）；歌曲的动画视频，播放器；胡须、头巾等道具。

❖资源利用：请大班幼儿排练表演《天黑黑》。

活动过程

一、播放视频，幼儿欣赏。

1. 引导语：老师请小朋友欣赏一首歌曲，请小朋友们边看视频，边想一想这首歌曲和你听过的歌曲有什么不一样。

2. 幼儿欣赏歌曲动画视频。

二、提问互动，学说歌词。

问题1：你觉得这首歌好听吗？和你听过、唱过的歌曲有什么不同？

幼答1：这首歌很好听、很欢快。

幼答2：这首歌很有趣，但我听不懂说什么。

问题2：你知道它是用什么语言唱的吗？是用普通话唱的吗？

幼答1：这首歌不是用普通话唱的。

幼答2：我知道这首歌是用闽南语唱的。

小结：对了，这首歌是用闽南语唱的。厦门、漳州、泉州是闽南地区，人们会用闽南语来说话，也特别喜欢唱闽南歌曲。这首歌曲在闽南地区非常流行，已经有一百多年的历史，是一首非常受大家欢迎的闽南童谣。

问题3：有哪个小朋友会说闽南语？“爷爷”“奶奶”用闽南话说应该怎么说呢？

幼答1：我会说，“爷爷”叫“阿公”，“奶奶”叫“阿嬷”。

幼答2：我的爷爷奶奶会说闽南语，爸爸也会说闽南语，妈妈不会。我会说一点点闽南语。

小结：闽南语讲话特别有趣，也很好听，如“爷爷”叫“阿公”，“奶奶”叫“阿嬷”，“你好”叫“里后”，“吃饭”叫“驾崩”，“吃稀饭”叫“架梅”，“下雨”叫“罗后”。好玩吧？我们一起学一学。（教师带幼儿学习用闽南语朗读歌曲中的重点词句。）

三、观看视频，感受理解。

1. 欣赏歌曲动画视频。

引导语：这首歌曲里面就有“阿公”和“阿嬷”。我们再来欣赏一遍，听听歌曲讲了什么故事。

2. 问题：歌曲讲了什么故事？你看懂了吗？

幼答 1：下雨了，爷爷去地里干活。

幼答 2：爷爷奶奶在吵架，把锅打破了。

3. 小结：歌曲讲的是天黑黑的，乌云密布，爷爷去地里锄地，居然抓到一条鱼，他把鱼带回家煮，结果爷爷奶奶为了煮鱼而吵架，把锅打破了。有趣吧？这首歌曲就叫做《天黑黑》——天乌乌（闽南语），小朋友跟我说一遍吧——天乌乌（闽南语）。

四、借助图卡，学习歌曲。

1. 再次欣赏歌曲。

引导语：真有趣的一首闽南童谣，再仔细听一遍。

2. 提问：你从歌曲中听到了什么？

幼答 1：我听到下雨了。（天黑黑，要下雨。）

幼答 2：我听到锄呀锄呀。（爷爷拿锄头去锄芋头，锄呀锄呀，锄到一条小泥鳅。）

幼答 3：我听到爷爷奶奶打破锅。（爷爷说要煮咸的，奶奶说要煮淡的，两个人打架，打破了锅。）

教师根据幼儿回答贴出相应的歌词卡片，分别用闽南语和普通话说一遍。

3. 教师演唱，幼儿欣赏。

引导语：老师很喜欢唱这首闽南童谣，现在我来唱一遍，小朋友可要认真听哦！（教师结合图谱用闽南语演唱歌曲。）

4. 教师：你喜欢哪一句？想学哪一句？可以指着图谱，老师教你。

幼答 1：我想学“下雨了”这一句。

（“天黑黑，要下雨”，你唱得很好听，大家也来唱一唱吧。“天黑黑，要下雨”。）

幼答 2：我想学最后“打破锅”这一句。

（“两人打架打破锅，打破锅，哎呀真有趣”，你学得真快，大家试一试，“两人打架打破锅，打破锅，哎呀真有趣”。）

幼答 3：我想学“爷爷煮鱼”这一句。

（“爷爷要煮咸的，奶奶要煮淡的”，唱得真不错！你带领小朋友唱一唱，

"爷爷要煮咸的，奶奶要煮淡的"。）

小结：学唱闽南童谣很有趣，老师把它放在音乐区，小朋友可以学一学、唱一唱。

五、角色扮演，体验乐趣。

引导语：瞧，爷爷奶奶来了，我们一起欣赏他们的表演吧。（幼儿欣赏大班幼儿表演《天黑黑》。）

教师：大班的哥哥姐姐表演得好吗？

幼答：好！很有趣！

教师：你们想不想也扮演"阿公""阿嬷"表演《天黑黑》？

幼答：想。

教师：请小朋友戴上胡须、包上头巾扮演爷爷奶奶，跟着大班的哥哥姐姐一起表演吧。（幼儿扮演爷爷奶奶和大班幼儿一起随音乐表演。）

活动评析

教师根据幼儿的学习特点，选择了趣味性及韵律感强的本土音乐，巧妙借助图谱、动画视频，引发幼儿的好奇心和模仿的兴趣，通过听、说、演等方式，激发幼儿参与，使他们感受到闽南童谣的诙谐和表演的乐趣。活动形式生动有趣，师幼互动积极有效，活动效果良好。

快乐舞会（大班）

设计者：姚海颖（厦门市东浦幼儿园）
评析者：饶红梅（厦门市东浦幼儿园）

活动目标

✻认真倾听音乐并找出音乐中的"｜× 0｜$\underline{××}$ $\underline{×0}$｜"的节奏，在理解音乐的节奏和结构基础上学习集体舞。

✻在与同伴合作的过程中，体验成功与合作的快乐。

活动准备

∵物质准备：手腕花；音乐《快乐舞会》，播放器。

活动过程

一、创设情境，激趣引入。

引导语：你们知道吗，皇宫举行盛大的快乐舞会，今天要邀请小朋友去参加，会邀请怎样的小朋友去呢？

二、问题引导，学习节奏。

1. 问题1：在舞会上要如何打招呼呢？

幼答1：要用好听的声音有礼貌地与人打招呼。

幼答2：可以用带花环的手与人握手打招呼，还可以问："你好吗?"

2. 问题2：我们一起来玩问答的游戏。如果我问："漂亮的孩子在哪里?"请你用"｜嘿　0｜在这　里0｜"跟我热情地打招呼，你学会了吗？我一起来试试。

教师：聪明的孩子在哪里？

幼答：｜嘿　0｜在这　里0｜

教师：漂亮的孩子在哪里？

幼答：｜嘿　0｜在这　里0｜

教师：勇敢的孩子在哪里？

幼答：｜嘿　0｜在这　里0｜

教师：大方的孩子在哪里？

幼答：｜嘿　0｜在这　里0｜

三、熟悉乐曲，掌握节奏。

1. 倾听音乐，找找音乐中"｜×　0｜××　×0｜"的节奏。

教师：这里有段好听的音乐，里面藏着"｜嘿　0｜在这　里0｜"，请聪明的孩子找一找。当你相当确定的时候，请大声地说出来。

教师跟着音乐的节奏，做简单的动作予以提示（①伸出双手，举起、放下；②跺一下脚，拍三下手；③伸出右手握两下，伸出左手握两下）。

2. 再次倾听音乐，学习基本动作。

引导语："｜嘿　0｜在这　里0｜"在什么动作的后面？我们一起来看看是不是这样的。这次还要请小朋友观察一下老师伸出的手找了身体的什么地方做朋友。

教师跟着音乐的节奏，做简单的动作予以提示（①伸出双手，举起、放下；②跺一下脚，拍三下手；③伸出右手往里绕叉腰，伸出左手往里绕叉腰）。

3. 用肢体动作，表现对音乐的理解。

教师：手向前伸出后找了身体的什么地方当朋友？先伸出有花环的手，还是没有花环的手呢？我们一起来看看是不是这样的。

四、引导观察，感知双人转圈。

1. 引导幼儿整体观察。

提问：刚才我们跟着曲子跳了一个舞蹈，其实这个舞蹈不是一个人跳的，是要两个人一起合作着跳，你们仔细看我和这个老师是怎么合作的，什么地方最有意思。

执教教师和另一教师配合完整展示舞蹈动作和双人舞蹈的配合。

语言辅助：快乐地搭起那爱的小屋，我的朋友在哪？（双手抬起，两个人搭起小屋形状，放下往后退。）嘿，在这里！（跺一下脚，拍三下手。）伸出花环手绕圈走，换另一只手绕圈走。（两个人伸出戴花环的右手勾手，正反面肩并肩站好，以肩为圆心前进绕圈走，两人同时换只手前进绕圈走。）

提问：我们跳的舞蹈，什么地方你觉得最美、最有意思？

2. 引导幼儿重点观察挽手转圈的动作。

提问：

（1）我们是怎样转圈跳舞的？转圈的时候我们是自己转自己的吗？怎样挽手？两个人都先伸出哪只手和对方挽在一起？

（2）在转圈的时候我们是面对同一个方向还是相反的方向？

（3）当我们肩并肩时，两个人都朝什么方向走？

3. 幼儿分组练习，调整动作与方位。

指导要点：

（1）自由尝试，遇到困难时尝试自己调整。

（2）在观察别人正确的动作中学会调整。

（3）在帮助纠正同伴错误的动作中强化调整。

五、完整舞蹈，体验快乐。

教师：可以让儿歌帮助我们记忆动作，但是勾手转圈时，要注意和舞伴的眼神交流，并且尽量使两个人的动作、步伐一致。

六、谈话小结。

教师：今天我们学习集体舞《快乐舞会》，开心吗？下次还可以邀请爸爸妈妈、老师和我们一起表演。

活动评析

该活动选曲欢快、节奏鲜明，教师能巧妙地借助韵律儿歌，帮助幼儿记忆动作，同时借助手腕花的提示降低幼儿学习的困难，鼓励幼儿与同伴合作探索，共同解决动作的重难点，再引导幼儿运用肢体动作、表情与眼神交流等表现手段，体验参与集体舞的快乐。

可爱的小鸡（小班）

设计者：唐静治（厦门市海城幼儿园）
评析者：刘少捷（厦门市海城幼儿园）

活动目标

✲能用圆形、椭圆形组合表现出小鸡的形象特征。

✲学会用绘画、粘贴、套印的方法制作小鸡。

✲懂得欣赏同伴的作品，体验美工活动的乐趣。

活动准备

∵物质准备：（1）展示材料：绘画小鸡的范例、套印模型小鸡的范例、粘贴小鸡的范例、小鸡叫声的音频文件、课件等。（2）分组操作材料：①绘画组：记号笔、油画棒、纸张。②套印组：小鸡模型板、油画棒。③粘贴组：大小不同的圆形图片、胶棒、油画棒。

活动过程

一、播放小鸡叫声的音频文件，激发幼儿认识小鸡的兴趣。

1. 播放小鸡的叫声，引导幼儿参与活动的兴趣。

教师：听，这是什么声音呀？

幼答：是小鸡的声音。

教师：今天一群可爱的小鸡宝宝来我们小一班做客了，我们一起欢迎它。

2. 观察课件“小鸡”，感知小鸡的外形特征。

教师：小鸡的头是什么形状的？小鸡的身体是什么形状的？

幼答：小鸡的头是圆形的。

教师：头上有什么？

幼答：小鸡的头上有眼睛。

教师：小鸡的嘴巴、眼睛是什么样子的？

幼答1：小鸡的眼睛是圆形的。

幼答2：小鸡的身体也是圆形的，身体比头大。

幼答3：小鸡的嘴巴是尖尖的。

教师：小鸡最爱吃什么？

幼答1：小鸡最爱吃小虫和小米。

幼答2：小鸡还喜欢吃菜叶。

3. 总结小鸡的外形特征，念儿歌《小小鸡》。

小结：小朋友回答得很好，有一首好听的儿歌是这样说的，你们听：小小鸡，叽叽叽，尖嘴巴，圆身体，身上穿着绒毛衣，爱吃小虫爱吃米。我们一起朗读一遍，看谁最快记住儿歌的内容。

二、引导幼儿学习绘画、套印、粘贴小鸡的方法。

教师：刚才小朋友都认识了可爱的小鸡，今天，老师要教小朋友用绘画、套印、粘贴的方法来制作小鸡。

1. 幼儿学习绘画、套印、粘贴小鸡的方法。

绘画小鸡：先画小圆当小鸡的头，再画大点的圆当小鸡的身体，然后再添画出三角形的嘴巴，最后用小小圆画出小鸡的眼睛，用直线画出小鸡的脚。

套印小鸡：先将模型压在纸张上，然后用笔沿着边缘描画下来，描画出小鸡，最后进行添画及涂色活动。

粘贴小鸡：先用大圆和小圆进行定点粘贴，再添画上小鸡的眼睛，接着添上小鸡喜欢吃的小虫、小米等背景，最后涂上颜色。

2. 提出操作要求。

教师：刚才小朋友学会了绘画、套印、粘贴小鸡的方法，老师还有几点要求——自己动手制作和绘画出漂亮的作品；使用材料要小心；保持小手和画面的干净。

三、幼儿动手创作，教师个别指导。

教师：小朋友都听清楚绘画、套印、粘贴小鸡的要求，现在请小朋友去挑选自己喜欢的方法制作小鸡吧。

1. 鼓励幼儿根据自己刚才的观察绘画、套印或粘贴出不同颜色和不同形态的小鸡。

2. 鼓励幼儿为小鸡添画小草、小米和小虫，以丰富画面。

3. 指导幼儿合理布局画面，注意画面整洁干净。

四、作品展示与评价。

1. 教师：你是用什么方法来创作的？创作了几只小鸡？你的小鸡在干什么？

幼答1：我画了三只小鸡，一只在吃虫，两只小鸡在看着天空。

幼答2：我套印了两只小鸡，它们在玩游戏。

幼答3：我粘贴了三只小鸡，还添画了小虫和小草。

幼答4：我画了两只小鸡，一只是鸡妈妈，一只是鸡宝宝，鸡妈妈带着鸡宝宝到花园里玩。

2. 幼儿讨论。

讨论：哪个小朋友的作品最棒，为什么？

幼答1：我觉得×××画得最棒，因为它的小鸡的颜色涂得很均匀。

幼答2：我觉得×××印得最漂亮，因为它的小鸡的身体印得很圆，还添画了小虫、小米。

小结：小朋友表现得都很棒，都用自己喜欢的方法做出了漂亮的小鸡，老师将这些材料放在美工区，想尝试另一种方法的小朋友在区域活动时可以试一试。

活动评析

本活动通过播放录音、观看课件、儿歌学习、动手制作等多种形式，层层深入，引导幼儿多种感官参与，让幼儿在轻松、有趣的创作过程中，充分体味到寓画于乐。活动形式新颖、有趣，符合小班幼儿的认知特点。

多彩的世界（中班）

设计者：谢颖蘋（厦门市海沧区新阳幼儿园）
评析者：张琼珊（厦门市思明区教师进修学校）

活动目标

✽能将2～3种颜色进行调配，感受色彩的美。

✽尝试用多种工具进行创意画。

✽体验与同伴合作创作的乐趣。

活动准备

∵物质准备：颜料3～5种，纸杯、矿泉水瓶、调色盘等调色容器，图画纸，托盘或簸箕，滴管或针筒，水枪，滚珠。

活动过程

一、回忆与分享。

问题1：我们上次玩了一个好玩的“颜色变变变”的游戏，谁来说一说，你用哪两种颜色变出了新颜色，新颜色是什么？

幼答1：我把红颜色与蓝颜色混合变成了紫色。

幼答2：黄颜色与蓝颜色混合变成了绿色。

小结：颜色真神奇，两种颜色混在一起会变出新的颜色。

问题2：把三种颜色混在一起，变成什么颜色？

幼答1：我把红黄蓝三种颜色混在一起变出了黑色。

幼答2：红黄蓝三种颜色混在一起变出的是棕色。

幼答3：红黄白三种颜色混在一起还变出了很浅的橙色呢。

小结：用相同颜色混合可能变出不同的颜色，三种或更多种颜色混合也会有神奇的变化。

二、讨论与交流。

问题：你想借助什么容器调色？用什么工具创作？

幼答1：我想用纸杯调颜色，然后用滴管吸颜料滴在纸张上画画。

幼答2：我要用矿泉水瓶调颜色，然后把调好的颜色装在水枪里，用水枪喷画。

幼答3：我想用调色盘调好几种颜色后，用滚珠沾不同的颜色在纸张上滚来滚去。

小结：小朋友可以借助不同的容器调配自己喜欢的颜色，然后自由选择不同的工具进行创作。

三、创作与表现。

1. 提出创作要求：可选用两种或多种颜色混色；自由选择材料创作；可以自己完成一幅作品，也可以和同伴合作完成一幅作品；保持自身及画面整洁。

2. 幼儿分组创作，教师巡回指导。

第一组：颜料 3～5 种、调色盘、图画纸、托盘或簸箕、滚珠。

引导语：创作时把沾了其中一种颜料的滚珠放在托盘或簸箕里的纸张上，可以通过双手转动托盘或簸箕，或多人合作晃动，让滚珠滚动起来，再换一个滚珠沾别的颜色，每种颜色用一个滚珠。

第二组：颜料 3～5 种、纸杯、图画纸、滴管或针筒。

引导语：将滴管或者塑料针筒吸入颜料滴在图画纸上，图画纸上颜料太多时可以转动纸张，让颜料流动，形成滴流效果。每根滴管或者针筒只用一种颜色。

第三组：颜料 3～5 种、矿泉水瓶、图画纸、水枪。

引导语：将水枪吸入颜料喷在图画纸上，图画纸上颜料太多时可以转动纸张，让颜料流动，形成滴流效果。

四、展示与欣赏。

引导语：我们把作品布置成“多彩的世界”展厅，请小朋友们围站在周围，欣赏和同伴一起创作的彩色世界吧！

问题 1：你的作品是怎么创作出来的？你有什么发现？

幼答 1：我用纸杯调了四种颜色，然后用滴管吸颜料滴在纸张上，我把纸张转来转去，颜料就到处流，变成了更多的颜色，像下雨了一样，非常美丽。

幼答 2：我和×××一起用滚珠创作，我们把纸张放在簸箕里，用滚珠沾上绿色放在纸张上，每人抓住簸箕的一边，一起晃动，然后我们再用另外一个滚珠沾好红色进行滚动，很像五颜六色的蜘蛛网。

幼答 3：我是和很多小朋友一起用水枪喷画的，每个小朋友的水枪里的颜料颜色是不一样的，他喷黄色的，我喷绿色的，然后颜色就变了，所以我们喷出来的画很多颜色，像烟花，很漂亮。

小结：看来不同的颜色混在一起都会发生奇妙的变化，变出多彩的颜色。

问题 2：你喜欢哪幅作品，为什么？

幼答 1：我喜欢×××的画上的颜色，粉色和紫色的很漂亮，而且这幅画有点像一只蚂蚁在搬家呢。

幼答 2：我喜欢自己和×××一起用滚珠滚色的，我们是在放烟花呢！

小结：今天我们班的小朋友都成了艺术大师，每个小朋友都选择自己喜欢的颜色用不同的工具创作了美丽的画。

活动评析

配色带来的多彩颜色带给幼儿美的享受。整个活动以游戏贯穿，幼儿在轻松、愉快、自由的氛围中探索发现色彩的多种变化，用多种工具进行创作。活动环节清晰，问题设计富有启发性。教师小结精炼准确，有利于帮助幼儿总结提升核心概念。

设计美丽的花边（中班）

设计者：翁楚芳（厦门市仙阁幼儿园）
评析者：王　青（厦门市仙阁幼儿园）

活动目标

✲能在长条纸或实物上用点、线、简单图形等，运用多种排序的方法有规律地进行装饰。

✲体验动手创作的乐趣，学会欣赏同伴的作品。

活动准备

∵物质准备：设计花边课件；师幼共同收集的各种有花边图案的物品；各种长条形的白纸、一次性纸盘、彩色笔、印章。

∵环境创设：创设“美丽的花边”展区，展示收集的各种物品。

活动过程

一、创设情境，激趣引入。

引导语：请小朋友到“美丽的花边”展区看一看生活中哪些物品是有花边装饰的，这些花边由什么图案组成。

二、问题引导，讨论交流。

1. 问题1：你看到哪些物品是有花边装饰的？

幼答1：我看到毛巾上有花边装饰。

幼答2：我看到礼盒上面有花边装饰。

幼答3：我看到衣服上面有花边装饰。

小结：生活中很多物品都有花边装饰，比如毛巾、礼盒、帽子、衣服等。

2. 问题 2：这些花边由什么图案组成？

幼答 1：我看到的花边是由很多漂亮的圆点组成的。

幼答 2：我看到的花边是由波浪线和圆点组成的。

幼答 3：我看到的花边是由漂亮的心形图案组成的。

小结：圆点、各种线条、小图形组合在一起就能变成各种漂亮的花边图案。

3. 问题 3：你最喜欢哪种花边？它美在哪？

幼答 1：我喜欢心形花边，它是按照一个大、一个小的顺序排列的。

幼答 2：我喜欢圆点的花边，它是按照一个蓝圆点、一个黄圆点的顺序排列的。

幼答 3：我喜欢有图形的花边，它是按照一个三角形、一个圆形的顺序排列的。

小结：看来花边图案不仅要颜色美、图案美，还要有一定的规律。

总体小结：生活中很多物品为了更加漂亮，设计师都会给它们设计上漂亮的花边，并根据一定的规律来排列，比如有规律的大小、颜色以及图形组合等，让这些物品更加美观，更吸引大家。今天我们也来当小小设计师，一起来设计各种各样美丽的花边。

三、操作课件，讲解示范。

1. 演示花边设计课件。

(1) 操作课件，讲解纸张折叠方法：设计前我们要先将长条的纸张折叠成相等大小的几部分。

(2) 操作课件，讲解设计要点：我们可以用点、线、简单图形等设计花边，记住要有规律地排列，这样设计出来的花纹才会更美。

2. 幼儿分组设计、创作。

(1) 介绍材料，提出要求。

第一、二组材料是许多小印章，还有一次性纸盘。幼儿可以选择自己喜欢的印章图案在一次性纸盘上设计花边。

第三、四组材料是长条形白纸和彩色笔。幼儿先将长条形纸折叠成相等大小的几个部分后，在纸上用彩色笔设计漂亮的花边。

(2) 观察指导，师幼互动。

引导语：

第一、二组：印章图案可以选一样的，但是颜色可以有区别，印章图案可以选不一样的，但是要按规律设计。

第三、四组：设计图案可以按颜色规律设计，可以用点点设计，也可以用波浪线、锯齿线设计，记住设计时要有规律。

四、集体交流，展示分享。

1. 展示幼儿设计作品。

教师：设计完花边的小朋友可以把它放在“美丽的花边”展区，和小伙伴说说自己设计的花边，同时也去欣赏一下别人设计的花边，看看谁设计的花边你最喜爱。

2. 交流分享。

问题：你设计的花边可以用到哪些生活用品上？

幼答1：我的这个花边可以用在我的水杯上。

幼答2：我设计的花边可以用在我妈妈的手机上。

幼答3：我的花边可以用在花盆上。

小结：看来生活中到处可以用上漂亮的花边，这些花边能把我们的生活装扮得更加绚丽多彩。

教师：请小朋友把自己设计的花边带回家，装饰在纸盘、水杯等生活物品上，装饰完再带回幼儿园，我们来开一个“花边展示会”，请大家一起来看看谁的花边用得最好。

活动评析

本活动通过“参观—欣赏讨论—课件演示”等手段，引导幼儿发现二方连续图案的特点与规律。教师善于将艺术创作与日常生活相联系，从而提高幼儿的创作欲望和创作能力，使每个幼儿都能获得成功的体验。整个活动过程完整，层层递进，重点突出，效果良好。

小树林变了（中班）

设计者：上官敏（厦门市海沧区新阳幼儿园）
评析者：谢颖蘋（厦门市海沧区新阳幼儿园）

活动目标

✲能运用多种材料进行创作，表现不同时间段树林的景色。

✽能仔细观察生活中的景色，感受不同时间段树林的美。

✽大胆尝试，大胆表现，体验交流、合作的快乐。

活动准备

∴经验准备：(1) 活动前带幼儿观察、欣赏幼儿园小树林的景色。(2) 请家长利用假期带幼儿到植物园、公园等树林，欣赏树林在白天、傍晚、夜晚三个时间段的不同景色。

∴物质准备：(1) 演示课件（白天、傍晚、夜晚三个时间段树林景色变化的图片课件）。(2) 分组操作材料：①一组（线条装饰画）：图画纸、水彩笔、勾线笔等；②二组（粘贴画）：图画纸、胶水、鲜树叶和枯树叶；③三组（水粉画）：图画纸、水粉笔、水粉颜料、油画棒。

活动过程

一、观看课件，欣赏树林美景。

问题1：你们还记得我们幼儿园的小树林吗？请小朋友仔细看看老师带来的这几幅小树林图有什么不同。

幼答1：第1幅图有太阳，树林是绿色的。

幼答2：第2幅图的树林是黄色的。

幼答3：第3幅图的树林是黑色的。

问题2：小朋友们都发现了这几幅图同样都是小树林，但颜色不同。小树林的颜色为什么会不一样呢？

幼答1：太阳公公把树叶照得很亮很亮，所以小树林是绿色的。

幼答2：第2幅图的太阳快落山了，阳光变成金黄色的，照在树林，树林就变成黄色的。

幼答3：第3幅图是晚上，没有路灯，树林就变成黑色了。

小结：你们说得真好。颜色变化是因为不同的时间里太阳光线变化而造成的。在一天之中不同的时间段，我们的小树林也呈现出了不同的美丽景色。白天太阳光很强，照在树林时，树林就呈现充满生机的绿色；傍晚的太阳很柔和，照得树林呈现温暖的金黄色；夜晚的小树林则在皎洁的月光下呈现出一片黑色。

二、启发思维，交流创作方式。

问题：你喜欢哪个时段的小树林？你会使用哪些材料来创作？你想用什

么色彩来表现？

幼答1：我喜欢傍晚的树林，它像穿了金色的衣服。我想用黄色的油画棒来画。

幼答2：我最想画出白天的小树林，它的颜色绿绿的。我也想用油画棒来画。

幼答3：我觉白天的小树林就是绿绿的树木，还有太阳！我想用树叶来粘贴装饰。

幼答4：在美工区的时候我喜欢用水粉颜料来涂颜色，我觉得用水粉画傍晚的树林一定很漂亮。

幼答5：我喜欢夜晚的小树林，我想用勾线笔线描的方法来画夜晚的黑色。

小结：刚才的几个小朋友很有创意地选择了树叶粘贴画、水粉颜料画、线条装饰画等不同的方式来表现小树林。我们还知道用不同的色彩来表现三个时间段树林的颜色，比如白天用翠绿、浅绿、深绿等来表现，傍晚用土黄色和金黄色、橙色、红色等暖色来表现，晚上用灰色、深蓝和黑色等来表现。用油画棒绘画时还可以把几种颜色放在一起进行简单混色，变出更多的效果来。

三、幼儿创作，教师观察指导。

1. 介绍材料，提出要求。

引导语：老师给小朋友准备了勾线笔、油画棒、颜料等材料，还有小朋友捡来的小树叶等。你们可以自由选择需要的材料，大胆想象，尝试画出不同时间段的美丽的小树林。小朋友们可以自己创作，也可以和自己的好朋友合作创作。

2. 幼儿大胆创作，教师巡回指导。

引导语1：你想画什么时候的树林？用什么材料创作？哦！你想用水彩画创作黄昏时的小树林。

引导语2：线描装饰画要注意什么？哦！对了，要注意画面的构图以及装饰线条的多样性，着色时注意色彩搭配的协调。

四、交流分享，描述树林的美景。

引导语：请小朋友把作品布置成一片“美丽的树林”，我们一起来欣赏吧！

问题：你最喜欢哪一幅作品？为什么？

幼答1：我最喜欢××的作品，他画的小树林颜色很翠绿，好漂亮哦！

幼答2：我最喜欢我自己的作品，我画的是夜晚的树，有一只猫头鹰站在树枝上，但是因为很黑，所以别人都很难发现它。

幼答3：我最喜欢××画的傍晚的树林，他用不同颜色的树叶拼贴成不同的树，很漂亮。

小结：小朋友们用许多方法创作出了这么多不同时间段、不同美景的小树林，真棒。双休日的时候，小朋友可以和爸爸妈妈再去公园、植物园里，看看白天、傍晚、夜晚三个时间段不同的美景。

活动评析

本活动设计注重幼儿欣赏感受在前、表达表现在后，通过“欣赏—交流—分享”的方式，丰富幼儿的生活经验，以幼儿为主体，启发幼儿运用多种创作形式表现不同时间的小树林美景。

神奇的海底（大班）

设计者：王　青（厦门市仙阁幼儿园）
评析者：林东阳（厦门市仙阁幼儿园）

活动目标

✲感受缤纷绚丽的海底世界，萌发对海底世界的探究兴趣。

✲积极观察和联想，大胆表现海底世界的各种奇观。

活动准备

∵物质准备：(1) 演示材料：海底世界的录像。(2) 幼儿操作材料：彩笔、糨糊、剪刀、橡皮泥、画纸若干。(3) 欢快的背景音乐。

∵环境创设：创设海底世界的场景。

活动过程

一、看录像，引发幼儿的探究兴趣。

1. 播放录像，告诉幼儿里边有些小秘密，引发幼儿的学习兴趣。

引导语：请仔细观察这里面都藏着什么秘密。

2. 问题引导，探究海底生物的外形特征。

（1）问题1：你刚才看到了什么？长得什么样？什么颜色？怎样运动？

幼答1：我看到了各种各样的鱼，样子怪怪的、色彩很鲜艳、身上有花纹……它们在水里游来游去。

（2）问题2：海底除了是鱼的世界以外，还住着谁呢？

幼答1：海草、珊瑚、乌贼、章鱼、海马、海星、海葵、海鳗、海蛇、海螺、贝壳、水母、鲨鱼、海豚……

幼答2：我看到了海母，它们有像雨伞一样的帽子，还有很多的触须，有些是透明的，有些还会发光，它们在水里漂着。

幼答3：我还看到许多的水草，有些长长的是海带，还有些是细细的海藻。

小结：海里有各种各样的动物，它们的颜色也很丰富。海里还有许多好看的植物。这些海底的生物都拥有一些共同的特点，它们外形奇特、纹样丰富、色彩鲜艳。

二、引导幼儿创作。

1. 情境引入，激发幼儿绘画热情。

引导语：大海可真神奇，它里面住着这么多奇奇怪怪的小生物，可真热闹啊！今天，海底里的小生物们决定举办一届“海底狂欢节”，听说要召开“海底狂欢节”，有一位客人一早就来啦！你们猜猜看会是谁呢。

（1）出示小人鱼：小人鱼最喜欢热闹的地方啦！她也赶来一起参加狂欢节，这不，她还带了好多好多的礼物想要送给大家呢！

（2）小人鱼：“咦！人呢？”小人鱼来到海底，却一个人也没看见啊！这可怎么办呢？谁来帮帮她啊？画一些海底动物来陪陪她吧。

2. 幼儿用自己创作的动物、植物等装饰海底世界。

引导语：谁帮助小人鱼找回她的朋友们，谁就可以得到她送的礼物。你们可以用绘画、剪贴、泥塑等各种各样的方法来创作。完成后将海底动物、植物布置在展板上，让它们陪小人鱼过一个快乐的“海底狂欢节”。

（1）提出创作要求。

①想好你要请来的海底世界的朋友是谁，你要用什么方法来创作，选择什么材料来创作。

②想好你要创作的朋友长什么样（外形、纹样、色彩）。

③除了请许多的海底朋友外，还要帮助小人鱼布置会场，想想看可以用什么来布置呢。

④你觉得神奇的海底还会有什么?

(2) 幼儿用各种方法制作：绘画、剪纸、剪贴、纸工、泥塑……

(3) 幼儿将这些作品贴到展板上。

三、互相介绍作品，参加“海底逛欢节”。

1. 介绍自己的作品。

提问：介绍一下你用什么方法为小人鱼请来了哪个朋友。

幼答 1：我用画画的方法请来了海狮。

幼答 2：我用橡皮泥为小人鱼请来了海星、海葵。

幼答 3：我剪了很多的水草和珊瑚，还有石头、山洞，为狂欢节布置了会场。

幼答 4：我还为小人鱼请来了潜水员叔叔，还有我自己，我也想参加他们的狂欢节。

2. 小人鱼颁发礼物（礼物是各种海洋生物的头饰），师幼一起参加“海底狂欢节”。

引导语：你们为小人鱼请来了这么多的朋友，还为她布置了漂亮的会场，她要送给你们礼物，还要邀请你们一起参加“海底狂欢节”。

播放音乐与幼儿模仿海底动物的动作，一起在海底的录像和音乐声中狂欢。

四、谈话小结。

小结：大海是广阔的，人类到目前为止都没有能够完全了解大海的知识，海底还有许许多多的秘密没有开发，就让我们保护好海洋，从小学好本领，长大去探索更神奇的深海世界。

活动评析

本活动在侧重美术这一艺术表现形式的基础上，融合了音乐欣赏、游戏舞蹈以及故事讲述等综合艺术形式，将大海的神奇主题烘托出来，适应大班幼儿的学习心理，符合艺术课程的综合人文理念，能够有效激发幼儿的学习兴趣，为艺术课的学习打下良好的基础。活动通过观察、游戏的方式让幼儿自主地探索动植物们的生长特点，体现了幼儿的主体性；活动方式灵活多样，有情境体验、自主学习、多种游戏等，使幼儿始终在一种愉快、舒展的状态中学习。

星　月　夜（大班）

设计者：王凌燕（厦门市海沧区新阳幼儿园）
评析者：谢颖蘋（厦门市海沧区新阳幼儿园）

活动目标

✽欣赏梵高《星月夜》的艺术表现特点，感受画面中笔触、色彩、形象所传达出来的强烈情感。

✽尝试运用不同的线条与色彩在创作中表达自己的情感。

活动准备

∵经验准备：联系幼儿的生活经验，引导幼儿欣赏不同的星空图片，感知真实星空的景象。

∵物质准备：挂图《星月夜》、油画棒、颜料、纸张、背景音乐钢琴曲《星空》、展板。

活动过程

一、分享交流，激发兴趣。

提问：你见过的夜晚的天空是什么样子的呢？给你什么感觉？

幼答1：夜晚的天空里有明亮的月亮和许多小星星，很漂亮。

幼答2：有时候夜晚的天空没有月亮，也没有星星，黑漆漆的一片。

小结：晴天时夜晚的天空是美丽的，繁星闪烁，有皎洁的月亮；阴天时夜晚的天空没有月亮和星星，有时一片乌黑，有时红通通的。

二、欣赏名画，感受情感。

引导语：今天老师带来了不一样的夜晚的星空。这幅画是梵高爷爷画的《星月夜》，我们一起来欣赏下吧。

1. 问题1：你从画中看到了什么？

幼答1：我看到了天空、月亮、星星，还有房子。

幼答2：我看到天空像水一样在流动。

幼答3：我看到了会动的风和乌云。

小结：小朋友的眼睛真亮，看到房子、星星、月亮、山、树等很多东西。

2. 问题2：画面中还有什么会动？你是怎么看出来的？

幼答1：那个螺旋转转转的像大风，风把星星和月亮吹得在动。

幼答2：我感觉整个天空都在动，一圈一圈的线条很像风，云被风吹得飘过来、飘过去，下面的房子没有动。

小结：梵高爷爷用了许多断断续续的线和螺旋线包围着星星和月亮，给人旋转、流动、震撼的感觉。让我们用小手来试一试梵高爷爷那短促而快速的用笔，感受笔触和线条的运动。（幼儿用手画一画。）

3. 问题3：画面上用得最多的是哪些颜色？这样搭配给你什么样的感觉？

幼答1：画中用了很多的黄色、蓝色、白色、黑色。蓝色和黑色让我感觉是晚上。

幼答2：蓝色天空里的星星和月亮是黄色的，这样搭配感觉月亮和星星特别亮。

小结：画家用得最多的是蓝色、黄色和黑色，用各种蓝色画出了夜空，用明亮的黄色画出了闪烁的星星和皎洁的月亮。蓝色和黄色的色彩对比强烈，给人一种激动不安的感觉，让人一下子就被吸引了。

4. 问题4：看了这幅画你的感受怎么样？

幼答1：我看到画面中的房子一动不动的，感觉夜晚很安静。

幼答2：我看到晚上的房子黑乎乎的、一片片的，大树也是黑色的，感觉冷冰冰的，有点害怕。

幼答3：我看上面的月亮和星星很明亮，天空一直在转动，感觉很欢快。

小结：小朋友们真棒，都能大胆地表达自己的感受。这幅画是梵高爷爷在生病住院时画的，他躺在床上望着窗外的星空，把自己看到的和自己心里的感受画下来。

三、自主创作，表达情感。

引导语：现在，我们也来试着画一幅美丽的夜景。

1. 提问：你现在的心情怎样？可以用什么颜色、什么线条来表达你的感受？

幼答1：我很开心，我要画彩色的天空，有黄色的月亮、绿色的星星、五颜六色的云朵，星星和月亮都很开心。

幼答2：我要画很热闹的夜景，有很多烟花，五颜六色的。

幼答3：我的心情也很好，我要画很多很多的路灯，把整个天空都照红了。

2. 鼓励幼儿大胆运用不同材料、不同颜色和线条进行表现。

(1) 提出要求：自由选择颜料或油画棒进行作画；创作的时候保持身上和作品的整洁；运用冷暖对比色表达自己的情感。

(2) 幼儿作画，教师观察指导。(播放背景音乐，让幼儿在钢琴曲的音乐中大胆作画。)

引导语1：你画的是什么？哦，你画的是彩色的天空，真美呀！

引导语2：你想在蓝蓝的天空中画上什么？哦！你想画月亮、星星，还有云朵，真聪明！

四、展示作品，欣赏评价。

引导语：请画好的小朋友把作品贴在前面的展板上。大家瞧，展板上展示的作品形成了一片星夜的景色。让我们一起来欣赏一下吧。

问题：你喜欢哪一幅？为什么？

幼答1：我喜欢×××小朋友的，他用浅蓝色画的天空让人心情很好。

幼答2：我喜欢×××小朋友的，她画的云朵像棉花糖一样，好甜啊。

小结：今天你们都学梵高爷爷当了回大师。小朋友还可以在美工区用不同的材料、颜色和线条进行创作画。

活动评析

尽管对梵高一无所知，幼儿却能以一颗敏感的心灵去拥抱他的作品。他们从中看到了流动的天空、安静的村庄、明亮的月亮、闪烁的星星……美术作品是开放的，教师在活动中尊重幼儿，肯定幼儿的独特想法，给他们创造自由的空间，让他们轻松快乐地表达自己的情感，表现出他们对星空的理解、感受。

京剧脸谱（大班）

设计者：黄慧萍（厦门市仙阁幼儿园）
评析者：林东阳（厦门市仙阁幼儿园）

活动目标

✲通过欣赏脸谱，感受戏剧中特有的象征、夸张等艺术手法。

✻初步了解脸谱图案的构图特征和独特的美。

✻萌发学习传统文化艺术的兴趣。

活动准备

❖物质准备：（1）京剧视频一段，《说唱脸谱》音乐，播放器。（2）京剧脸谱挂图，包公、关公、孙悟空等脸谱若干。（3）红、黑、白等色块若干。

❖环境创设：利用幼儿收集的各种带有京剧脸谱的物品布置京剧脸谱展。

活动过程

一、观看京剧表演，激发兴趣。

引导语：大家都喜欢唱歌、跳舞，可这样的表演你们见过吗？

引导幼儿观看京剧表演视频。

问题：这样的表演和我们平时的表演有什么不一样？

幼答1：表演的人脸上画了很多鲜艳的颜色，平常的表演没有。

幼答2：他们身上也穿了不一样的衣服，头上戴了很大、很漂亮的头饰……

幼答3：老师，我听爸爸说过，这样的表演叫京剧，是我们的国粹！

小结：大家都说了自己的发现，真棒。是的，刚才我们看到的表演叫京剧，是我国的一种传统文化，也是我国的国粹。就像大家说的那样，演员们不仅要穿上戏服、戴上头饰，还要在脸上画上很多图案和色彩。这种画在脸上的图案和色彩，我们称它为“脸谱”。

二、欣赏京剧脸谱，发现秘密。

引导语：京剧中的脸谱各不相同，今天我们一起参观京剧脸谱展，在这里我们可以看到许许多多的脸谱，请大家看一看、找一找、说一说这些京剧脸谱是怎样画的，它在构图和色彩上有什么特别的地方。

幼儿自由参观后集中看挂图。

1. 秘密一：对称与夸张。

（1）问题：脸谱和我们的脸有哪些地方是一样的？

幼答1：脸谱和我们的脸上都有眼睛、鼻子、嘴、眉毛……

幼答2：我发现脸的两边都是一样的，左边和右边的颜色和花纹都是一样的。

小结：你观察得真仔细。是的，脸谱和我们的脸一样都有五官，而且以鼻子为中心两边的图案是一样的，这个方法叫“对称”。

（2）问题：脸谱和我们的脸有哪些地方是不一样的？

幼答1：脸谱上有很多颜色，我们的脸上没有。

幼答2：这个脸谱上的眉毛好粗啊，我们自己的眉毛都是细细的。

幼答3：脸谱上还有许多特别的花纹，有的在额头，有的在两边。我听爷爷说过，包公的京剧脸谱上会画一个小月牙。

小结：是的，小朋友们都说得很好。脸谱上把人物的五官都夸大了，在舞台上有凸显五官的作用，远远的就能让人看得清楚，这个方法叫“夸张”。脸谱上的许多花纹还象征着不同人物的不同特点，有了这些特点就能让大家一眼就认出来。

2. 秘密二：颜色与个性。

（1）找色块，说感觉。

引导语：刚才小朋友还发现了脸谱上有许多的颜色，这些颜色有什么作用呢？

问题：我们先来看看这些色块，说说你有什么感觉。

幼儿每个人都上前找色块，和同伴分享交流，然后集中交流。

幼答1：我喜欢红色的，红色看起来很开心。

幼答2：黑色看起来很生气，心情不好。

小结：你们都说出了自己的感受，很好。原来不同的颜色让我们有不同的感觉，所以京剧脸谱上也运用了多种颜色。

（2）看脸谱，猜个性。

引导语：画脸谱时常常根据不同人物的性格特点使用不同的颜色来表现，常用的颜色有红色、黑色、白色、绿色、金色等，我们一起来看看吧。

问题：红色脸谱的人，你觉得他是个什么样的人？像关公就是用红脸来表示。

幼答1：红色脸谱的人，性格应该很开朗吧？

幼答2：爸爸说过，关公是个很忠诚、讲义气的人，京剧中关公的脸都是红的。

小结：是的，看来你们也对京剧有了一些了解。一般红色代表正直、忠诚和勇敢，黑色代表勇猛、直爽，白色代表奸诈、狠毒，绿色代表顽强等。

三、戴上京剧脸谱，尽情表演。

引导语：今天老师准备了不同的脸谱，一会儿大家可以戴上脸谱扮演角色，模仿表演。

幼儿跟着《说唱脸谱》，自由表演。

四、谈话小结。

小结：小小的京剧脸谱真是奇妙啊，它现在已经被大家公认为是中华民族传统文化的标志。下次活动我们就一起来尝试着自己绘制京剧脸谱，并把它们展示出来和大家一起分享吧。

活动评析

幼儿对京剧脸谱较为陌生，本活动通过“观看京剧表演—寻找脸谱的秘密—戴上脸谱表演”，让幼儿初步地了解京剧文化，欣赏脸谱的艺术美，了解脸谱图案的对称美及色彩对人物性格的塑造的作用。活动中教师引导幼儿大胆想象，使幼儿成为学习的主动者。

会聚：第 10 号（大班）

设计者：刘秋香（厦门市海沧区新阳幼儿园）
评析者：谢颖蘋（厦门市海沧区新阳幼儿园）

活动目标

✼欣赏波洛克的抽象画作品，感受艺术大师作品的艺术美。

✼了解绘画艺术手法的多样性、丰富性。

✼初步学会用各种方法快乐、自由、大胆地创作。

活动准备

∵物质准备：（1）介绍波洛克作画过程的视频。（2）稀释的颜料、针筒、可乐瓶子、洗手液瓶子、喷壶、刷子、背景音乐、弹珠、托盘等。（3）教育挂图《会聚：第 10 号》。

活动过程

一、欣赏作品，交流讨论。

1. 出示教育挂图《会聚：第10号》，引导幼儿欣赏感受。

提问：你在画上看到了什么？

幼答：我看到了很多线条。

教师：这些线条像什么？

幼答：我觉得这些线条看起来就像是一幅地图，不同的色彩代表不同的地方。

教师：你说得很好，你发现了图画中不同的色彩，还有复杂的线条。画家画这幅画用了哪些颜色？这些颜色在画面上是怎么安排的呢？

幼答1：画面上有白色、红色，还有黑色、黄色。黑色的是线条，其他的颜色都是像点一样分布在整张画面。

幼答2：我觉得这些黑色线条就像宇宙中的星空，每个不同颜色的点就是一个星球，每条线就是它的轨迹。

2. 小结：小朋友们说得真好。你们发现了这幅画的色彩和线条的特点，还很有想象力地将艺术大师的作品想象成了星空和地图。

二、提问激趣，介绍大师。

1. 提问：猜一猜图画上的颜色和线条是怎么画出来的。

幼答1：我觉得线条是用颜料画的，画好了以后再滴一点颜色上去。

幼答2：我觉得是先把颜色刷上去，再画线条的。

小结：到底画家叔叔是怎么创作的呢？我们一起来看看吧！

2. 播放介绍波洛克作画过程的视频，结合实物演示（滴流、甩动、泼洒）介绍波洛克的作画方式。

引导语：今天我们欣赏的这幅作品是外国画家波洛克的作品《会聚：第10号》，这画看起来很乱，但却很和谐、很有意思、很美。“会聚”意思是各种颜色的聚会。波洛克作画的方式很特别。他把画布铺在地上，提着塑料桶，听着音乐，围着画布如同跳舞般旋转、走动，把颜料滴在画布上，有时候他还用棍子、铲子来作画。

三、自由选择，大胆创作。

1. 组织幼儿自由选择材料。

提问：你们想当波洛克吗？你会选择什么工具？怎样用这些工具来创作？你们可以先和自己的好朋友讨论一下。

幼答：我想用牙刷来画。

提问：用牙刷在什么材料上进行创作呢？和谁一起创作？

幼答1：我和我的好朋友两个人，用牙刷和油画棒在图画纸上进行创作。

幼答2：我想和波洛克一样在布上画画，用颜料画完了以后，再用针管来滴颜色，可以和好多小朋友一起完成。

幼答3：我想用水粉颜料在布上画线条，再用一个喷壶把不同颜色喷在布上，这样就可以了。

幼答4：我们以前有玩过弹珠滚色画，我觉得滚出来的线条和这幅画很像，我想用弹珠来画。

小结：刚才小朋友们想出了许多创作的方法，有用牙刷画、水壶喷画、弹珠滚色画、针管滴画等各种形式。在创作的时候老师希望小朋友能够先想好自己想要的工具和形式，想好了怎样来画之后再创作，可以独自完成，也可以和好朋友分工合作。

2. 幼儿自由创作。

（1）提出作画要求：

①创作之前请先穿好围兜，创作过程中保持自身及周围环境的整洁。

②创作过程中尽量不要打扰别人的创作，节约纸张和颜料等材料。

③注意看着自己的作品，如果觉得已经很美了，就可以停止作画。

（2）教师巡回关注，指导个别幼儿完成作品，激发幼儿创造性。

引导语1：你想用什么方法来创作呢？真棒，你想用喷壶来创作，创作的时候要注意色彩搭配，还要注意自身和画面的整洁。

引导语2：你想在布上用牙刷画吗？这么大的布你一个人可以完成吗？是的，和小朋友一起合作会有不同的效果！

四、互相欣赏，尝试取名。

教师：请小朋友和大家说一说，你用了什么工具、什么颜色，是怎么作画的，你想给你的作品取什么名字。

幼答1：我是用喷壶喷画的。我用了红色、白色、橙色等不同的颜色来画。

幼答2：我是和我的好朋友一起在布上用针管滴画来创作的。我们的作品叫做《手拉手的朋友》，用了红色、蓝色和黄色，我觉得很漂亮。

小结：小朋友创作的作品和艺术大师波洛克的作品一样美。我们等会儿一起把这些画布置在班级“小小艺术大师画展”区域，你们可以和小朋友或者爸爸妈妈说一说自己的作品以及自己最喜欢的作品。老师也会将这些作画工具、材料放在美工区，大家可以在区域时间继续创作。

活动评析

让幼儿欣赏艺术大师波洛克的作品，感受艺术大师作品的美，能在启发幼儿大胆想象的同时，丰富幼儿多种形式创作艺术的经验。活动中，教师鼓励幼儿大胆选择各种工具进行创作，让幼儿在一个不受拘束、自由想象的广阔空间里像波洛克一样自由奔放地绘画，体验色彩配置的愉悦。

图书在版编目（CIP）数据

幼儿园片段教学案例精选/林秀娟主编．--福州：福建人民出版社（“金教鞭”丛书）2014.3（2023.10 重印）

ISBN 978-7-211-06898-2

Ⅰ.①幼…　Ⅱ.①林…　Ⅲ.①学前教育－教案－教育 Ⅳ.①G613

中国版本图书馆 CIP 数据核字（2014）第 039142 号

幼儿园片段教学案例精选

YOU'ERYUAN PIANDUAN JIAOXUE ANLI JINGXUAN

主　　编： 林秀娟

责任编辑： 吴梅香

出版发行： 福建人民出版社　　**电　　话：** 0591-87533169(发行部)

网　　址： http://www.fjpph.com　　**电子邮箱：** youerjiaoyu@yeah.net

地　　址： 福州市东水路 76 号　　**邮政编码：** 350001

经　　销： 福建新华发行（集团）有限责任公司

印　　刷： 福建新华联合印务集团有限公司

地　　址： 福州市晋安区福兴大道 42 号

电　　话： 0591-88208420

开　　本： 787 毫米×1092 毫米　1/16

印　　张： 16.5

字　　数： 283 千字

版　　次： 2014 年 3 月第 1 版

印　　次： 2023 年 10 月第 8 次印刷

书　　号： ISBN 978-7-211-06898-2

定　　价： 25.00 元

本书如有印装质量问题，影响阅读，请直接向承印厂调换。